AF820603

Nodi

I edizione: giugno 2019

Castelvecchi è un marchio di Lit Edizioni Srl
Sede operativa: Via Isonzo 34, 00198 Roma
Tel. 06.8412007 – fax 06.85358676
info@castelvecchieditore.com
www.castelvecchieditore.com

ristampa anno

8 7 6 5 4 3 2 1 2019 2020 2021 2022

Piergiorgio Pescali

LA NUOVA COREA DEL NORD

Come Kim Jong Un sta cambiando il Paese

CASTELVECCHI

A Yasuko, che mi ha tenuto sempre per mano.
E continua a farlo

Prefazione

Questo libro è stato scritto quasi interamente in Corea del Nord, Paese che ho iniziato a frequentare sin dal 1996. La morte di Kim Il Sung, avvenuta due anni prima, scuoteva ancora emotivamente i nordcoreani e Kim Jong Il non aveva ancora interamente accentrato il potere tra le sue mani. Qualche anno prima il Muro di Berlino era crollato trascinando con sé quel COMECON e quella solidarietà che aveva permesso a numerosi regimi socialisti, Corea compresa, di sopravvivere.

Queste circostanze, a cui si aggiungevano i capricci di una natura che continuava a devastare la nazione con inondazioni catastrofiche, avevano messo in ginocchio un sistema economico e sociale che, tra gli anni Sessanta e gli anni Settanta, era tra i più efficienti del mondo socialista.

Da quel 1996, nel bel mezzo della Marcia Ardua, forse la sfida più difficile che il Paese asiatico dovette affrontare nel corso della sua storia dopo il conflitto degli anni Cinquanta, il mio interesse verso la Corea del Nord non si è mai affievolito.

Non c'è dubbio che la Corea del Nord sia un Paese difficile da raccontare, anche se oggi lo è molto meno rispetto agli anni Novanta. A differenza di quanto appaia dai resoconti giornalistici, è uno dei Paesi dove i cambiamenti sociali, economici e finanche politici, ribollono continuamente sotto uno strato di visibilità solo apparentemente calmo. È un Paese dove il suo leader, quel giovane quanto esplosivo Kim Jong Un, troppo a lungo descritto in termini satirici, sprezzanti, irrisori, è riuscito ad aprire nuovi spiragli di dialogo con gli Stati Uniti e la Corea del Sud.

Questo libro vuole descrivere l'evoluzione, ancora in atto, di una nazione lontana da quegli stereotipi che la descrivono ancora come "regno eremita".

Accorgersi di questi mutamenti è piuttosto semplice per chi frequenta il Paese regolarmente, ma anche chi si reca in veste di turista ha la possibilità di intuire quanto differente sia la Corea del Nord descritta in Occidente rispetto a quella che viene vissuta quotidianamente.

In realtà il Nord Corea già prima di entrare nel XXI secolo aveva smesso quel velo di isolamento con cui troppo spesso analisi superficiali descrivevano quella società. Con l'arrivo di Kim Jong Un, nel dicembre 2011, l'intera nazione ha subito profondi cambiamenti, non solo sociali e economici, ma anche politici. Pur rimanendo una dittatura dove ogni critica al regime e ai suoi leader viene repressa, il miglioramento delle condizioni di vita è evidente. Nelle città nascono nuovi quartieri con servizi più funzionali e organizzati; l'economia, principalmente privata, sta sempre più prendendo piede e ormai non è più raro vedere mercati e centri commerciali che vendono ogni tipo di mercanzia, dai cibi sudcoreani agli elettrodomestici giapponesi. Con l'arrivo della *byungjin*, la nuova linea politica inaugurata da Kim Jong Un nel 2013, che ha sostituito la *songun* che aveva caratterizzato gli anni di Kim Jong Il, i militari hanno lasciato il posto a una nuova classe di tecnocrati e economisti che stanno preparando il Paese ad accogliere nuove leggi di mercato.

È in questo filone che si inserisce il programma nucleare e, quello ad esso strettamente correlato, missilistico. Oltre ad avere un ruolo di autodifesa, più personale per Kim che collettivo per il popolo nordcoreano, lo sviluppo atomico perseguito dalla Corea del Nord ha due principali obiettivi: indurre Washington a sedersi a un tavolo di dialogo e, per quanto riguarda la politica interna, allontanare i generali dal centro del potere.

Come descritto nel libro, non solo entrambe questi obiettivi sono stati raggiunti, ma la nuova politica del *byungjin* è riuscita anche a dare nuovo slancio economico al Paese.

Il pericolo di un'apocalisse nucleare e tantomeno di una improbabile Terza Guerra Mondiale, non sono mai stati reali nella penisola coreana. Come le analisi beffarde su Kim Jong Un di cui si parlava in precedenza, anche gli articoli che presentavano come imminente un conflitto planetario sono stati sconfessati dai fatti, così come le innumerevoli *fake news* che hanno accompagnato (e accompagnano ancora oggi) i racconti sulla Corea del Nord.

Gli incontri del 27 aprile 2018 tra Kim Jong Un e il presidente sudcoreano Moon Jae-in e, quello decisamente più importante, avvenuto il 12 giugno 2018 a Singapore con Donald Trump, hanno contribuito a dare una visione forse meno ingannevole della Corea del Nord, ma l'immaginario collettivo che modella il Paese rimane pur sempre avvolto in una coltre di fantasia.

Con questo lavoro spero di contribuire a rendere più nitida la visione di una nazione e di un popolo che meritano oltre che più attenzione di quanta ne sia stata data sino a oggi, anche una riflessione più onesta e obiettiva che vada oltre gli stereotipi e i cliché preconfezionati.

Introduzione storica

La storia moderna della Corea può essere fatta iniziare all'inizio del XIX secolo quando, nel tentativo di rinnovare il Paese, la dinastia Joseun adottò una serie di riforme note col nome di *Seohak* ('apprendimento occidentale') che comprendevano non solo aspetti tecnologici e filosofici mutuati dall'Occidente, ma anche la stessa religione cristiana, cattolica in particolare. Sebbene i primi missionari cattolici iniziarono ad entrare in Corea solo nella prima metà del XIX secolo, l'introduzione del pensiero religioso da loro rappresentato era stata preceduta dalla traduzione delle Sacre Scritture in cinese classico. L'idea di uguaglianza espressa dai Vangeli ebbe presa su una parte dei riformisti.

Il forte trasporto delle strutture sociali di stampo occidentali portato dal *Seohak* portò, però, alla formazione di un movimento in senso contrario, il *Donghak* ('apprendimento orientale'), fondato nel 1860 da Choe Je-u, figlio di un aristocratico decaduto. Cheo Je-u attribuiva al *Seohak* e al messaggio rivoluzionario di eguaglianza sociale portato dal cattolicesimo in particolare, la responsabilità dell'instabilità sociale che regnava in Corea nonché la sottomissione dei valori culturali, civili, morali propri della storia coreana, a quelli occidentali.

Innestandosi nelle ribellioni dei contadini contro la decadente società Joseun, il *Donghak* portava nella società un nuovo modello di sviluppo costruito attorno a un'ossatura più conforme allo spirito coreano. La rivolta eruppe in tutta la sua rabbia e potenza nella Rivolta dei contadini del 1894 che rappresentò solo l'ultima di una lunga serie di insurrezioni popolari iniziate nel 1811.

Ben presto la protesta divenne il pretesto per Cina e Giappone di confrontarsi direttamente sul terreno coreano. Entrambe, infatti, da tempo cercavano di influenzare, se non dominare direttamente la penisola. Il Giappone, approfittando della debolezza della corte coreana, aveva ottenuto sin dal 1876 il permesso di stabilire relazioni commerciali con la Corea, mentre la Cina vedeva la nazione come stato tributario.

La debolezza dello Stato coreano, inoltre, preoccupava il Giappone in quanto avrebbe potuto diventare preda delle potenze occidentali e creare un avamposto per una futura presenza militare a poche miglia dalle coste giapponesi. L'introduzione delle riforme *Seohak* era, agli occhi di Tokyo, un'ulteriore conferma di quanto sospettava. Il governo giapponese voleva rafforzare l'indipendenza coreana e aiutare la vicina nazione a rafforzarsi militarmente per far fronte ad eventuali ingerenze straniere.

In questo contesto di alta tensione internazionale, la rivolta del 1894 giocò un ruolo determinante nella storia futura della Corea e, in particolare, nella colonizzazione della penisola da parte giapponese. Il re coreano, infatti, nel tentativo di debellare l'insurrezione *Donghak*, chiamò in aiuto le truppe cinesi creando disappunto da parte di Tokyo, che vedeva nell'arrivo dei Qing un'ingerenza nella politica interna coreana. Ne scaturì una guerra che terminò ben presto con il successo del Giappone grazie al quale non solo si determinò la politica della Corea nei successivi decenni, ma si pose fine anche alla ribellione contadina e al movimento *Donghak*, a dimostrazione che Tokyo aveva da tempo l'obiettivo coreano tra le sue mire espansioniste.

La vittoria delle armate imperiali giapponesi contro la Russia zarista nel 1905 segnò ufficialmente l'inizio dell'espansione di Tokyo in Asia; col Trattato di Portsmouth la Corea fu dichiarata zona di influenza giapponese e nel 1910 l'intera penisola venne unilateralmente annessa all'impero.

La riforma agraria favorì la progressiva acquisizione di terra da parte dei coloni: se nel 1910 l'8% dell'intera superficie coltivabile in Corea era di proprietà di giapponesi, nel 1932 la percentuale era salita al 52,7.

L'apparato burocratico creato dall'amministrazione giapponese venne preso da modello per forgiare la centralizzazione che caratterizza l'attuale Corea del Nord. Tra il 1911 e il 1938 l'economia della penisola crebbe in media del 3,57% annuo; la forte industrializzazione voluta da

Tokyo lasciò in eredità alla Corea gli esempi delle *zaibatsu*, oggi rispecchiati nei *chaebol* sudcoreani o nei conglomerati industriali del nord. Alla fine del 1945 la Corea aveva in proporzione più chilometri di ferrovie che ogni altro Paese asiatico.

I nazionalisti coreani si riorganizzarono e il primo marzo 1919 un gruppo di trentatré intellettuali formarono il primo movimento di resistenza all'occupazione straniera ispirandosi alla dichiarazione dei Quattrodici punti formulata l'anno prima dal Presidente statunitense Woodrow Wilson e ribadita alla Conferenza di Pace di Parigi nel gennaio 1919. Gli intellettuali si appellavano al principio di nazionalità, quindi al diritto di autodeterminazione dei popoli. Stilarono una Dichiarazione di indipendenza che inviarono al governatore generale, il feldmaresciallo Hasegawa Yoshimichi e organizzarono marce di protesta a cui aderirono complessivamente due milioni di coreani. L'esercito giapponese intervenne duramente per reprimere le manifestazioni nazionaliste uccidendo più di settemila persone.

Molti coreani si rifugiarono all'estero ponendo le basi per diverse organizzazioni indipendentiste e di guerriglia che lottarono contro l'occupazione straniera.

Tra tutti emerse un nazionalista: Kim Il Sung. Nato con il nome di Kim Song-ju a Mangyondae, un piccolo villaggio alla periferia di Pyongyang, il 15 aprile 1912, Song-ju crebbe in una famiglia cristiana trasferitasi in Manciuria all'indomani dell'arrivo dei giapponesi.

Nel 1929 venne imprigionato per qualche mese con l'accusa di aver partecipato ad attività sovversive e due anni più tardi si unì al Partito Comunista Cinese. Il 19 settembre 1931 il Giappone aveva concluso l'occupazione della Manciuria a seguito della quale circa duecentomila cinesi e coreani si organizzarono in movimenti di guerriglia contro i colonialisti. Mentre le organizzazioni nazionaliste coreane erano caratterizzate da una forte divisione regionale, il carattere ideologico dei movimenti comunisti riuscì a limitare questi frazionamenti aggregandosi attorno a nuclei di combattenti altamente motivati e ben organizzati.

Nel 1935 Kim Song-ju cambiò il proprio nome in Kim Il Sung, 'Kim che diviene sole'. Il 4 giugno 1937 l'unità posta sotto il suo comando compì quello che passò nella storia nordcoreana come la battaglia di Pochombo, una località nordcoreana al confine settentrionale con la Cina. In realtà più che una battaglia vera e propria si trattò di un raid che coinvolse circa duecento guerriglieri coreani i quali distrussero una stazione di polizia giapponese, una scuola elementare, un ufficio postale per poi ritirarsi di nuovo oltreconfine in Manciuria. Nonostante Pochombo non influì sugli equilibri militari, segnò il primo importante successo della guerriglia antigiapponese e, soprattutto, fece conoscere il nome di Kim Il Sung agli alti comandi cinesi e sovietici. Il suo nome, inoltre, venne iscritto nelle liste dei sovversivi più ricercati dalle forze di Polizia speciale giapponese in Corea.

L'esercito imperiale iniziò a rastrellare la Corea e la Manciuria alla ricerca dei leader militari; le operazioni ebbero successo in particolare contro quelle organizzazioni più eterogenee dal punto di vista politico. Fu durante questo periodo che Kim Il Sung si convinse che unità e disciplina erano gli ingredienti indispensabili per sopravvivere a ogni attacco esterno. Si venne quindi a formare un primo nucleo di combattenti fortemente motivati e ideologicamente coesi che si distingueva dagli altri movimenti anticolonialisti coreani per la loro determinazione e per l'abnegazione. Ogni dissenso politico era duramente represso in nome dell'unità e della liberazione della nazione coreana.

La pressione esercitata dalla repressione giapponese costrinse i guerriglieri a riparare in Unione Sovietica, dove vennero ospitati nei pressi della città di Vyatskoye, una settantina di chilometri da Khabarovsk. Qui l'Armata Rossa reclutò i transfughi coreani e i cinesi inquadrandoli nell'88ª Brigata Sovietica e concedendo a Kim Il Sung il grado di maggiore.

Fu in questo campo dell'Estremo Oriente russo che, il 16 febbraio 1941, nacque Kim Jong Il, il figlio di Kim Il Sung e Kim Jong Suk, prima moglie del leader nordcoreano.

L'agiografia nordcoreana continua ancora oggi a insistere col dire che Kim Jong Il nacque il 16 febbraio 1942 sul monte Paekdu, luogo dove, secondo la mitologia, nacque Dangun, il leggendario fondatore della prima dinastia coreana.

La famiglia Kim rientrò in Corea il 19 settembre 1945, attraccando nel porto di Wonsan. Stati Uniti e Unione Sovietica avevano raggiunto un accordo secondo cui la penisola, liberata dall'occupazione giapponese, sarebbe stata amministrata sotto la congiunta egida delle due potenze per un periodo di quattro anni, in attesa di poter permettere alla popolazione di scegliere il loro governo mediante elezioni estese su tutta la penisola.

La parte sotto occupazione sovietica era amministrata dal generale Terentij Shtykov, proposto alla carica da Andrei Zhdanov, genero di Stalin e, allora, numero due del regime sovietico.

Fu Shtykov a proporre Kim Il Sung come leader del Comitato popolare provvisorio per la Corea del Nord, preferendolo a Pak Hon-yong, un comunista di vecchia data, fondatore del Partito Comunista della Corea del Sud.

Kim non era il solo candidato alla guida del Paese, ma era a capo del gruppo dei Manciuriani, i guerriglieri coreani che si erano rifugiati in Manciuria all'inizio dell'occupazione giapponese e che poi si erano trasferiti in Unione Sovietica. Un altro possibile candidato era Mu Jong, leader del gruppo Yanan, uno dei pochi coreani che avevano partecipato alla Lunga Marcia e che godeva dell'appoggio dei comunisti cinesi. Non beneficiando, però, dell'appoggio di Mosca, a Mu Jong fu a lungo proibito di far ritorno in patria e solo quando la supremazia di Kim Il Sung era ormai assicurata, Shtykov acconsentì ai membri del gruppo di Yanan di varcare la frontiera. In seguito Mu Jong e i suoi compagni vennero purgati dal partito con l'accusa di non essere riusciti a difendere Pyongyang durante la Guerra di Corea.

Il Comitato popolare provvisorio per la Corea del Nord venne istituito l'8 febbraio 1946 e, seppur formalmente sottoposto alla giurisdizione dell'Amministrazione civile sovietica della Corea del Nord, agì di fatto come un governo provvisorio implementando una serie di riforme che plasmarono il Paese preparandolo al futuro socialista. Per rafforzare il potere politico, nel 1948 Kim Il Sung trasformò l'Esercito Popolare Rivoluzionario Coreano, fondato nel 1932 durante la guerra anticoloniale, in un apparato statale pronto a difendere i leader del partito.

Al sud il Paese era governato dall'Amministrazione Militare degli Stati Uniti in Corea, che si era sostituito al governo dell'autoproclamata Repubblica Popolare di Corea di Lyuh Woon-hyung, un rivoluzionario e patriota coreano.

All'inizio gli statunitensi, totalmente impreparati a coordinare un governo coreano, lasciarono ai loro posti i dirigenti locali che avevano collaborato attivamente con i giapponesi, ma a seguito delle proteste popolari si procedette a un rimpasto da cui scaturì il Governo provvisorio della Repubblica di Corea guidato da Syngman Rhee che, a differenza di Kim Il Sung, passò gran parte della sua vita durante la colonizzazione giapponese da "esiliato" negli Stati Uniti. Oltre ad essere praticamente sconosciuto ai coreani, Rhee era poco apprezzato perché aveva sempre evitato ogni attività anticolonialista durante il periodo di occupazione. Era, quindi, l'uomo meno adatto per coprire il ruolo assegnatogli.

Una volta nominato capo del governo provvisorio, Syngman Rhee si scontrò con l'amministrazione statunitense, in particolare sull'idea di creare una Corea multipartitica e democratica. Si oppose fermamente alla formazione di un partito comunista nel sud della penisola e, in violazione agli accordi sovietico-statunitensi, si mostrò da sempre favorevole a formare sin da subito un governo indipendente. La sua politica si mosse in tal senso e il 15 agosto 1948 stabilì formalmente la formazione della Repubblica di Corea (Corea del Sud).

In questo modo, però, Rhee negò la possibilità di un'unificazione dei coreani del nord e del sud che avrebbe potuto essere accelerata da un'eventuale accordo tra Mosca e Washington e dal regolare svolgimento delle elezioni stabilite sin dal 1945.

Il 9 settembre 1948 Kim Il Sung rispose al Sud proclamando la Repubblica Democratica Popolare di Corea (Corea del Nord).

A differenza di quanto accadeva al Sud, dove regnava la confusione e le proteste erano all'ordine del giorno, nel Nord la situazione era calma e la popolazione accettava (o era obbligata ad accettare) le riforme disegnate e volute da Terentij Shtykov e attuate da Kim Il Sung.

Fu lo stesso Shtykov a convincere un riluttante Stalin ad appoggiare l'idea, sua e di Kim Il Sung, di scatenare una guerra con il Sud al fine di unificare il Paese sotto un unico governo socialista.

Nel giro di un anno e mezzo la situazione nella regione asiatica era cambiata radicalmente: i comunisti avevano conquistato il potere in Cina, l'Unione Sovietica aveva raggiunto la parità nucleare con gli Stati Uniti facendo detonare la sua prima bomba il 29 agosto 1949, la situazione a sud del 38° parallelo era sempre più caotica, mentre al nord il culto della personalità di Kim Il Sung era già stato avviato contemporaneamente a un allontanamento dai centri di potere degli avversari politici.

Inoltre la Cina di Mao, debitrice verso la Corea di Kim per gli aiuti ricevuti durante la lotta contro i nazionalisti del Kuomintang, avrebbe di certo acconsentito ad appoggiare Pyongyang per aumentare il suo prestigio internazionale.

La Corea del Sud aveva un esercito incapace di far fronte a un attacco frontale ed era virtualmente priva di industrie e di elettricità, visto che i giapponesi, durante l'occupazione coloniale, avevano creato due economie diversificate che si compendiavano a vicenda: l'industrializzazione era stata avviata al nord, mentre l'agricoltura caratterizzava l'economia del sud.

Il Nord utilizzava il monopolio energetico interrompendo spesso la fornitura di elettricità al Sud, impedendo quindi anche la possibilità di sviluppare un'industria capace di competere a livello regionale.

Il primo marzo 1948 nell'isola di Cheju, la più grande isola della Corea situata una cinquantina di chilometri dalla costa sudoccidentale della penisola e che aveva goduto di uno status di ampia autonomia seppur non in modo ufficiale, si ribellò al governo di Seoul e all'Amministrazione Militare degli Stati Uniti. In poco tempo la rivolta si espanse in tutto il Sud e solo l'intervento armato statunitense e dell'esercito sudcoreano riuscì a debellarla con un drammatico spargimento di sangue, arresti e torture.

Questi recenti avvenimenti avevano convinto anche Stalin della possibilità di un attacco vincente, veloce e indolore delle truppe nordcoreane sino a conquistare l'intera penisola.

Il 25 giugno 1950, in circostanze ancora dibattute dagli storici, l'esercito della Corea del Nord varcò verso sud il 38° parallelo dando inizio alla Guerra di Corea.

In soli tre giorni Seoul venne occupata, ma nel frattempo il Consiglio di Sicurezza delle Nazioni Unite, riunitosi d'urgenza, dapprima condannò l'attacco di Pyongyang, e poi, il 27 giugno, emise la Risoluzione 83 in cui accordava aiuto alla Repubblica di Corea (Corea del Sud).

Il contingente delle Nazioni Unite, sotto il comando statunitense, comprendeva soldati di sedici nazioni (Australia, Belgio, Canada, Colombia, Etiopia, Filippine, Francia, Grecia, Lussemburgo, Nuova Zelanda, Paesi Bassi, Regno Unito, Stati Uniti, Sud Africa, Tailandia, Turchia) a cui si aggiunsero unità mediche di altri cinque Paesi (Danimarca, India, Italia, Norvegia e Svezia).

L'Unione Sovietica protestò, ma si limitò a inviare armi e consiglieri militari a Kim Il Sung evitando un diretto coinvolgimento.

I primi mesi di guerra furono favorevoli alla Corea del Nord che, entro la fine di agosto, aveva conquistato tutta la penisola tranne una minuscola enclave lunga centoquaranta chilometri e larga novanta attorno alla città di Pusan e in cui si erano rifugiati i pochi militari superstiti dell'esercito sudcoreano e dove cominciarono a sbarcare i mezzi delle Nazioni Unite.

La vittoria lampo prevista da Kim Il Sung e dal generale sovietico Shtykov non arrivò. Anzi, le truppe sudcoreane, con l'aiuto del contingente internazionale riconquistarono ben presto il terreno perduto entrando a Seoul il 25 settembre 1950 e passando verso settentrione il 38° parallelo il primo ottobre 1950 ribaltando una situazione che sembrava ormai perduta.

Il 25 ottobre Mao Zedong decise di intervenire in aiuto di Kim Il Sung a cui, per la sua incompetenza militare, il 17 dicembre venne privato del comando dell'Esercito Popolare di Corea per ordine dello stesso Mao. Per evitare ufficialmente uno scontro diretto con gli Stati Uniti, la Cina decise di formare l'Esercito Popolare Volontario che, sebbene formato da militari professionisti dell'Esercito del Popolo, era da esso formalmente indipendente. Le forze dell'Onu avevano orami occupato quasi tutta la Corea del Nord, ma l'aiuto cinese riuscì a respingerle di nuovo verso sud, oltre il 38° parallelo.

Dalla metà del 1951 le posizioni delle forze contrapposte si mantennero pressoché inalterate mentre si protraevano i negoziati per raggiungere un accordo che arrivò il 27 luglio 1953 con la firma dell'armistizio a Panmunjom.

L'armistizio sospendeva le ostilità, ma non rappresentò un trattato di pace per cui la Guerra di Corea rimane ancora oggi in atto, rappresentata da quella ferita ancora aperta che è la Zona di Demarcazione Coreana che, correndo approssimativamente lungo il 38° parallelo, divide la Corea del Nord da quella del Sud.

L'accordo venne firmato dal generale William Harrison Jr in rappresentanza del Comando delle Nazioni Unite, dalla delegazione dell'Esercito Popolare Volontario e dal generale nordcoreano Nam Il per l'Esercito Popolare Coreano. Nessun rappresentante del governo sudcoreano partecipò alla firma, visto che il governo di Seoul non voleva riconoscere in alcun modo un atto che potesse dividere la penisola coreana.

I delegati stabilirono che si creasse una zona militare larga circa quattro chilometri che correva dalla costa occidentale a quella orientale della penisola per duecentocinquanta chilometri. Si raggiunse anche un accordo sullo scambio dei prigionieri di guerra. Circa ventiduemila soldati delle Forze armate nordcoreane e militari cinesi rifiutarono il rimpatrio verso Nord e la Cina, mentre 327 soldati sudcoreani, 21 statunitensi e un britannico preferirono rimanere in Corea del Nord.

Nonostante la Corea del Nord non fosse riuscita a raggiungere l'obiettivo prefisso e nonostante il Paese fosse uscito devastato e distrutto dalla guerra, Kim Il Sung riuscì a mantenere il proprio potere. Le forti critiche espresse dai suoi oppositori durante il congresso del Partito dei Lavoratori il 30 agosto 1953 furono la causa delle purghe che seguirono negli anni seguenti. Pak Hon-Yong, il fondatore del Partito Comunista della Corea del Sud, venne ritenuto responsabile del mancato appoggio della popolazione sudcoreana durante l'invasione. Choe Chang-ik, un rivoluzionario di lunga data e ministro del governo, venne imprigionato e, in seguito, assassinato per aver criticato il potere accumulato da Kim Il Sung. La fazione Yanan, appoggiata dalla Cina, fu smantellata dopo il fallito tentativo di colpo di stato del 1956, così come venne mentre demolita la fazione dei Coreani Sovietici guidati da Ho Ka-i (Alexei Ivanovich Hegai).

Nel 1955 Kim formulò l'ideologia che avrebbe dovuto essere il cuore della politica e dell'economia del Paese negli anni futuri: il *Juche*.

Enfatizzando l'autonomia politica e ideologica, l'autosufficienza nella difesa e l'indipendenza economica il *Juche* poneva le basi per la costruzione di una nuova nazione che fosse immune da interferenze esterne, in particolare da quelle cinesi e sovietiche.

Indubbiamente il capolavoro di Kim Il Sung è stata proprio la sua innata abilità a mantenere un'equidistanza tra Cina e Urss garantendo un'autonomia di azione e di pensiero unici nel quadro di un conflitto ideologico mondiale; questa via di mezzo è stata possibile anche grazie alla delicata situazione conflittuale instauratasi tra Mosca e Pechino dopo la morte di Stalin, ma è stata anche favorita dalle forti critiche espresse dalle autorità cinesi verso Kim Il Sung, il suo culto della personalità e la sua conduzione poco accorta della Guerra di Corea. Mao Zedong non avrebbe mai perdonato a Kim la perdita di suo figlio Mao Anying, di cui peraltro, almeno su questo, non aveva responsabilità.

Kim è stato anche sufficientemente astuto a sfruttare l'idea del *Juche* per smantellare ogni frazionismo e ogni tentativo di attacco verso lui e la sua famiglia in nome dell'unità e l'indipendenza nazionale.

A differenza del marxismo, che vedeva nelle masse proletarie la guida della rivoluzione, il *Juche* poneva la figura del Grande Leader come guida illuminata e indiscussa del popolo.

Così quando alla fine degli anni Cinquanta si levarono critiche verso la sua linea economica troppo sbilanciata verso l'industria pesante trascurando l'agricoltura e l'industria leggera, Kim Il Sung ebbe vita facile nell'avviare una nuova serie di purghe che allontanassero gli elementi dell'opposizione all'interno del partito.

Per evitare nuovi tentativi di destabilizzazione verso il potere da lui detenuto, Kim allestì un formidabile apparato di sicurezza interna, ma al tempo stesso capillarizzato e intricato a tal punto da rendere impossibile ogni possibile coordinamento tra i vari uffici. All'inizio degli anni Novanta circa 114mila nordcoreani furono inseriti in questo complicato sistema a cui facevano capo tre entità separate tra loro, il ministero della Pubblica Sicurezza, il Dipartimento della Sicurezza di Stato e la Commissione di Giustizia e Sicurezza.

Lo sviluppo economico della nazione galoppò fino alla fine degli anni Settanta permettendo alla popolazione nordcoreana di raggiungere livelli di vita comparabili con quelli delle moderne società occidentali.

La crisi del petrolio del 1973 e le conseguenti difficoltà economiche delle economie socialiste frenarono la crescita anche della Corea del Nord, che alla metà degli anni Ottanta si trovò inabile a pagare il debito estero contratto sino ad allora, in particolare con l'industria pesante.

Il crollo del blocco socialista e il successivo dissolvimento del COMECON aggravò la già precaria situazione della nazione obbligandola ad avvicinarsi sempre più alla Cina, che divenne il principale alleato politico e partner economico.

L'8 luglio 1994 Kim Il Sung morì d'infarto e a lui succedette il figlio, Kim Jong Il, già da tempo erede designato della leadership.

Il nuovo leader dovette immediatamente fronteggiare le difficoltà di un'economia strutturalmente fragile e, nonostante l'ideologia del *Juche*, troppo dipendente dall'esterno.

Tra il 1995 e il 1996 la Corea del Nord si trovò a far fronte alla peggiore carestia della sua storia dovuta sì, alle catastrofi naturali, ma anche agli errori di piani di sviluppo passati. I concimi e i fertilizzanti sulla cui importazione il Paese aveva sostenuto la crescita agricola, avevano smesso di essere inviati dai Paesi dell'Est e non potevano essere prodotti internamente per via di un'industria sempre più arretrata e il cui funzionamento non era continuativo a causa della scarsità di energia elettrica. I mezzi erano fermi nelle rimesse delle cooperative agricole a causa della mancanza di carburante e di pezzi di ricambio. I raccolti marcivano nei silos o nei magazzini perché non potevano essere distribuiti a causa di una rete viaria e ferroviaria ormai vetusta e poco funzionale. I campi a terrazzamento copiati dalla Cina meridionale non drenavano l'acqua piovana provocando disastrose frane e inondazioni.

Alle piogge torrenziali seguì un periodo di siccità che impedì alle centrali idroelettriche di funzionare a pieno regime.

La situazione era al limite della sopportazione, ma l'apparato di controllo congeniato da Kim Il Sung riuscì ad evitare che la popolazione, affamata affaticata e psicologicamente demoralizzata, potesse insorgere. Inoltre la politica del *songun* ('prima i militari'), che dava alle Forze armate la priorità dello sviluppo, degli aiuti e dei finanziamenti statali, garantiva a Kim Jong Il l'appoggio dei generali.

Per spronare i propri cittadini a lottare uniti contro le difficoltà, venne presentata la campagna dell'Ardua Marcia, paragonando gli ostacoli incontrati nel presente con quelli affrontati da Kim Il Sung contro i colonizzatori giapponesi.

Al tempo stesso il governo nordcoreano cercò di correre ai ripari avviando una serie di riforme che, oltre a introdurre un inizio di mercato privato, aprì il Paese alle organizzazioni umanitarie occidentali.

All'inizio degli anni Duemila Kim Jong Il iniziò ad essere più confidente nel ruolo positivo che una iniezione controllata di economia di mercato avrebbe potuto avere sulla Corea del Nord e iniziò anche a intavolare rapporti con diverse potenze un tempo considerate nemiche come la Corea del Sud, gli Stati Uniti, il Giappone.

Nel 1998 il Presidente sudcoreano Kim Dae-jung aveva inaugurato la *Sunshine Policy*, una serie di misure rivolte ad aprire un dialogo con Pyongyang e aiutare il nord a colmare il ritardo tecnologico ed economico in vista di una possibile futura riunificazione.

Nel giugno 2000 i due Kim si incontrarono a Pyongyang aprendo una serie di visite che continuano ancora oggi.

Nel frattempo Kim Jong Il incontrò la segretaria di stato americana Madeleine Albright nell'ambito dei colloqui per la moratoria nucleare e il primo ministro giapponese Junichiro Koizumi in una visita durante la quale si mise per la prima volta in agenda la questione dei giapponesi rapiti dai servizi segreti nordcoreani tra il 1977 e il 1983. Fu durante quel colloquio che Kim Jong Il ammise il sequestro di tredici cittadini nipponici esprimendo le proprie scuse al governo di Tokyo e ai familiari dei rapiti.

La morte di Kim Jong Il

> Pyongyang, 19 dicembre: Kim Jong Il, segretario generale del Partito dei Lavoratori di Corea, Presidente della Commissione Nazionale di Difesa della Repubblica Democratica Popolare di Corea e comandante supremo dell'Esercito Popolare di Corea, è morto a causa di un grande stress mentale e fisico alle ore 8.30 del 17 dicembre 2011 mentre era sul treno per una visita nel Paese. Il Comitato Centrale del PLC e la Commissione Militare Centrale, la Commissione Nazionale di Difesa della Repubblica Democratica Popolare di Corea, il Presidium della Suprema Assemblea del Popolo e il Gabinetto hanno rilasciato un documento sabato informando i membri del PLC, i funzionari e tutte le altre persone della sua morte.

Con questo scarno e asettico comunicato rilasciato dall'agenzia di stampa nordcoreana («Korean Central News Agency», KCNA), il mondo veniva informato della morte del Grande Leader nordcoreano Kim Jong Il.

Poche ore dopo, la stessa agenzia comunicava che «Il leader Kim Jong Il ha ricevuto per un lungo periodo, trattamenti medici per le sue malattie cardiache e cardiovascolari. Il 17 dicembre, *Juche* 100 (2011), mentre era sul treno (Kim Jong Il, nda) ha avuto un acuto infarto miocardico complicato con un grave attacco al cuore causato dai suoi ininterrotti tour per guidare la costruzione di una fiorente nazione. È stato immediatamente soccorso, ma è morto alle ore 8.30 del 17 dicembre. Un'autopsia effettuata il 18 dicembre ha confermato la diagnosi della sua malattia».

La notizia veniva ripresa immediatamente dall'agenzia sudcoreana «Yonhap», che così descriveva la morte del Grande Leader:

> Seoul, 19 dicembre. I media statali hanno annunciato lunedì la morte del leader nordcoreano Kim Jong Il, che ha governato la nazione comunista con un pugno di ferro perseguendo programmi di armamenti nucleari. Kim Jong Il aveva 69 anni. La Korean Central News Agency, in un dispaccio ha informato che Kim, salito al potere in Corea del Nord dopo che suo padre e fondatore della nazione, Kim Il Sung, è morto nel 1994 "è morto a causa di un grande stress mentale e fisico" durante un viaggio in treno alle 8.30 del mattino di sabato. Una presentatrice, vestita con un vestito da funerale nero, ha annunciato la morte di Kim alla tv di stato. L'ultimo Kim era di salute cagionevole dopo aver sofferto di quello che sembra sia stato colpo cardiaco nel 2008.

Per la Repubblica Democratica Popolare di Corea, più conosciuta come Corea del Nord, iniziava una nuova era, quella di Kim Jong Un, figlio ed erede di Kim Jong Il e nipote di Kim Il Sung, a cui assomiglia in modo sorprendente. Per il resto del mondo cominciava una trepida attesa su come, l'allora non ancora trentenne Kim Jong Un, avrebbe governato il Paese e dialogato con gli Stati della regione nordorientale dell'Asia.

Chi è Kim Jong Un

Della vita di Kim Jong Un si conosce ben poco. Neppure sulla sua data di nascita vi sono certezze, visto che alcune fonti ufficiali la individuano nell'8 gennaio del 1982, altre lo stesso giorno, ma nel 1983 o addirittura nel 1984. In un'intervista rilasciata al «Washington Post» Ko Yong Suk, sorella della madre di Kim Jong Un, Ko Young Hui, ricordava che l'attuale Grande Leader è nato lo stesso anno di suo figlio, nel 1984. Il 1982, però, è una data simbolicamente importante perché avrebbe fatto coincidere il trentesimo compleanno di Kim Jong Un nel 2012, lo stesso anno in cui si è celebrato il centesimo anniversario della nascita di Kim Il Sung. Per un analogo motivo, le fonti ufficiali avrebbero posticipato la data di nascita di Kim Jong Il dal 1941 al 1942.

1. La madre di Kim Jong Un e le mogli di Kim Jong Il

Jong Un è il secondo figlio di Ko Yong Hui, terza moglie di fatto – ma non ufficiale – di Kim Jong Il, morta di cancro al seno nel 2004. La precarietà della posizione di Ko Yong Hui all'interno della genealogia della famiglia Kim, dovuta a una convivenza non legalizzata perché Jong Il era già sposato, è sempre stata fonte di imbarazzo per l'agiografia ufficiale nordcoreana la quale si è trovata non solo a dover glorificare la figura di una illecita sconosciuta, ma anche a idealizzare una persona nata in Giappone da madre coreana e padre giapponese. Il vero nome di Ko Yong Hui era Ko Hui Hoon, mentre il suo nome giapponese era Takada Hime. Fu solo quando raggiunse la Corea del Nord, nel 1962, che le venne cambiato il nome in Ko Yong Ja e, in seguito in Ko Yong Hui. Ad aggravare il quadro, Ko Gyon Tek, il padre di Yong Hui, aveva lavorato in una fabbrica di merceria ad Osaka gestita dal ministero della Guerra giapponese. Era quindi impossibile offrire riferimenti della madre di Kim Jong Un legati alla guerra di liberazione o anticolonialista, così come era irrealizzabile ogni rivalsa alla discendenza del 'Sangue del Monte Paektu', vista sempre come elemento di purificazione di propaganda nordcoreana. La propensione nel dare attributi a chiunque entri nella cerchia della famiglia dei leader nordcoreani della famiglia Kim, ha comunque indotto la propaganda nordcoreana a indicare Ko Yong Hui come 'La madre rispettata, soggetto più fedele e leale al Caro Leader Compagno Comandante Supremo' o anche 'la madre di Pyongyang' o, ancora, 'La madre del grande *songun*'.

Nata il 26 giugno 1952, Yong Hui emigrò in Corea del Nord con la famiglia grazie al programma di rimpatrio volontario nei primi anni Sessanta, divenendo una danzatrice nella prestigiosa scuola d'arte Mansudae di Pyongyang.

Kim Jong Il e Ko Yong Hui si incontrarono per la prima volta nel 1972, ma solo dal 1975 la predilezione del Caro Leader per la ragazza divenne evidente, tanto che fece in modo che il suo gene "meticcio" passasse in secondo piano rispetto alle qualità materne di cui sembra fosse dotata.

Il leader nordcoreano era reduce da una sfortunata vita amorosa dovuta principalmente agli impegni di lealtà verso la rivoluzione che suo padre, Kim Il Sung, imponeva a tutta la famiglia.

Nel 1966 aveva accettato passivamente di prendere come moglie una sua compagna di scuola, Hong Il Chon, nata nel 1942 e figlia di un martire della rivoluzione e della resistenza antigiapponese. Tra i due non scoccò mai la scintilla dell'amore e la separazione avvenuta nel 1969, dopo aver dato alla luce Kim Hye Kyung, primogenita della famiglia, fu la naturale conseguenza di quell'unione imposta dall'alto. Hong Il Chon, laureata in letteratura russa all'università Kim Il Sung, divenne in seguito membro dell'Assemblea Suprema del Popolo tra il 1977 e il 1991 e, dal settembre 1991, fu rettore dell'università Kim Hyong Jik occupando diverse cariche all'interno della Commissione per l'Educazione della Corea del Nord.

Nel 1968 era iniziata una storia, questa volta puntellata da un reciproco sentimento amoroso, tra Kim Jong Il e Song Hye Rim, una popolare attrice nata il 24 gennaio 1937 a Changnyeong, oggi in Corea del Sud, ma al tempo occupata dai giapponesi.

I genitori della nuova fiamma, Song Yu Kyong e Kim Won Chu, aderirono al partito comunista nel 1945, trasferendosi al Nord nel 1951 dove la madre divenne redattrice del «Rodong Sinmun», il giornale del Partito dei Lavoratori. Hye Rim lasciò la scuola secondaria femminile di Pungmun, a Seoul, per entrare nella Terza Scuola Secondaria Femminile di Pyongyang. Le sue doti di leader emersero immediatamente, dato che nel 1952 venne eletta presidente dell'Unione dei Ragazzi Coreani. Talentuosa attrice frequentò il Movie College di Pyongyang distinguendosi per le sue apparizioni, ma nel 1955 dovette abbandonare gli studi per dare luce alla sua prima figlia avuta con il marito, lo scrittore Yi Ki Yong, presidente dell'Unione degli Scrittori Coreani e figura di spicco nel mondo culturale del Paese, nonché del Partito dei Lavoratori.

Dopo la nascita della figlia, Song Hye Rim continuò gli studi al Collegio del Teatro e dei Film facendosi onore nella rappresentazione di fine corso con il lavoro *Il villaggio sulla linea di demarcazione*. Durante gli anni Sessanta la carriera negli studi cinematografici la portò a diventare una delle attrici più amate dal pubblico coreano partecipando anche a festival cinematografici internazionali. Nel 1967 venne posta a dirigere la sezione di Arti e Cultura del Dipartimento di Propaganda e Mobilitazione del Partito dei Lavoratori.

Fu in queste vesti che Song Hye Rim incontrò Kim Jong Il il quale, appassionato di cinema, se ne invaghì costringendola successivamente a divorziare dal marito. I due cominciarono a vivere assieme solo nel 1970, dopo che Jong Il lasciò la sua prima moglie. Kim Il Sung che, di sicuro non avrebbe approvato la preferenza del figlio per una semplice attrice e per lo più nata a sud del 38° parallelo, venne tenuto all'oscuro di questa convivenza. Hong Il Chon, inoltre, apparteneva a una gloriosa famiglia rivoluzionaria, il che avrebbe di certo facilitato alla famiglia Kim di mantenere il potere.

Nel maggio dell'anno successivo la coppia Kim-Song ebbe il loro figlio maschio, Kim Jong Nam. Secondo la testimonianza della sorella di Hye Rim, Song Hye Rang, il 10 maggio 1971 Kim Jong Il irruppe nella sua casa confessando la relazione e la gravidanza, sino ad allora tenute segrete a tutti.

Nel 1974 la situazione divenne insostenibile e, dopo aver confessato al padre l'amore e il frutto che ne era nato, il Caro Leader acconsentì di inviare temporaneamente all'estero l'amante.

Il figlio, invece, venne affidato ai nonni e alla zia materna, Song Hye Rang, che dal 1976 divenne la sua balia trasferendosi, assieme a Ri Han Yong e Ri Nam Ok, i due figli avuti dal matrimonio con il marito già defunto, nella residenza di Kim Jong Il. Nel 1979 le due sorelle Song vennero mandate a Ginevra per accudire Kim Jong Nam mentre frequentava la Scuola Internazionale. A seguito della defezione in Sud Corea di Ri Han Yong, avvenuta nel 1982, l'ambasciata nordcoreana in Svizzera insinuò che entrambe le sorelle Song avevano intenzione di chiedere asilo politico portando con loro il figlio di Kim Jong Il. Sarebbe stato uno smacco troppo grosso per l'intera famiglia regnante e per la stessa Corea del Nord. Moglie e cognata vennero quindi obbligate a spostarsi a Mosca, ma nel 1984 venne loro permesso di trasferirsi nuovamente a Ginevra perché Jong Nam mal sopportava la vita troppo spartana a cui era costretto nella capitale sovietica. Nel 1996 la figlia di Song Hye Rang, Ri Nam Ok, raggiunse madre e zia in Svizzera. Poche settimane dopo, sia Song Hye Rang che Ri Nam Ok scomparvero rifugiandosi in un Paese europeo (ancora oggi la loro residenza è tenuta segreta). Oramai isolata e sfiduciata, Song Hye Rim fu costretta a rientrare a Pyongyang. L'anno dopo, il 15 febbraio 1997, Ri Han Yong, che nel frattempo aveva reso noto la sua vera identità per pubblicizzare al massimo il suo libro *Taedong River Royal Family* e far fronte ai debiti accumulati dalla sua ditta di costruzioni, venne colpito dai colpi di due pistole Browning di fabbricazione belga in mano a due assalitori ancora oggi sconosciuti. Sebbene da più parti si insinuò che furono i servizi segreti nordcoreani a perpetrare l'assassinio, sussistono invece seri motivi per pensare a un regolamento di conti tra bande rivali della malavita organizzata coreana. Morì il 26 febbraio 1997.

Il soggiorno di Song Hye Rim nella capitale nordcoreana fu, comunque, breve; pochi anni dopo Kim Jong Il venne, suo malgrado, convinto dall'allora quarta (e ultima) moglie-convivente, Ko Yong Hui, ad allontanare Hye Rim dal Paese. Kim Jong Nam continuò a vedere e ad avere relazioni con la madre, che visitò più volte nelle sue residenze a Ginevra e a Mosca, dove alla fine morì il 18 maggio 2002.

Dopo la separazione di Kim Jong Il dalla sua prima moglie Hong Il Chon, Kim Il Sung non aveva abbandonato l'idea di garantire a se stesso e al figlio una discendenza degna del lignaggio familiare. Dopo aver allontanato, almeno temporaneamente, Song Hye Rim spedendola nell'esilio dorato sulle rive del lago di Ginevra, aveva scelto per Kim Jong Il la sua seconda moglie ufficiale in Kim Young Suk, dattilografa al Dipartimento di Sicurezza del Partito dei Lavoratori nella provincia di Nord Hamkyung nata nel 1947 e figlia di un alto ufficiale delle Forze armate. Le nozze si celebrarono in forma strettamente privata e senza alcuna enfasi nel 1974. Come avvenuto per il primo matrimonio, pure questo fu una convivenza di facciata, anche se legittimamente durò fino alla morte del leader nordcoreano. Secondo quanto scritto nel libro di Sung Hye Rang *Wisteria House*, Kim Young Suk era «insignificante (per Kim Jong Il, nda), tranne per il fatto che lei è legalmente la moglie ufficiale appoggiata dal padre (Kim Il Sung, nda). L'albero genealogico familiare non la include e lei non ha neppure il Certificato del Popolo. Il suo nome non viene trovato in alcun documento legale. Non c'è quindi modo di verificare chi sia la moglie ufficiale di Kim Jong Il tranne che per conoscenze personali».

In realtà, la vera first lady della Corea del Nord, sebbene non ufficialmente e legalmente sposata con Kim Jong Il, fu per lungo tempo Ko Yong Hui incontrata, come detto, nel 1972 e divenuta sua amante e convivente tre anni dopo. Da lei Kim Jong Il ebbe due figli, Kim Jong Chol, nato nel 1981, e Kim Jong Un, l'attuale leader nordcoreano. Nel 1987 nacque la loro figlia, Kim Yo Jong.

La sorella di Ko Yong Hui, Ko Yong Suk venne invitata a vivere con la famiglia Kim e Jong Il in persona scelse un marito per la cognata: Ri Gang.

Nel 1992 Ko Yong Suk e Kim Jong Chol arrivarono a Ginevra. Kim Jong Un li raggiunse nel 1996. Secondo i ricordi di Yong Suk i tre vivevano in una casa non particolarmente elegante e lei, facendo le veci della madre, incoraggiava Jong Chol e soprattutto il più introverso Jong Un, a portare i loro amici in casa per perfezionare la lingua tedesca, materia ostica al futuro leader tanto da dover costringere gli insegnanti a considerare l'eventualità di retrocedere l'alunno di due livelli. A Berna Jong Un e Jong Chol frequentarono, tra il 1996 e il 2000 (o il 2001 secondo altre fonti), la Schule Liebefeld Stienhoelzli sotto i falsi nomi di Pak Chol (secondo il periodico svizzero «L'Hebdo») e Pak Un (secondo il quotidiano giapponese «Mainichi Shimbun»). Jong Un era, già allora, appassionato di pallacanestro e aveva come idolo Michael Jordan. I due fratelli giocavano spesso con i Lego e amavano sentire le canzoni di Eric Clapton. La passione per Clapton, profonda per Kim Jong Chol, meno condivisa da Jong Un, venne confermata in diverse occasioni a partire dal 2006 quando Kim Jong Chol assistette a un concerto del cantante britannico in Germania, partecipando in seguito ad altre sue esibizioni il 14 febbraio 2011 a Singapore e nel maggio 2015 alla Royal Albert Hall di Londra. Durante il felice e spensierato periodo trascorso in Europa, il futuro Grande Leader della Corea del Nord visitò con la zia o con la madre Euro Disney (oggi Disneyland) a Parigi e Disneyland a Tokyo; trascorreva le vacanze sciando sulle Alpi svizzere, nuotava nel mare della riviera francese, mangiava in ristoranti in Italia. Durante le vacanze estive tutti tornavano in Corea del Nord per andare a Wonsan sulla costa orientale del Paese, dove la famiglia Kim ha una residenza.

Sin dal 1992 Kim Jong Un cominciò ad essere educato come uno dei candidati per diventare l'erede del padre e del nonno, ma non era il solo. Altri potenziali successori erano suo fratello maggiore, Jong Chol, e il fratellastro, quel Kim Jong Nam figlio della prima fiamma di Kim Jong Il. Con il passare degli anni la scrematura eliminò prima Jong Chol, per via del carattere troppo debole sia secondo il padre che secondo la madre, la quale iniziò a soprannominare il secondogenito 'Stella Reale del Mattino'. Nel 2001 anche Jong Nam venne depennato dalla lista dei probabili sostituti alla leadership, dato che preferiva dedicarsi più al divertimento e alle donne che alla direzione di un Paese. Queste sue passioni costarono caro al pretendente della poltrona di una nazione che faceva dell'austerità e della moralità, almeno di facciata, dei requisiti imprescindibili delle virtù dei propri governanti. Nel maggio 2001 Kim Jong Nam venne fermato alla dogana giapponese dell'aeroporto di Narita perché in possesso di passaporto falso. Rispedito in Cina (dal Giappone non esistono voli di linea per la Corea del Nord), Jong Nam, che viaggiava con passaporto dominicano assieme a due donne e suo figlio di sei anni, spiegò a una folla di giornalisti allibiti, che cercava di entrare in Giappone per portare il figlio a Disneyland. Anche se non fu questa l'unica ragione della sua definitiva bocciatura verso la corsa alla leadership, la situazione creò imbarazzo a Pyongyang contribuendo non poco alla decisione di Kim Jong Il di depennare il figlio dalla lista dei papabili successori. Vista bruciata la candidatura da lui considerata più valida e preferibile, dal febbraio 2003 Kim Jong Il ordinò una campagna di riabilitazione di Ko Yong Hui al fine di promuovere la figura di Kim Jong Un. Nel gennaio 2002, forse nel primo segnale di preparativi alla successione inviato da Kim Jong Il, il nome di Ko Yong Hui venne associato per la prima volta agli appellativi di 'Madre Rispettata' e di 'Madre della Corea', mentre dall'inizio del 2003 alla fine del 2006, il coro dell'esercito avrebbe inserito nel suo repertorio la canzone, a lei ispirata, 'Madre di Pyongyang'. Dal 2005 Kim Jong Un cominciò a seguire il padre nelle uscite ufficiali all'interno del Paese e nell'ottobre 2010 la probabile successione venne resa nota durante la conferenza del Partito dei Lavoratori.

Nel 1998 a Ko Yong Hui venne diagnosticato un cancro al seno: la malattia della sorella avrebbe molto probabilmente segnato l'uscita di scena della famiglia Ko dalle grazie di Kim Jong Il. Sarebbe questo uno dei principali motivi per cui Ko Yong Suk, il marito Ri Gang e i loro tre figli chiesero asilo all'ambasciata degli Stati Uniti a Berna. Nessuno degli agenti statunitensi che intervistarono Ko e Ri sapeva chi fosse Kim Jong Un.

Il 27 agosto 2004 Ko Yong Hui morì in una clinica di Parigi. Nel 2012 Kim Jong Un, in un chiaro tentativo di riabilitazione del *pedigree* materno, fece costruire una tomba per la madre sul monte Taesong, dove sorge il Cimitero dei Martiri della Rivoluzione.

La morte di Yong Hui non permise a Kim Young Suk, la moglie ufficiale di Kim Jong Il, di riprendere il posto che le competeva che, invece, venne occupato dalla sua quarta fiamma e seconda convivente: Kim Ok, segretaria personale del Caro Leader. Nata il 28 agosto 1964, Ok era stata insegnante di pianoforte all'Università di Musica e Danza di Pyongyang prima di entrare, nel 1987, nello staff personale di Kim Jong Il. Di carattere arrogante e altezzoso, Kim Ok, assetata di potere, non era certo la persona che si faceva voler bene; non è quindi una sorpresa se, a pochi mesi dal suo insediamento, Kim Jong Un l'abbia allontanata dal suo entourage.

2. Ritorno in patria

Kim Jong Un tornò in Corea del Nord nel 2000 senza aver terminato gli studi alla Liebefeld Stienhoelzli e si iscrisse alla Kim Il Sung University, la prima università della Corea del Nord fondata nel 1946 e che, nel suo sito, si vanta di «aver laureato 16 eroi della Dprk, 81 eroi del lavoro e più di 800 accademici, professori e dottori». Rettore dell'istituto era Pak Kwan O, fisico nucleare e, successivamente, sindaco di Pyongyang. L'università ha una quindicina di facoltà che spaziano dalla fisica alla chimica, dall'elettronica alla matematica, dall'economia alla storia, dalla filosofia alle lingue straniere. Kim Jong Un frequentò l'Università Militare Kim Il Sung, fondata dal nonno nel 1948, terminando gli studi nell'aprile 2007.

Il periodo trascorso in patria tra il suo ritorno dalla Svizzera e il 2010, anno dell'investitura ufficiale come erede di Kim Jong Il, è avvolto nei fumi della vaghezza e dell'oscurità. In assenza di qualsiasi biografia ufficiale, le poche testimonianze disponibili, ma non si sa quanto attendibili, sono di Kenji Fujimoto, nome fittizio del cuoco personale della famiglia Kim dal 1988 al 2001 che, a quanto riferiva un cablogramma segreto statunitense e reso noto da WikiLeaks, sarebbe stato la principale fonte di informazioni sulla Corea del Nord per la Naicho, l'agenzia spionistica giapponese. Al suo ritorno in Giappone, Fujimoto scrisse un libro, *I Was Kim Jong Il's Cook* (*Io sono stato il cuoco di Kim Jong Il*) best seller nell'arcipelago, in cui narrava la sua vita all'interno dello stretto entourage del Caro Leader.

Fujimoto descrive Kim Jong Un come un ragazzo dal «carattere estremamente competitivo e rude», «una persona educata e intelligente, anche se di carattere freddo e dalle idee politiche ben precise e radicate». Una personalità «esattamente identica a quella del padre» a cui, a differenza di Kim Jong Nam, sarebbe stato leale. Un episodio dipinto dal cuoco giapponese, secondo il quale Kim Jong Un si sarebbe soffermato a riflettere sulla vita del popolo assai diversa da quella che lui stesso conduceva, potrebbe modellare la propensione empatica del futuro leader nordcoreano verso le masse popolari, rendendolo assai differente da Kim Jong Il, più freddo e distaccato.

Nonostante le tante riserve nutrite verso le testimonianze del cuoco, Fujimoto fu uno dei primi a confermare che Kim Jong Nam non era più il successore prescelto di Kim Jong Il e che, invece, questo posto sarebbe spettato a Kim Jong Un il quale sarebbe entrato nella vita politica nel 2006-2007, quando supervisionò la costruzione dell'Università di Musica di Pyongyang.

Nel 2008 Kim Jong Il soffrì di un ictus. Fu, molto probabilmente, questo primo segnale che indusse il leader nordcoreano a decidere definitivamente chi dovesse essere il suo erede.

Nel 2007 il rampollo della famiglia Kim sarebbe stato assegnato alla guida del Dipartimento Organizzativo e Orientamento del Comitato Centrale del Partito dei Lavoratori di Corea (PLC) e, probabilmente, lavorò al Dipartimento Politico dell'Esercito Popolare Coreano assieme al generale Kim Jong Gak, nominato primo vicedirettore del dipartimento proprio in quell'anno e che nel 2012 diverrà, per un breve periodo, ministro della Difesa. Kim Jong Gak iniziò la sua carriera nel 1991 come membro esterno del Comitato Centrale del PLC e nel dicembre 1992 occupò il posto di vicecomandante delle Forze armate nordcoreane. Nel 2009 entrò a far parte della Commissione Nazionale di Difesa rafforzando la sua posizione di quadro militare divenendo l'attuale capo dell'Accademia Militare Kim Il Sung.

Il 2 giugno 2010, Ri Je Kang, vicedirettore del Dipartimento Organizzativo e Orientamento e segretario personale di Kim Jong Il, moriva in quello che ufficialmente è stato definito un incidente automobilistico. Ri Je Kang, fedelissimo di Kim Jong Il e uno dei primi sostenitori di Kim Jong Un alla successione del padre, fu il propiziatore e mandante di numerose purghe ed esecuzioni di quadri del partito. A contestare la versione ufficiale, sostenuta anche da analisti sudcoreani, lo studioso Andrei Lankov avrebbe ipotizzato che Je Kang sarebbe stato ucciso su ordine di Jang Song Taek, ministro della Sicurezza del Popolo nonché cognato di Kim Jong Il avendone sposato la sorella, Kim Kyong Hui. La rivalità tra Jang e Ri era nota da tempo in quanto il primo era la personalità più influente al di fuori dal circolo familiare dei Kim e vedeva il potente Dipartimento Organizzativo e Orientamento (e i suoi membri) come un ostacolo alla sua carriera. Lo stesso Kim Jong Il aveva accordato al cognato la facoltà di indebolire l'ufficio di Ri Je Kang, permettendo la fucilazione del generale Ryu Kyong, vicedirettore del Dipartimento della Sicurezza di Stato strettamente legato al Dipartimento Organizzativo e Orientamento, agli inizi del 2011. Jang Song Taek era apprezzato da Kim Jong Il, oltre che per essere il marito dell'amata sorella, anche per le sue capacità organizzative e, soprattutto, per le doti espresse nel fiuto degli affari. Ma Jong Il cercava anche di bilanciare il crescente potere del cognato opponendogli figure di comodo che cambiava periodicamente quando queste acquistavano troppo potere. Una di queste era proprio il "purgatore" Ri Je Kang, il quale nel dicembre 2003 degradò Jang Song Taek. La punizione durò solo un paio d'anni perché Kim Jong Il, pensando che la lezione data al troppo intrigante parente fosse ormai sufficiente, decise di rimetterlo in carriera. Ciò bastò a Jang Song Taek per preparare la sua vendetta.

Dietro queste manovre, atte ad assicurare a Kim Jong Il la cieca obbedienza dei suoi accoliti e a preparare la strada al suo successore, Kim Jong Un si faceva le ossa, al riparo da ogni attenzione esterna, all'interno dell'esclusivo e stretto cerchio familiare.

Ancora il 18 settembre 2010, il futuro leader della Corea del Nord era sconosciuto non solo alla maggior parte degli esperti, ma anche a chi si proponeva come interlocutore ufficiale fra il governo del Paese e le istituzioni estere. Alejandro Cao de Benos de Les y Perez, uno spagnolo di origini nobili che si è meritato l'investitura del governo nordcoreano come Inviato Speciale del Comitato per le Relazioni Culturali con l'Estero, scriveva a «El Mundo» una risentita lettera in cui, rispondendo a un articolo che prefigurava la successione di Kim Jong Un al padre, precisava che «Kim Jong Un è un perfetto sconosciuto sia per la popolazione sia per le autorità della Corea del Nord. In 18 anni di lavoro non ho mai visto una sua foto e letto un libro su di esso. Se esistesse, non sarebbe mai accettato dal popolo e dall'esercito. I due leader (Kim Jong Il e Kim Il Sung, nda) sono tali perché hanno lottato per la liberazione e per il socialismo con i fucili in mano dalla loro infanzia, e per questo sono riconosciuti come tali».

Nove giorni dopo, il 27 settembre, il "fantomatico" (per Alejandro Cao de Benos de Les y Perez) Kim Jong Un veniva promosso a *taejang*, generale a quattro stelle e il 28 fece la sua prima apparizione pubblica alla Terza Conferenza del partito accanto ai generali Kim Won Hong, capo del Dipartimento Organizzativo dell'Ufficio Generale Politico dell'Esercito Popolare Coreano e Hyon Chol Hae, direttore dell'Ufficio Permanente della Commissione Nazionale di Difesa. La foto che lo ritraeva tra i militari fu la prima immagine ufficiale di Kim Jong Un che la Corea del Nord rilasciava al mondo e lasciò parecchi giornalisti nel dubbio su chi fosse quel giovane in casacca e pantaloni scuri dallo sguardo serio e severo, come si conviene in Corea del Nord in ogni presentazione ufficiale. La stessa BBC, accompagnava l'istantanea con una didascalia in cui si spiegava che «si pensa che l'uomo sia Kim Jong Un». Kim Jong Un indossava un vestito identico a quello indossato da Kim Il Sung negli anni Cinquanta, un chiaro segno di continuità nella politica e nel sangue di Paektu.

I due ufficiali che, emblematicamente, erano a fianco di Kim Jong Un nella foto saranno gli stessi che lo accompagneranno durante tutto il periodo di transizione al potere dalla morte di Kim Jong Il.

Kim Wong Hong cominciò a emergere da semplice membro dell'Assemblea del Popolo, il parlamento nordcoreano, nel 2003, quando venne promosso al vertice del Comando della Sicurezza Militare (l'unità di spionaggio militare nordcoreana) per poi dirigere il Dipartimento Organizzativo dell'Ufficio Politico dell'Esercito Popolare Coreano nell'aprile 2009 proprio quando Kim Jong Il pose il figlio a capo del ministero della Sicurezza dello Stato, la polizia segreta della Corea del Nord. Nel successivo settembre 2010, alla vigilia dell'investitura ufficiale di Kim Jong Un, Wong Hong divenne membro del Comitato Centrale del Partito e della Commissione Centrale Militare. La sua fedeltà al nuovo leader lo proiettò alle alte sfere di comando, portandolo a occupare il posto di ministro della Sicurezza dello Sato che era stato di Kim Jong Un nel 2012 per poi diventare membro della Commissione Nazionale di Difesa. Fu Kim Wong Hong a guidare la commissione di investigazione che accertò la colpevolezza di Jang Song Taek e il suo arresto seguito dall'esecuzione. Nel giugno 2016 il generale, uno dei quattro ufficiali di cui si attornia Kim Jong Un, fu eletto nella Commissione degli Affari di Stato.

Hyon Chol Hae, veterano della guerra rivoluzionaria e guardia del corpo di Kim Il Sung durante la Guerra di Corea, divenne vicedirettore del Dipartimento Politico dell'Esercito Popolare per poi diventare il direttore dell'Ufficio Permanente della Commissione Nazionale di Difesa. Nell'aprile 2012 venne promosso nella Commissione Militare Centrale e nel Politburo del Partito dei Lavoratori.

Dietro le quinte c'era un'altra coppia che, nei disegni di Kim Jong Il avrebbe dovuto prendersi cura del figlio: la sorella Kim Kyong Hui e il di lei marito, Jang Song Taek.

Kyong Hui, laureata in economia politica alla Kim Il Sung University, dove incontrò il suo futuro marito era, dal 1988, direttrice del Dipartimento dell'Industria Leggera del PLC (lo sarà fino al 2012). Nel 1968 si specializzò all'Università Statale di Mosca e nel 1972 Kim e Jang si sposarono.

Nel 1975 venne promossa a vicedirettore del Dipartimento di Collegamento Internazionale del PLC con il compito di valutare il personale da inviare alle sedi diplomatiche all'estero.

Nel 1976 la coppia ebbe la loro unica figlia, Jang Kum Song. Era adorata dai genitori, ma nel 2006, mentre era a Parigi per un corso di studi, richiamata a Pyongyang dai suoi genitori che si opponevano alla relazione con il suo ragazzo, si suicidò. La morte della figlia devastò la vita di entrambe, ma soprattutto di Kim Kyong Hui, che cadde in profonda depressione.

Per Kim Jong Il risultò naturale affidare Jong Un alla sorella per sopperire, almeno in parte, al dolore per la perdita della figlia. Era sicuro che la coppia avrebbe preso sotto la sua protezione il futuro erede e, nel caso di una sua morte prematura e improvvisa, difenderlo da chi di sicuro avrebbe cercato di escluderlo dalla linea di successione.

La prima volta di Kim Jong Un

1. Manovre politiche...

Nell'agosto 2008 Kim Jong Il fu colpito da una crisi cardiaca che lo scosse a tal punto da accelerare la preparazione alla sua successione. L'8 gennaio 2009, giorno del compleanno di Jong Un, venne annunciata ai circoli più interni al regime, la volontà di Kim Jong Il di lasciare in eredità il potere al figlio. Nell'aprile 2009, con un emendamento della costituzione, la Commissione di Difesa Nazionale divenne l'organo dirigente più importante del Paese e venne allargata da otto a dodici membri. Jang Song Taek venne nominato vicepresidente e da allora, oltre a divenire il numero due del regime, gli fu affidato l'apprendistato politico di Kim Jong Un. Per rafforzare il controllo del partito e del Paese, le tre principali organizzazioni di spionaggio – il Dipartimento delle Operazioni del Partito dei Lavoratori, il Dipartimento per le Relazioni Estere e l'Ufficio 35 – vennero accorpate in un unico ente facente capo all'Ufficio di Ricognizione delle Forze Armate, sotto la direzione del generale Kim Yong Chol. Il Dipartimento delle Operazioni del Partito dei Lavoratori si occupava di infiltrare agenti nella Corea del Sud, il Dipartimento per le Relazioni Estere addestrava agenti che venivano poi assegnati in Paesi esteri e l'Ufficio 35 organizzava attività spionistiche raccogliendo informazioni provenienti sia all'interno che all'esterno della nazione.

Kim Jong Il stava preparando per il figlio lo stesso tragitto di successione che Kim Il Sung aveva organizzato per lui. Sapendo che la giovane età e l'inesperienza di Kim Jong Un contrapposta all'alterigia dei vertici militari avrebbe potuto essere fatale all'erede designato, il padre iniziò a rafforzare la politica del *songun* che tanto appropriata si era dimostrata per la sua successione quindici anni prima.

La dottrina del *songun*, letteralmente 'prima i militari', nacque già negli anni Cinquanta quando Kim Il Sung, per avere l'appoggio dell'esercito durante le campagne di epurazione del partito dopo la guerra di Corea retrocedette la data di formazione dell'Esercito Popolare dall'8 febbraio 1948 al 25 aprile 1932, quando fu fondato l'Esercito Popolare Rivoluzionario, il primo nucleo delle forze che combatté il colonialismo giapponese. In questo modo l'esercito precedeva la fondazione del Partito dei Lavoratori, nato il 10 ottobre 1945, garantendo la superiorità storica, morale e politica indispensabile per Kim Il Sung affinché potesse mantenere il controllo del partito. Sussisteva, infatti, il reale pericolo che un partito come quello coreano, creato sullo stampo maoista e leninista e in subbuglio dopo il disastro di tre anni di conflitto conclusisi con un nulla di fatto, volesse la testa del suo leader. A Kim Il Sung le opposizioni contestavano la sua impazienza nell'aver voluto una guerra che aveva portato alla quasi estinzione della Repubblica Popolare e alla distruzione dell'economia, oltre che delle città. Era quindi imperativo, perché la famiglia Kim conservasse le redini della nazione, subordinare il partito ai militari.

Le fonti ufficiali indicano la nascita del *songun* nel 15 ottobre 1926, quando Kim Il Sung aveva 14 anni e l'idea di fondo su cui si era costruita la dottrina prevedeva che la nazione nordcoreana dovesse continuamente difendersi ed eventualmente lottare per mantenere la propria indipendenza messa in pericolo dai Paesi capitalisti e imperialisti.

Anche se il termine *songun* era utilizzato sin dagli anni Sessanta, solo dopo l'improvvisa morte di Kim Il Sung (1994) iniziò ad entrare nell'uso quotidiano della società e dei media nordcoreani. Sebbene Kim Jong Il avesse iniziato la formazione di leader da diversi lustri, il suo carattere introverso e i suoi atteggiamenti che rasentavano l'apatia non avevano conquistato né il popolo né tantomeno l'entourage politico. La sua autorità rischiava, quindi, di essere fortemente compromessa.

Poco prima l'Europa dell'Est aveva conosciuto la perestrojka e la glasnost, mentre nel 1989, a Pechino, a poche centinaia di chilometri dal confine nordcoreano, Tiananmen rischiava di scardinare il partito e la sua autorità. Il regime di Pyongyang guardava con grande attenzione e un pizzico di preoccupazione il crollo del Muro di Berlino, il linciaggio e l'esecuzione dei coniugi Ceauşescu, la dissoluzione della Jugoslavia. Tutto questo, secondo la leadership nordcoreana, non sarebbe potuto accadere se i militari non si fossero discostati dalla linea segnata dal partito. La Cina, a differenza dell'Unione Sovietica, si era salvata perché l'esercito era stato la mano del partito e aveva soffocato sul nascere ogni tentativo di rivolta popolare. Era quindi l'esercito che doveva essere seguito e guardato con più attenzione.

A complicare ulteriormente la già difficile situazione, la grande carestia che colpì il Paese nella seconda metà degli anni Novanta e che causò la morte di centinaia di migliaia (se non milioni come affermano altre fonti) di persone, gettò il Paese nella più grave crisi mai subita nella sua storia dopo la guerra degli anni Cinquanta.

Kim Jong Il cercò, quindi, riparo tra la più potente organizzazione del Paese: i militari servendosi, appunto, del *songun*. Il partito si fuse con le Forze armate per trasformarsi in un grande Golem. L'Ardua Marcia, come il governo etichettò la carestia, divenne la chiave utilizzata da Kim Jong Il e dai militari per rivedere l'assetto politico ed economico della Corea del Nord. In cambio della protezione data dai generali contro i burocrati e i tecnocrati del partito, le Forze armate del Paese ebbero pieno accesso al sistema produttivo, ai centri di distribuzione degli aiuti alimentari e sanitari e nei meandri del potere. In più, durante tutto il periodo di governo, Kim Jong Il foraggiò a pioggia ogni dipartimento e ogni attività controllata dagli ufficiali garantendo anche l'appoggio delle sedi diplomatiche, delle filiali di banche e delle compagnie a capitale nordcoreano per l'esportazione di armi all'estero.

La dottrina dei 'militari per prima' procedeva di pari passo con quella del *Juche*, altro pilastro che ha accompagnato la fondazione della Repubblica Democratica Popolare di Corea. Anche in questo caso, come per il *songun*, l'ideologia del *Juche* fu introdotta da Kim Il Sung per evitare di essere sopraffatto dalle opposizioni maoiste e marxiste-leniniste. Per sviluppare una classe sociale a lui fedele e creare le condizioni di sviluppo economico al fine di migliorare le condizioni di vita del popolo, venne varata un'ideologia basata su un misto di stalinismo, paternalismo, confucianesimo e nazionalismo: il *Juche*. In questo senso si innestano gli slogan e le campagne culturali, letterarie, economiche e politiche della Repubblica Popolare dagli anni Sessanta a tutta la prima decade del XXI secolo. In nome dell'indipendenza e della riscoperta dei principi morali e storici della nazione, vennero aboliti dal vocabolario coreano i caratteri cinesi e i termini stranieri e per slegare completamente la storia nordcoreana da correnti di pensiero estranee ad essa, il calendario venne riformato facendo coincidere l'anno di nascita di Kim Il Sung (1912) con l'anno 1 del *Juche*.

La nuova ideologia che guidava la Corea del Nord affermava che solo le masse popolari erano gli «artefici della rivoluzione e della costruzione del Socialismo [...] e [...] queste sono anche la forza motrice della rivoluzione e della costruzione della nazione». Oltrepassando il principio marxista secondo cui i rapporti di produzione e la lotta di classe sono i veri motori della storia, il *Juche* afferma che l'uomo è l'unico responsabile del proprio destino. E non poteva essere altrimenti in un Paese dove, almeno fino alla fine degli anni Settanta, l'intera popolazione era livellata a standard di vita pressoché uniformi. Affinché la prospettiva di un futuro migliore fosse raggiunta in tempi brevi, ai nordcoreani venne chiesto di rinunciare alla propria libertà individuale per lasciarsi condurre dal 'grande leader' l'unico in grado di coordinare e convogliare tutti i singoli sforzi e i singoli talenti nel bene collettivo per creare una nuova società. Le qualità uniche di questo grande leader venivano esaltate dall'intera nazione per creare il culto della personalità e per difendere la famiglia regnante da ogni possibile opposizione interna e interferenza esterna.

A partire dal 1992, un anno dopo la dissoluzione dell'Unione Sovietica e del COMECON, dalla costituzione nordcoreana venne eliminato ogni riferimento al marxismo-leninismo, dottrina superata dal *Juche*. Al tempo stesso nelle scuole di partito si iniziò a descrivere Gorbaciov come traditore. Il popolo sovietico e i popoli dell'Est Europa erano stati venduti al capitalismo e la Corea del Nord, unica a dover salvaguardare il fronte socialista si trovava direttamente in prima linea a difendere il socialismo. Questo nuovo assetto politico e ideologico, se da una parte metteva Kim Jong Il in ristrettezze economiche perché non aveva più l'appoggio dei fratelli socialisti, dall'altro diede l'opportunità al nuovo leader, salito al potere nel 1994, proprio in un momento cruciale nella ridefinizione degli equilibri strategici, di proporre la sua guida come l'unica possibile ai nordcoreani, popolo fortunato per aver avuto un'ideologia come quella del *Juche*, che aveva previsto anche la possibilità dell'assedio imperialista. Il socialismo nordcoreano era ben superiore a ogni altro al mondo, ma bisognava difenderlo: ecco la necessità del *songun*.

2. ...*e manovre militari*

Per svezzare il figlio, Kim Jong Il stravolse anche i comandi militari al confine con il Sud: all'esperto e fidato generale Kim Kyok Sik, capo di Stato Maggiore dell'Esercito del Popolo, venne dato il comando del Quarto Corpo d'Armata, responsabile delle aree al confine con il Sud e del Mar Occidentale. All'apparenza era un declassamento e così fu visto dagli analisti che seguivano da vicino le vicende nordcoreane. In realtà, si scoprì poi, la mossa fu compiuta perché il Grande Leader si fidava del generale Kim a tal punto da voler che fosse lui stesso a istruire militarmente il figlio predestinato alla successione del comando. Kim Kyok Sik era, infatti, uno dei militari più apprezzati nelle Forze armate del Paese: quale migliore insegnante se non lui per garantire l'addestramento in campo a Jong Un e proteggerlo da sicuri avvoltoi che, dopo la morte del padre, si sarebbero avventati sul giovane e inesperto leader?

Diversi episodi, alcuni dei quali ancora non del tutto chiariti nella loro dinamica, hanno segnato in modo significativo il periodo che dalla prima metà del 2009 avrebbero accompagnato Kim Jong Un al dicembre 2011.

Il 26 marzo 2010 la corvetta sudcoreana Cheonan venne affondata nel Mar Giallo causando la morte di quarantasei marinai. Sebbene il rapporto condotto da un team internazionale che includeva esperti statunitensi, canadesi, svedesi, britannici e australiani concluse che l'affondamento era stato causato da un siluro lanciato da un sottomarino nordcoreano, altre investigazioni internazionali fecero notare alcune incongruenze che mettevano in dubbio i risultati dell'inchiesta internazionale. L'incidente fu seguito il 23 novembre 2010 dal bombardamento dell'isola sudcoreana di Yeonpyeong da parte dell'artiglieria nordcoreana conclusosi con la morte di quattro sudcoreani e il ferimento di altri diciannove.

L'episodio di Yeonpyeong, condotto sotto il comando di Kim Kyok Sik, fu il battesimo del fuoco per Kim Jong Un e fu attentamente studiato da Kim Jong Il. Il contenzioso sull'isola era particolarmente delicato per lo sviluppo, alquanto complicato, che aveva accompagnato la diatriba sin dal 1953.

3. Le cinque isole contese

Secondo l'armistizio del 27 luglio 1953, siglato dal Comando delle Nazioni Unite da una parte e la Corea del Nord appoggiata dalla Repubblica Popolare Cinese dall'altra, la Linea di Demarcazione avrebbe dovuto prolungarsi per altri cinquantacinque chilometri all'interno del Mar Giallo (o Mar Occidentale, come è chiamato dalle due Coree) dopo l'estuario del fiume Han. Non erano previsti dei confini marittimi, e le isole comprese entro questo spazio di mare erano sotto il controllo di una o dell'altra parte in attesa di una successiva risoluzione che avrebbe deciso in maniera definitiva quali di questi lembi di terra appartenevano al Sud e quali al Nord. La Corea del Nord, uscita stremata dalla guerra, non aveva la possibilità di controllare militarmente l'intero arcipelago di isolette e scogli; nonostante che alcune di queste rimanessero a nord della linea di demarcazione marittima tra le provincie di Hwanghae e Kyonggi, quindi nella giurisdizione sino-nordcoreana, il Nord preferì concedere al Comando delle Nazioni Unite il controllo delle cinque isole di Yeonpyeong, Undo, Taecheong, Soncheongdo e Paengnyong ricevendo in cambio la gestione della città di Kaesong. A complicare le cose c'erano le divergenze sui limiti delle acque territoriali che, secondo le Nazioni Unite erano di tre miglia nautiche dalla costa mentre i nordcoreani, già dal 5 marzo 1953, avevano aumentato questi limiti a dodici miglia nautiche (solo nel 1982 la Convenzione sulla Legge Marittima dell'Onu stabilì in dodici miglia nautiche i limiti delle acque territoriali e a duecento miglia nautiche la zona di esclusività economica).

Nell'ottobre 1973 Pyongyang, ormai rafforzatasi militarmente e economicamente con l'aiuto del COMECON e dell'Urss, cominciò a reclamare le cinque isole; in pochi mesi navi della marina nordcoreana oltrepassarono la Linea di Demarcazione marittima circa duecento volte.

4. Gli incidenti di Cheonan e dell'isola di Yeonpyeong

Il 12 giugno 1999 ci furono le prime schermaglie per il possesso dell'isola di Yeonpyeong a cui partecipò anche la Cheonan, la nave che undici anni più tardi venne coinvolta in uno degli incidenti più pericolosi del confronto tra i due Stati. La marina sudcoreana non subì alcuna perdita, a differenza di quella nordcoreana, che soffrì l'affondamento di una torpediniera e il danneggiamento della Tungsangot-684, che comunque riuscì a riparare in porto. Nei successivi colloqui la delegazione nordcoreana affermò che, sebbene le cinque isole fossero sotto il controllo del Comando delle Nazioni Unite, esse erano comunque all'interno delle acque territoriali nordcoreane e che, quindi, le navi militari e i pescherecci di Pyongyang avevano il diritto di solcare il mare antistante le isole.

Gli incidenti si ripeterono il 29 giugno 2002 quando, per allontanare cinquantasei pescherecci sudcoreani sconfinati in acque territoriali nordcoreane, la Tungsangot-684, la stessa nave pattuglia che aveva subito pesanti danneggiamenti nel 1999, sparò tre colpi da 85 mm contro la Cheamsuri-357 uccidendo cinque uomini dell'equipaggio. La nave sudcoreana affondò poche ore più tardi, ma la Tungsangot-684 fu di nuovo gravemente colpita da altre imbarcazioni di Seoul corse in aiuto della Cheamsuri-357.

A seguito dell'incidente del 2002 avvenuto, non certo per caso, alla vigilia della finale del campionato del mondo di calcio tenutosi in Corea e Giappone, Seoul e Pyongyang cominciarono a tenere colloqui bilaterali per allentare le tensioni nel Mar Occidentale. I meeting, tenutosi il 26 maggio 2004, il 3 giugno 2004 e il 2 marzo 2006 si conclusero con un nulla di fatto: mentre la Corea del Nord insisteva nella sua richiesta di estendere a 12 miglia nautiche i limiti marittimi, il Sud proponeva una zona di pesca comune.

Il convoglio ferroviario che il 17 maggio 2007, dopo sette anni di trattative, varcò per la prima volta dal 1953 il 38° parallelo, e l'incontro intercoreano tenutosi tra il 2 e il 4 ottobre 2007 tra Kim Jong Il e Roh Mu Hyon sembrarono ridare speranza al dialogo. Kim e Roh si accordarono nel creare una zona pacifica di cooperazione nel Mar Occidentale che, oltre a stabilire una zona di pesca comune, realizzava anche una zona ad economia speciale che includeva il porto nordcoreano di Haeju.

Dato che per la costituzione sudcoreana il territorio della Corea del Nord appartiene a Seoul, secondo Roh, l'accordo con Kim non faceva altro che applicare i principi costituzionali.

L'elezione di Lee Myung Bak a nuovo Presidente della Repubblica di Corea, avvenuta il 19 dicembre 2007, fece, però, rivedere gli accordi di ottobre.

I toni si fecero più accesi e il 17 gennaio 2009 la televisione nordcoreana trasmise un comunicato in cui si affermava che la Linea di Demarcazione Marittima era illegale iniziando una serie di iniziative militari culminate con il secondo test nucleare di maggio e costellate da una pericolosa escalation nel Mar Giallo con raid aerei e bombardamenti di artiglieria. Alle diplomazie nordcoreane sparse all'estero, il messaggio che annunciava lo scoppio dell'ordigno nucleare fu corredato anche dal nome di chi aveva preso la decisione di condurre il test: Kim Jong Un.

Il 10 novembre 2009 la nordcoreana Tungsangot-383 si confrontò, in un incidente considerato accidentale, con sei navi sudcoreane subendo danni notevoli.

L'aumentato numero di provocazioni indusse Seoul a inviare nelle acque di confine navi torpediniere di classe Corvette, più grandi e lente delle navi di pattuglia classe Cahmsuri che sino ad allora avevano solcato i mari occidentali.

Pyongyang valutò il rafforzamento della linea sudcoreana come un affronto e alle 21:22 del 26 marzo 2010 la ROKS Cheonan, che transitava a 2,5 chilometri a sudovest dell'isola di Paengnyong, venne colpita e affondata. Quarantasei dei centoquattro uomini dell'equipaggio morirono. Le commissioni di inchiesta avrebbero trovato pezzi di metallo appartenenti a un siluro nordcoreano CHT-02D che può essere montato su minisommergibili di classe Sogo e Yono, ma i dubbi sulla responsabilità di Pyongyang nell'incidente non furono mai completamente eliminati. Kim Jong Il, infatti, era impegnato nel riesumare i Colloqui a Sei che avrebbero aiutato la Corea del Nord a risollevarsi economicamente e furono in molti a dubitare che l'affondamento del Cheonan sia stato fatto deliberatamente. Nuove ipotesi, anche queste mai confermate, supponevano che vi fosse stato uno scontro accidentale tra la nave sudcoreana e un minisommergibile nordcoreano.

5. *Il recupero della Cheonan*

Quello della Cheonan, comunque, era solo un "assaggio" di ciò che sarebbe successo pochi mesi più avanti. Il 22 novembre 2010 Kim Jong Il accompagnato da Kim Jong Un, visitò aree costiere vicino alle cinque isole contese al Sud (ufficialmente venne dipinta come una visita ad aziende di pesca locali). Il giorno stesso Seoul aveva dato inizio alle esercitazioni militari Hoguk ('Difesa del Paese').

Il 23 novembre, al termine delle operazioni militari sudcoreane, l'artiglieria nordcoreana cominciò a colpire l'isola di Yeonpyeong dalle proprie postazioni situate nell'isola di Mu e nella penisola di Kaemori. Circa ottanta dei centosettanta colpi di artiglieria raggiunsero Yeonpyeong uccidendo due soldati e tre civili e ferendo tre civili e quindici militari sudcoreani.

L'attacco all'isola, considerato un successo da parte dell'apparato militare nordcoreano, fu un colpo da maestro orchestrato da Kim Jong Il: progettato con l'appoggio di un veterano come Kim Kyok Sik, stimato e rispettato negli ambienti delle Forze armate, fu attribuito a Kim Jong Un. Un segnale inviato a chiunque potesse aver avuto la malsana idea di frapporsi tra il futuro leader e il potere e al tempo stesso un trionfo da ascrivere nel curriculum militare del giovane (allora non ancora trentenne) generale a quattro stelle. Se Kim Jong Un aveva avuto l'ardire di attaccare un avamposto sudcoreano sul proprio territorio, cosa avrebbe potuto fare nel proprio Paese a chi si ribellava al suo volere?

L'investitura di Kim Jong Un

Kim Jong Un era ormai divenuto il successore di Kim Jong Il: il 27 settembre 2010, proprio mentre nel Mar Giallo si chiudeva il sipario della Cheonan e si stava aprendo un secondo palco con il bombardamento di Yeonpyeong, Kim Jong Il promuoveva il figlio a *daejang*, generale a quattro stelle. Fu in quel momento, quando la televisione di stato relazionò il meeting plenario, che i nordcoreani sentirono per la prima volta il nome di Kim Jong Un. Il giorno dopo il Partito dei Lavoratori di Corea si riuniva nella terza conferenza; Kim Jong Il non voleva lasciare alcuno spazio ad eventuali oppositori, quindi doveva occupare i numerosi posti delle varie commissioni politiche e militari rimasti vacanti sin dal Sesto Congresso del Partito tenutosi nel 1980. Il figlio si sedette come membro nel Comitato Centrale e divenne vicepresidente della Commissione Militare Centrale. Da allora Kim Jong Un seguì assiduamente il padre in ogni suo spostamento. Le elezioni dei comitati locali del partito, tenutesi nel luglio 2011, furono un'altra ghiotta occasione per espellere i dirigenti non ritenuti sufficientemente fedeli al Grande Leader.

1. La struttura politica della società nordcoreana

Non bastava, però, presentare ufficialmente il proprio rampollo come successore alla guida del Paese per difenderlo dai numerosi predatori politici. Lo sapeva bene anche Kim Il Sung, padre di Kim Jong Il e nonno di Kim Jong Un che, sin dai primi anni di vita della Repubblica

Popolare Democratica di Corea manovrò per separare e contrapporre tra loro, i vari organi di partito e della società in modo che fosse estremamente difficile tessere una qualche forma di opposizione, sia tra i membri del partito, sia tra il popolo. Ci riuscì perfettamente, tanto che la struttura politica e sociale della Corea del Nord non cambiò di molto nel corso dei decenni.

Per proteggere il partito e la nazione da sommosse si imbastì un complicato apparato di sicurezza composto da diverse agenzie che si sovrapponevano una con l'altra per prevenire che una di esse potesse ribellarsi al potere della famiglia Kim senza che l'altra potesse intervenire per difenderlo. In particolare, Kim Il Sung, e in successione il figlio Kim Jong Il, crearono diversi filtri di sicurezza all'interno delle organizzazioni del Partito. Kim Jong Un ereditò queste "camere blindate" limitandosi a cambiarne i responsabili e i membri più influenti. Cuore del sistema erano i vari ministeri e le organizzazioni di spionaggio riuniti, dal 2009, sotto l'Ufficio Generale di Ricognizione (UGR) sotto l'egida della Commissione di Difesa Nazionale e, dal 2016, della Commissione degli Affari di Stato.

L'UGR riuniva per la prima volta le diverse agenzie di spionaggio che, sino ad allora, agivano separatamente e in ambiti distinti. Nella struttura dell'Ufficio Generale di Ricognizione continuavano comunque ad esistere sei dipartimenti, nominati da uno a sette (il quattro, essendo numero legato alla morte, fu eliminato per superstizione):

Il Primo Dipartimento raggruppava le agenzie che facevano a capo al Partito dei Lavoratori tra cui quelle guidate dal Ministero della Sicurezza Popolare (MSP), responsabile del *songbun* (classificazione sociale, da non confondersi con il *songun*, la linea 'prima i militari') dei cittadini. Oltre ad essere responsabile del rilascio delle carte d'identità, il Primo Dipartimento si occupava dell'addestramento degli agenti e delle attività di infiltrazione nella Corea del Sud, in particolare quelle che utilizzavano sommergibili e mezzi anfibi.

Il Secondo Dipartimento riuniva i servizi segreti militari e si occupava di raccogliere informazioni sulle Forze armate sudcoreane, giapponesi, cinesi russe e sui contingenti statunitensi stanziati in Corea del Sud e Giappone.

Il Terzo Dipartimento era il più innovativo, l'ultimo nato nella galassia delle agenzie di spionaggio e controspionaggio nordcoreane; i suoi componenti si occupavano di guerra cibernetica e di hackeraggio.

Il Quinto Dipartimento raggruppava quello che un tempo era noto come Ufficio 35 sotto il comando del Partito dei Lavoratori. Riuniva sotto di sé gli agenti nordcoreani sparsi nei vari continenti che si occupavano di intercettazioni politiche. Si pensa che l'ordine di eliminazione di Kim Jong Nam, fratellastro di Kim Jong Un, ucciso nel febbraio 2017 all'aeroporto di Kuala Lumpur, sia partito da questi uffici.

Il Sesto Dipartimento ha responsabilità molto simili al Secondo, inerenti ad attività militari.

Il Settimo Dipartimento si occupa di organizzare la logistica, di cercare appartamenti per i propri agenti, di inviare materiale di spionaggio.

Oltre a questi sei dipartimenti sopravvivevano altre due istituzioni spionistiche: una che faceva capo al ministero per la Sicurezza di Stato, l'altra completamente indipendente responsabile della sicurezza della famiglia Kim, il Comando della Guardia Suprema:

Il ministero per la Sicurezza di Stato (MSS), chiamato anche in modo non ufficiale Dipartimento di Sicurezza di Stato, fu fondato nel 1973 e, dal 1998, agiva sotto la supervisione della Commissione di Difesa Nazionale. Gestito e modellato secondo il sistema KGB sovietico, l'MSS controllava ogni attività che avrebbe potuto creare una minaccia al regime, sia all'interno del partito che tra la popolazione. Aveva filiali anche all'estero ed era responsabile per la protezione dei funzionari e dei diplomatici nordcoreani di stanza nei Paesi in cui la nazione possedeva ambasciate. Un suo ufficio controllava gli stranieri residenti in Corea del Nord, così come i cittadini giapponesi e sudcoreani che avevano scelto di trasferirsi a nord del 38° parallelo. Il 7° Ufficio del MSS era responsabile della gestione dei campi di rieducazione politica. Tra il 1987, quando il ministro Ri Jin Su morì, e il settembre 2009 il ministero non ebbe un direttore, ma venne tenuto sotto stretto controllo da Kim Jong Il. Tra il 2009 e l'aprile 2012 fu guidato da U Dong Chuk, sebbene ne fosse ufficialmente solo primo viceministro. Dall'aprile 2012 Kim Jong Un nominò Kim Won Hong alla conduzione del ministero e, dall'ottobre 2017 venne sostituito da Jong Kyong Taek.

Il Comando della Guardia Suprema, noto anche come Unità 963, era responsabile della protezione personale della famiglia Kim e dei membri più influenti della leadership. La sua storia risaliva al 1946, quando venne fondato da Kim Il Sung e partecipò in seguito alla Guerra di Corea. Alla metà degli anni Novanta Kim Jong Il riorganizzò l'intera struttura rendendola completamente indipendente dal Ministero della Sicurezza di Stato così da poter disporre di una forza personale in grado di contrastare eventuali colpi di stato. L'Unità 963 aveva guardie che stazionavano permanentemente all'interno dei recinti delle residenze dei leader e coordinava la difesa di Pyongyang con il Terzo Corpo d'Armata. Diviso in sei dipartimenti, tre brigate e diverse divisioni di guardie del corpo, il Comando della Guardia Suprema disponeva in totale tra i 95mila e i 100mila uomini di cui 6-10mila appartenevano al Dipartimento-1, che comprendeva tecnici, autisti, ingegneri. Il cuore del sistema di protezione della famiglia Kim era l'Unità 2.16, un corpo d'élite inserito nel Dipartimento-1 che raggruppava duemila uomini accuratamente scelti e addestrati a cui era affidato il compito di proteggere personalmente il Grande Leader. Nell'aprile 2010 il comando fu dato a Yun Jong Rin.

A livello popolare c'erano invece le unità di vicinato, gli *imminban*, che monitoravano le attività di tutti i cittadini. Erano guidati dai distretti locali dei Comitati dei Cittadini e un tipico *imminban* includeva venticinque capicasa (circa cento-centoventicinque persone) che organizzavano le scuole di partito e le sedute di autocritica. I leader erano principalmente donne coadiuvate da tre assistenti che, a loro volta, guidavano tre squadre ciascuna responsabile per la sanità, la vita quotidiana e i capicasa. I leader degli *imminban* erano obbligati a riferire al partito ogni visita effettuata nelle abitazioni, se vi erano ospiti che avrebbero dormito nottetempo o se vi erano residenti che risultavano temporaneamente assenti o erano scomparsi. Un coordinatore dell'*imminban* aveva la prerogativa di poter visitare ogni abitazione senza preavviso nel caso sospettasse qualche attività illecita da parte di uno o più componenti del nucleo familiare.

Anche la scalata per divenire membri del partito era strettamente regolamentata e controllata. Il partito faceva affidamento alle organizzazioni di massa, sotto la supervisione del Dipartimento per l'Organizzazione dei Lavoratori, a sua volta diretto dal Segretariato. Queste organizzazioni erano strutturate in modo analogo al Partito dei Lavoratori, con un comitato centrale e diversi distretti geografici e divenivano lo strumento di mobilitazione sociale del partito, sia in caso di manifestazioni, sia in caso di nuove parole d'ordine o di guerra.

I nordcoreani potevano divenire membri del partito dopo la scuola secondaria, ma a differenza di associazioni come l'Unione dei Bambini Coreani e la Lega Giovanile Socialista «Kim Il Sung», a cui tutti potevano aderire, per far parte del Partito dei Lavoratori bisognava superare una forte selezione: la candidatura doveva essere accolta dal comitato locale dopo che questo aveva ricevuto due lettere di raccomandazione da altrettanti membri.

Chi diveniva membro del partito automaticamente abbandonava la Lega Giovanile Socialista «Kim Il Sung», mentre coloro che non potevano ottenere la tessera, rimanevano nella Lega fino a trent'anni o al matrimonio, se contratto prima dell'età massima anagrafica, quando passavano nella Federazione Generale dei Sindacati di Corea o nell'Unione dei Lavoratori Agricoli di Corea.

Le donne che erano casalinghe a tempo pieno dopo i trent'anni, se non erano membri del partito, entravano nell'Unione delle Donne Democratiche Coreane.

All'Unione dei Bambini Coreani si aderiva a sette anni e si rimaneva fino a quattordici.

La Lega Giovanile Socialista «Kim Il Sung» venne fondata nel 1946 come Lega Giovanile Socialista Coreana e fu rinominata Lega dei Giovani Lavoratori Socialisti nel 1964 per poi prendere l'attuale denominazione nel 1996. Ne facevano parte circa cinque milioni di cittadini, il 22% della popolazione. Si aderiva a quattordici anni e si rimaneva fino a trenta. Nel 1996, anche a causa della difficoltà alimentare a cui il Paese doveva far fronte, con il cambio del nome cambiò anche la struttura della Lega Giovanile: c'era un comitato centrale con un primo segretario che aveva alle sue dipendenze dieci sottosegretari, ognuno dei quali si occupava di un particolare dipartimento (propaganda, stampa, affari internazionali, ecc.). Nel maggio 2012 il XLVII Congresso elesse Chon Yong Nam come primo segretario.

L'Unione delle Donne Democratiche Coreane nacque nel novembre 1945 come Unione delle Donne Democratiche della Corea del Nord. Nel gennaio 1951 il nome venne cambiato in quello attuale e dal 1983 all'associazione potevano far parte donne sopra i trent'anni sposate e disoccupate. Nel 2017 l'Unione contava tra le sue file tra un milione e duecentomila e i due milioni di membri.

La Federazione Generale dei Sindacati di Corea, stabilita nel novembre 1945 col nome Consiglio dei Sindacati della Corea del Nord, prese il nome attuale dopo esserci fusa con l'equivalente sudcoreana. Nelle sue file, in cui confluivano dieci organizzazioni sindacati militavano un milione e seicentomila di membri.

L' Unione dei Lavoratori Agricoli di Corea, nata nel 1946 come Unione dei Contadini della Corea del Nord, si fuse con la controparte sudcoreana nel 1951 cambiando il nome in Unione dei Contadini della Corea fino al 1965, quando prese l'attuale denominazione dopo l'introduzione di fattorie collettive, che facevano dei coltivatori individuali una denominazione obsoleta.

Tutta questa impalcatura politica non bastava per tranquillizzare Kim Jong Il, ma controllando il Ministero per la Sicurezza di Stato, disponendo di un reparto determinato e preparato come l'Unità 963 e contando sull'assoluta fedeltà dell'Unità 2.16, Kim Jong Un poteva dormire sonni relativamente tranquilli. Almeno sino a quando il padre era in vita.

2. La presentazione ufficiale

Il 9 ottobre 2010, durante lo svolgimento della manifestazione Arirang nell'immenso stadio primo Maggio di Pyongyang, i centomila nordcoreani presenti andarono letteralmente in visibilio quando, sulla balconata riservata alle autorità più importanti della nazione, fecero la loro apparizione Kim Jong Il e il figlio Kim Jong Un. Tra gli applausi della folla, la voce dell'altoparlante che descriveva le varie fasi dello spettacolo, cominciò a gridare con voce visibilmente commossa: «Lunga vita, lunga vita».

Il giorno dopo i due Kim riapparvero alla parata militare, ripresi in diretta dalla televisione di stato: padre e figlio insieme, separati da Ri

Yong Ho, il comandante dell'esercito della Corea del Nord che verrà posto agli arresti domiciliari nel 2012. Dal basso erano guardati da un enorme ritratto di Kim Il Sung: la dinastia continuava.

La presentazione di Kim Jong Un proprio durante l'Arirang, la più importante manifestazione popolare della Corea, e alla parata militare avrebbe dovuto rappresentare la definitiva e ufficiale "incoronazione" dell'allora giovane generale. La maggior parte dei nord coreani non sapeva neppure chi fosse Kim Jong Un, visto che la sua fotografia era stata pubblicata per la prima volta dai giornali governativi solo una decina di giorni prima, il 30 settembre 2010. Kim Jong Un veniva presentato come vicepresidente della Commissione Militare del PLC con il grado di generale.

Il suo primo viaggio-guida lo compì con il padre al nuovo teatro di stato nel Chung-kuyok, il Distretto Centrale di Pyongyang, mentre la prima ispezione sul campo venne effettuata assieme a Kim Jong Il, nel febbraio 2011 al comando dell'Unità 6556 dell'Esercito Popolare di Corea.

3. L'investitura ufficiale

Subito dopo la morte di Kim Jong Il, la stampa nordcoreana formalizzò la successione di Kim Jong Un definendolo il «grande successore alla causa rivoluzionaria del *Juche* e un leader illuminato del nostro partito, esercito e popolo».

Il 25 dicembre 2011, tre giorni prima del funerale di Kim Jong Il, il «Rodong Sinmun» elogiò Kim Jong Un come «leader supremo» e «sole del XXI secolo» esortando gli ufficiali a «divenire compagni del [...] grande compagno Kim Jong Un, il sole del XXI secolo!». Lo stesso giorno la tv di stato nordcoreana mostrò Jang Song Taek per la prima volta in alta uniforme; immagini che, assieme all'esortazione del giornale del Partito dei Lavoratori, intendevano dare l'indicazione che il futuro della Corea del Nord era legato alla continuazione della politica *songun* ('prima i militari') inaugurata da Kim Jong Il.

Coerentemente in questa direzione, il 30 dicembre 2011 venne formalizzata la designazione di capo supremo delle Forze armate per Kim Jong Un aggiungendo, in un articolo sul «Rodong Sinmun» che la nomina era stata decisa l'8 ottobre 2011 seguendo le direttive impartite dallo stesso Kim Jong Il. In questo modo si retrodatava una designazione importantissima, come quella di guida dell'Esercito Popolare di Corea, precisando che l'incarico assegnato a Kim Jong Un non era frutto di un mero passaggio di consegne, bensì la volontà del Grande Leader defunto.

Nello stesso comunicato ufficiale in cui Kim Jong Un veniva posto al vertice dei militari, fu utilizzato per la prima volta l'appellativo di 'Grande Leader' riferito al nuovo erede.

Per manifestare la benevolenza e la comprensione di Kim Jong Un verso il popolo, i chioschi di Pyongyang iniziarono a offrire tazze di acqua e cibi caldi ai cittadini in fila per rendere omaggio alla memoria di Kim Jong Il. I media di stato specificarono che la distribuzione era stata ordinata espressamente da Kim Jong Un, così come Kim Jong Il, prima di morire, aveva emanato l'ordine di distribuire pesce fresco.

La morte improvvisa di Kim Jong Il, però, interrompeva brutalmente e pericolosamente, quel periodo di formazione iniziato solo nel 2008, quando nei documenti interni del partito, Kim Jong Un cominciò ad essere chiamato 'Giovane Generale'.

Dal 2010, dopo la promozione ufficiale a generale a quattro stelle, l'appellativo venne cambiato in «rispettato Compagno Generale». Secondo alcuni nordcoreani rifugiatisi in Sud Corea, anche Kim Jong Il avrebbe seguito lo stesso iter di appellativi che avrebbe accompagnato la vita politica di suo figlio. Kim Jong Il avrebbe iniziato la carriera sotto lo pseudonimo di 'Centro del Partito' per poi essere chiamato 'rispettabile' nel 1973. Un anno dopo che era stato identificato come successore e posto a capo del Dipartimento di Guida e Propaganda del Comitato Centrale del PLC, il suo nome cominciò ad essere preceduto da «rispettato superiore». Nel 1974, anno in cui Kim Jong Il venne ufficialmente designato erede di Kim Il Sung, divenne il 'Caro Leader' in un pamphlet, forse scritto dallo stesso Kim Jong Il, intitolato *On the Number of Tasks Facing Party Ideological Operations for the Spreading of Kim-il-sungism in Society*.

Nel 1991, quando Kim Jong Il divenne Comandante Supremo dell'Esercito Popolare di Corea, cominciò ad essere chiamato 'grande Generale' e 'Leader Supremo'. Due anni dopo Kim Jong Il veniva posto a capo della Commissione Nazionale di Difesa; lo stesso anno veniva ufficialmente svelato il piano di sviluppo nucleare nordcoreano e l'esistenza della centrale di Yongbyon.

La morte di Kim Jong Il venne annunciata da Ri Chun Hee, presentatrice storica della televisione di stato nordcoreana, cinquantuno ore dopo il suo decesso. Nella stessa trasmissione Kim Jong Un era presentato come il 'Grande Successore'. Il ritardo con cui venne data la notizia al mondo servì all'establishment nordcoreano per formalizzare la linea di successione e per stilare la lista dei partecipanti del Comitato del Funerale, un lungo elenco di 233 nomi la cui posizione era attentamente studiata per indicare l'importanza gerarchica del singolo componente all'interno del potere. Alcuni degli ufficiali e funzionari inclusi nella lista erano vecchie conoscenza, altri, invece, erano nomi pressoché sconosciuti, emersi nella scena politica durante la Terza Conferenza del partito dei Lavoratori di Corea nel 2010. Erano membri del Politburo e del Comitato Centrale del PLC, segretari provinciali e del Comitato Centrale delle Forze Armate. Nella lista non furono inseriti nomi della famiglia Kim, come Kim Jong Nam e Kim Jong Chol, fratelli di Kim Jong Un, Kim Yo Jong, sorella di sangue di Kim e lo stesso zio Kim Pyong Il, antico rivale di Kim Jong Il.

4. Il Comitato del Funerale di Kim Jong Il

Kim Jong Un (non poteva essere altrimenti) guidava il Comitato; seguivano duecentotrentadue quadri di partito e delle Forze armate, rigorosamente in ordine di importanza.

La lista dei primi ventidue politici inclusi nel Comitato del Funerale di Kim Jong Il rappresentava la scala gerarchica del potere in Corea del Nord cristallizzata in quel 17 dicembre 2011. In poco tempo la lista venne sconvolta. I tre membri del Presidium del Politburo, il corpo decisionale del Partito dei Lavoratori occupavano i posti di vertice: in ordine gerarchico erano Kim Yong Nam, presidente della Suprema Assemblea del Popolo, Choe Yong Rim, primo ministro del Paese, e il generale Ri Yong Ho, capo del Dipartimento dell'Ufficio Militare.

1. Kim Jong Un (vicepresidente della Commissione Centrale Militare)
2. Kim Yong Nam (presidente del Presidium dell'Assemblea del Popolo e capo di stato della Corea del Nord)

3. Choe Yong Rim (premier della Corea del Nord)
4. Ri Yong Ho (vicepresidente della Commissione Centrale Militare)
5. Kim Yong Chun (vicepresidente della Commissione Nazionale di Difesa e comandante delle Forze armate)
6. Jon Pyong Ho (capo segretario del Comitato del PLC e direttore dell'Ufficio politico) (1926-2014)
7. Kim Kuk Thae (segretario dei quadri del PLC) (1924-2013)
8. Kim Ki Nam (vicepresidente del Comitato per la Riunificazione Pacifica della Madrepatria del PLCV)
9. Choe Thae Bok (presidente dell'Assemblea del Popolo, segretario degli Affari Internazionali del PLC)
10. Yang Hyong Sop (vicepresidente del Presidium dell'Assemblea del Popolo)
11. Kang Sok Ju (vice primo ministro) (1939-2016)
12. Pyon Yong Rip (segretario generale del Presidium dell'Assemblea del Popolo, ex presidente dell'Accademia Nazionale per le Scienze) (1929-2016)
13. Ri Yong Mu (vicepresidente della Commissione Nazionale di Difeза)
14. Kim Kyong Hui (direttore del Dipartimento dell'Industria leggera del PLC, sorella di Kim Jong Il e moglie di Jang Song Taek)
15. Kim Yang Gon (Direttore del Dipartimento del Fronte Unito del PLC) (1942-2015)
16. Kim Yong Il (ex primo ministro)
17. Pak To Chun (segretario del Dipartimento dell'Industria Militare del PLC)
18. Choe Ryong Hae (membro non permanente dell'Ufficio politico del PLC, membro della Commissione Centrale Militare, segretario del Comitato Centrale del PLC)
19. Jang Song Taek (vicepresidente della Commissione Nazionale di Difesa) (1946-2013)
20. Ju Kyu Chang (membro della Commissione Nazionale di Difesa, direttore del Dipartimento dell'Industria Meccanica del Comitato Centrale del PLC)
21. Kim Rak Hui (vice primo ministro del PLC)
22. Thae Jong Su(segretario del Comitato Centrale del PLC, direttore del Dipartimento degli Affari Generali)

Kim Jong Il aveva rafforzato il proprio potere creando una leadership composta da numerosi centri che facevano capo a specifici individui. In questo modo ogni centro di potere cercava di lottare con l'altro per mantenere la propria indipendenza e la propria influenza e non aveva possibilità e tempo di insidiare il vertice della leadership.

Negli ultimi mesi, il Caro Leader aveva intensificato le sue attività, viaggiando frequentemente anche all'estero. Accanto a sé aveva Kim Jong Un, l'erede designato.

Ora il figlio si trovava ad affrontare da solo un Paese allo stremo senza che i suoi ventitré milioni di cittadini sapessero molto di lui. Kim Jong Il aveva avuto quattrodici anni di tempo per crescere politicamente e farsi conoscere. Kim Jong Un, meno di ventiquattro mesi.

Primi passi

Occorreva battere il ferro finché era ancora caldo e non ci si poteva attenere all'usanza, seguita da Kim Jong Il alla morte del padre, di un lungo periodo di lutto. Se Kim Jong Il impiegò ben tre anni per assumere ufficialmente le leve del potere (divenne segretario generale del Partito dei Lavoratori Coreano solo nel 1997 e senza neppure essere stato eletto dal Comitato Centrale, come da procedura), la giovane età e l'inesperienza di Kim Jong Un non lasciava tempo a tali tradizioni.

Il primo gennaio 2012, meno di una settimana dopo i funerali del padre, il nuovo leader era già sul campo a visitare la 105ª Divisione Corazzata delle Guardie Seoul Ryu Gyong Su. L'uscita venne trasmessa dalla televisione di stato il 3 gennaio e mostrava un Kim Jong Un sorridente che si lasciava fotografare mano nella mano con i soldati. La visita alla 105ª Divisione rivestiva grande importanza perché fu proprio ai soldati di questo reparto corazzato che, nell'agosto 1960, l'allora diciottenne Kim Jong Il rivolse il discorso che delineò la sua futura politica imperniata sul *songun*, di cui il figlio ne ereditava il lascito. Per non lasciare adito a dubbi sulla sua nuova carica di comandante supremo dell'Esercito Popolare, l'8 gennaio, in occasione del suo compleanno, la televisione mise in onda un documentario sulla vita del neo timoniere del Paese mostrandolo alla guida di un carro armato, mentre ispezionava un aereo da caccia e, cosa più importante per il suo stretto significato mitologico, mentre cavalcava un cavallo, chiaro rimando alla leggenda di Chollima, il cavallo alato capace di percorrere mille *ri* (circa quattrocento chilometri) in un solo giorno e più volte utilizzato nella propaganda di partito per enfatizzare lo spirito rivoluzionario, combattivo e determinato del popolo coreano.

L'11 aprile 2012 la IV Conferenza del Partito dei Lavoratori elesse Kim primo segretario del partito, mentre due giorni dopo la Suprema Assemblea del Popolo acclamò il giovane leader primo presidente della Commissione di Difesa Nazionale, lasciando al defunto Kim Jong Il il ruolo di eterno presidente della stessa commissione ed eterno segretario generale del PLC.

Fu questa la data in cui venne ufficialmente inaugurata l'amministrazione di Kim Jong Un.

Al tempo stesso l'intero apparato dirigenziale venne rivisitato in funzione di creare un cordone di difesa attorno a Kim Jong Un: Jang Song Taek occupò la carica di direttore del Dipartimento Amministrativo, la seconda carica nella Commissione Militare Centrale e la terza nel Politburo. Kim Kyong Hui, moglie di Jang e sorella di Kim Jong Il (quindi zia di Kim Jong Un), fu eletta nella posizione di vertice della Segreteria di Partito e nel Politburo. Choi Ryong Hae, designato da Kim Jong Il come terzo pilastro nella difesa del figlio, fu nominato vicepresidente della Commissione Militare Centrale, membro della Commissione di Difesa Nazionale, direttore dell'Ufficio Politico del Partito dei Lavoratori ed entrò a far parte del Presidium del Politburo assieme a Kim Jong Un, Kim Yong Nam, Choi Yong Rim e Ri Yong Ho.

1. Discorsi programmatici

Uno dei primi discorsi pubblici di Kim Jong Un dopo la sua ascesa al potere venne fatto il 15 aprile 2012, in occasione del centesimo anniversario della nascita di Kim Il Sung, padre fondatore della nazione, eterno Presidente della Repubblica Popolare, nonché nonno dell'attuale leader nordcoreano.

A soli quattro mesi dall'investitura, Kim Jong Un non aveva ancora salde le redini del potere e, nonostante stesse già manovrando nelle retrovie per implementare la sua politica, assai differente da quella perseguita dal padre, ufficialmente continuava a seguire la linea per conseguire la «vittoria finale della rivoluzione coreana avanzando senza timore verso la via dell'indipendenza, del *songun* e il sentiero del socialismo indicato da Kim Il Sung e Kim Jong Il». Proprio per merito della politica del *songun*, inaugurata dal nonno, ma rafforzata al padre, la Corea del Nord era riuscita ad affrontare la minaccia proveniente dall'esterno sviluppando l'arma nucleare: «la superiorità militare e tecnica non è più unico monopolio degli imperialisti; i giorni in cui i nemici potevano minacciare la Repubblica Democratica Popolare di Corea con le bombe atomiche si sono ormai eclissati».

Il discorso, anche se durò solo una ventina di minuti, fu uno dei più lunghi fatti da un leader nordcoreano di fronte a un pubblico che non fossero membri del Partito dei Lavoratori. Era sì, retorico, ma conteneva i semi di quella che sarebbe stata la politica di Kim Jong Un. In particolare l'imponente parata militare che si svolse quello stesso giorno, mostrò sei missili intercontinentali la cui presenza, seppur rivelatisi false riproduzioni, dava comunque l'idea della linea che Kim Jong Un stava andando a seguire.

Che le cose stessero per cambiare fu chiaro subito dopo la parata di aprile, anche se la nuova politica rimaneva oscura ai più. Il 15 maggio 2012 venne ufficialmente inaugurata la linea ideologica che avrebbe guidato il partito negli anni a seguire: il Kimilsunginismo-Kimjongilismo. Una traccia tanto oscura e indecifrabile, quanto arzigogolato era il nuovo neologismo.

Nel suo secondo discorso pubblico, tenuto il 6 giugno 2012 in occasione del sessantaseiesimo anniversario della fondazione dell'Unione dei Bambini Coreani, Kim Jong Un esaltò di nuovo l'ideale del *Juche* e riaffermò l'importanza del *songun* nella vita quotidiana e per la sicurezza nazionale. Per la prima volta il nuovo e giovane leader fu mostrato attorniato da bambini, un'immagine costruita apposta per ricordare la continuità e la comunanza di idee e di personalità tra Kim Il Sung e l'attuale leadership.

Quello che apparve immediatamente chiaro fu il drastico cambio di stile di Kim Jong Un rispetto al padre. Anche se la stampa e i media di stato cercarono di unire in un *continuum* politico l'atteggiamento dei due leader scrivendo che «la storia di amore per il popolo (mostrata da Kim Jong Il, nda) continua con il caro rispettato Kim Jong Un», l'espansività e l'immersione di quest'ultimo tra la gente contrastava con la riservatezza e l'apatia mostrata dal padre.

Il 17 luglio 2012 il leader supremo nordcoreano venne promosso a maresciallo dell'Esercito del Popolo per divenire il supremo comandante dell'esercito.

2. *Riforme sociali*

Tra i cambiamenti in atto nel Paese uno fu particolarmente interessante dal punto di vista sociale. Pur non essendo mai stato ufficialmente dichiarato nel passato la popolazione nordcoreana era stata divisa in un sistema che assegnava a ogni famiglia un posto nella scala gerarchica sociale a seconda della propria storia e del proprio background, il *songbun*.

Fu Kim Il Sung a iniziare un censimento informale che includesse la storia di ogni cittadino nordcoreano. Si era nel 1957 e il Grande Leader era impegnato nella più importante fase della lotta per la sopravvivenza della propria famiglia dopo la guerra di Corea. Dopo l'eliminazione o l'allontanamento dei nemici di classe o controrivoluzionari (collaborazionisti col governo giapponese, clero, proprietari terrieri, commercianti) occorreva sapere di chi ci si poteva fidare e di chi, invece, dubitare all'interno stesso del partito. La Guerra di Corea non solo aveva lasciato un Paese devastato, ma aveva contribuito ad accrescere il disappunto fra gli stessi quadri e dirigenti del Partito dei Lavoratori minacciando la sopravvivenza della famiglia Kim. Nel febbraio 1956 in Unione Sovietica Nikita Krusciov aveva denunciato i crimini di Stalin e il suo culto della personalità al XX Congresso del Partito Comunista e sull'onda di quel discorso nell'agosto successivo anche alcuni membri del Partito dei Lavoratori iniziarono a criticare Kim Il Sung. Per reprimere sul nascere ogni forma di dissenso Kim Il Sung lasciò al fratello minore, Kim Yong Ju, il compito di ideare un modo per catalogare ogni singolo cittadino adulto dello Stato cominciando, nel contempo, a chiudere la nazione nel suo interno per impedire che idee non ortodosse potessero contaminare l'impalcatura dello Stato. La struttura sociale che ne derivò fu alquanto complicata e variegata; entro la metà degli anni Sessanta l'intera popolazione venne divisa in classi, sottoclassi e ramificazioni di queste.

Semplificando, i nordcoreani vennero assegnati in tre ceti: i "fedeli", gli "incerti" e gli "ostili". I primi comprendevano quelle famiglie che durante l'occupazione giapponese avevano aderito e contribuito a fondare il movimento di liberazione nazionale guidato da Kim Il Sung. Potevano sperare in una carriera all'interno del partito o dei ranghi militari, in appartamenti più comodi, a risiedere in grandi città, se non addirittura a Pyongyang. Altre famiglie, i cui membri avevano aderito a movimenti, altrettanto vivaci, ma ideologicamente distanti o che, semplicemente, scelsero di percorrere altre vie di guerriglia o seguire altri leader, vennero incluse tra le classi ostili perché reputate contrarie alla linea politica di Kim Il Sung. Al pari di questi erano considerati i dissenzienti, coloro che non si adeguavano alla linea del leader, le famiglie di chi era fuggito al Sud, di chi era stato fatto prigioniero dalle forze nemiche durante la guerra. A tutti questi cittadini era fatto divieto di lavorare, studiare o risiedere in città o in prossimità delle zone di confine; tra il 1957 e il 1961 milioni di persone vennero trasferite nelle zone a loro destinate a seconda del *songbun* a cui appartenevano.

Una nuova revisione venne effettuata tra il 1964 e il 1969. Questa volta le divisioni in classi vennero aumentate in modo esponenziale e raggiunsero cinquantuno sottogruppi: dodici all'interno del *songbun* ritenuto fedele, nove nel *songbun* ritenuto incerto e trenta nel *songbun* ritenuto ostile. Secondo uno studio effettuato nel 1986 dal ministero dell'Unificazione sudcoreano, il 28% della popolazione nordcoreana era ritenuta fedele; il 45% incerta e il 27% ostile.

Il *songbun* cominciò a perdere importanza verso la metà degli anni Novanta quando, a causa della carestia e della crisi economica che sconvolse la Corea del Nord, lo Stato iniziò a delegare ai singoli cittadini attività economiche sino ad allora ritenute illegali. La nuova società che venne a formarsi era estremamente variegata e il *pedigree* sociale era spesso ininfluente sul successo o fallimento economico di una determinata famiglia. Cambiarono anche le aspirazioni: alla divisa militare si cominciò a preferire i posti di funzionario di partito, ma in breve anche questi cominciarono ad essere considerati meno appetibili di mansioni come piccolo commerciante o manager d'azienda.

Quando Kim Jong Un arrivò al potere, quindi, il *songbun* era un aspetto già quasi completamente estinto, o per lo meno, non veniva più ritenuto così determinante per il futuro del singolo cittadino.

Ciò che, però, convinse i dirigenti nordcoreani a eliminare, o a diminuire ulteriormente l'importanza del *songbun* all'interno della società, fu la necessità di far accettare al popolo nordcoreano la madre di Kim Jong Un, Ko Yong Hui, morta il 24 maggio 2004. Il 26 giugno del 2012 si sarebbe festeggiato il sessantesimo compleanno di Yong Hui, il quinto ciclo dello zodiaco cinese (lo zodiaco cinese compie un intero ciclo ogni dodici anni). Come già scritto all'inizio di questo libro, Ko Yong

Hui era una coreana nata a Osaka in una famiglia membro del Chongryon, l'organizzazione dei nordcoreani residenti in Giappone. Il nome che le era stato dato alla nascita era Ko Hui Hoon, mentre il suo nome all'anagrafe giapponese era Takada Hime. Nel 1962, quando la famiglia si trasferì in Corea del Nord, venne chiamata Ko Yong Ja e, dopo aver studiato alla Mansudae Art School di Pyongyang, acquisì il nome d'arte di Ko Yong Hui, nome adottato in ogni riferimento biografico ufficiale. Infine, Ko Gyon Tek, il padre di Yong Hui (quindi nonno materno di Kim Jong Un) aveva lavorato in una fabbrica di merceria ad Osaka gestita dal Ministero della Guerra giapponese. Secondo il *songbun*, quindi, la madre del Grande Leader nordcoreano sarebbe stata classificata all'interno della classe ostile. Un'onta per la famiglia Kim e di certo un'immagine poco dignitosa per la leadership nordcoreana che aveva sempre vantato (o millantato) una discendenza immacolata nella propria genealogia. Tutto questo, però, ai nordcoreani era sconosciuto: era sconosciuto il vero nome della madre del loro leader, era sconosciuta la provenienza, era sconosciuta la discendenza, era sconosciuta la collaborazione, voluta o imposta, offerta dal nonno materno del leader nordcoreano agli odiati colonizzatori giapponesi. I diversi tentativi di "canonizzare" Ko Yong Hui (se ne conoscono almeno tre fino al 2008, tutti falliti) riuscirono solo a darle il soprannome di 'madre di Pyongyang' o, ancora, 'La madre del grande *songun*'. Kim Jong Un riuscì però a tumularla nel Cimitero dei Martiri Rivoluzionari di Taesongsan.

Falliti i tentativi di equiparare Ko Yong Hui a Kang Pansok, madre di Kim Il Sung e a Kim Jong Suk, madre di Kim Jong Il, i figli preferirono ridimensionare l'importanza del *songbun* per avere l'opportunità, in futuro, di elevare lo status sociale della madre.

3. Riforme economiche

Pochi giorni dopo i festeggiamenti per il sessantesimo compleanno della madre del Grande Leader, a Londra cinquantuno atleti della squadra olimpica nordcoreana presero parte ai XXX Giochi Olimpici in programma tra il 27 luglio e il 12 agosto. La partecipazione fu un successo: la bandiera nordcoreana fu issata per sei volte durante le premiazioni, di cui quattro sul pennone più alto (oro nel judo femminile 52 kg, nel sollevamento pesi uomini 56 e 62 kg e donne 69 kg, bronzo nel sollevamento pesi donne 48 kg e wrestling uomini 55 kg).

Durante lo svolgimento dei giochi, in patria i due uragani Khanun e Bolaven susseguitisi a pochi giorni l'uno dall'altro devastarono ampie zone del Paese lasciando un totale di più di duecento persone morte, quattrocento dispersi e duecentoquarantamila senzatetto.

Lo spettro della carestia degli anni Novanta si riaffacciò nella mente della popolazione, ma questa volta il governo, ormai più inserito nel panorama internazionale, riuscì a correre ai ripari in tempo grazie agli aiuti richiesti e ottenuti alla Croce Rossa Internazionale e alla Comunità Europea.

Furono proprio le terribili piogge e le distruzioni dell'estate 2012 a convincere Kim Jong Un che era giunto il momento di dare una svolta all'economia del Paese. L'importanza del settore agricolo era notevole, costituendo il 21% del Pil nordcoreano; su 122.543 chilometri quadrati di superficie, il 17% (circa due milioni di ettari) era dedicato alle coltivazioni agricole assegnate alle cooperative e di questi un milione e quattrocentomila ettari erano dedicati alla coltivazione di cereali (riso, mais, patate, soia, frumento).

La paura di rivolte popolari da una parte e l'empatia con i problemi dei cittadini che caratterizzava il nuovo leader, dall'altra, indusse la leadership nordcoreana ad avviare una serie di drastiche riforme sin dal 2013 che, nel giro di pochi anni, diedero i loro frutti.

Rapporti della FAO (Food and Agriculture Organization) e del WFP (World Food Programme) redatti tra il 2013 e il 2018 indicavano che la produzione agricola in Nord Corea, nonostante le difficoltà naturali e la carenza di tecnologia, continuava ad aumentare a un ritmo medio del 5% annuo. Malgrado ciò il Paese doveva importare ogni anno tra le trecentomila e le ottocentomila tonnellate di cereali, principalmente da Cina e Russia, per poter sfamare la propria popolazione. Dopo il collasso dell'Urss la maggior parte dei sistemi d'irrigazione rimase inutilizzato a causa della mancanza di assistenza, così ancora nel 2015 il 40% dei terreni adibiti ad agricoltura erano arati ancora con animali, mentre il restante 60% utilizzava per lo più vecchi trattori Chollima da ventotto cavalli, la cui potenza, oltre a non permettere all'aratro di penetrare sufficientemente in profondità nel terreno, non consentiva di terminare la preparazione dei campi in un adeguato periodo di tempo. Inoltre la mancanza di pezzi di ricambio e di carburante costringeva i mezzi agricoli a lunghi periodi di sosta forzata, mentre la chiusura di numerosi impianti chimici avvenuta dopo gli anni Novanta, impediva alle cooperative agricole di avere fertilizzanti.

In aiuto al deficit alimentare interno intervennero, tra il 2013 e il 2017, diversi Paesi guidati dalla Cina, seguita a ruota da Corea del Sud, Stati Uniti che inviarono aiuti alimentari a beneficio di 1,7 milioni tra donne e bambini. Sempre secondo il WFP, nonostante non si potesse più parlare di denutrizione, nel 2017 diciotto milioni di nordcoreani (81% della popolazione) non avevano una dieta sufficientemente varia, mentre il 30% dei bambini sotto i cinque anni e la metà dei bambini tra i dodici e i ventitré mesi erano anemici. La situazione era sempre critica, ma le riforme avevano introdotto, sin dal 2003 i mercati dei contadini, i *jangmadang* che si tenevano l'1, l'11 e il 21 di ogni mese, accompagnati dai *golmokjiang*, i mercati accettati dalle autorità, ma non legalizzati, in cui i privati potevano vendere i propri prodotti. Secondo l'Istituto Coreano per l'Unificazione Nazionale, nel 2017 vi erano quattrocentoquaranta *jangmadang* sparsi in tutto il Paese che davano occupazione a un milione e centomila persone. Sulle bancarelle i contadini potevano vendere raccolti degli orti privati e animali d'allevamento (pollame, ovini, suini e financo bovini). In aggiunta, nei *golmokjiang* veniva venduta anche merce di contrabbando proveniente dalla Cina: vestiario, bicilette e motociclette, elettrodomestici, tv di produzione cinese, sudcoreana e giapponese, dvd di serie televisive sudcoreane.

La diffusione dell'economia privata alleggeriva il governo dal dover sostenere il sistema di distribuzione pubblica, praticamente scomparsa negli anni Novanta e ripristinata da Kim Jong Un parallelamente al sistema dei *jangmadang* dal 2013.

Circa il 70% della popolazione nordcoreana nel 2017 riceveva una media di circa 310 grammi di riso al giorno a persona contro i 573 ufficialmente previsti dal governo; il problema principale era la disorganizzazione del sistema di distribuzione pubblica e la mancanza di mezzi per trasportare i raccolti nei vari centri di smistamento. Inoltre il sistema di burocrazia che governava tutto il sistema di distribuzione lavorava su ordinazioni programmate mensilmente o bimensili, una pianificazione troppo poco elastica per adeguarsi alle necessità di ciascuna provincia.

Sempre nel 2017 ogni famiglia riceveva ogni mese una media di 1,7 chilogrammi di olio, due chilogrammi di salsa di soia, sei chilogrammi di pasta di fagioli, ma la disponibilità di alimenti variava in ciascun negozio di stato e in genere gli scaffali delle provincie sudoccidentali erano più forniti rispetto a quelli delle provincie settentrionali.

Le riforme del 2013 diedero la possibilità a ogni famiglia impiegata nelle cooperative agricole, per un totale di 1,7 milioni di famiglie, di possedere appezzamenti di terreno privati fino a trenta *pyong* (circa cento metri quadrati), mentre in città ogni famiglia poteva possedere orti per un'area tra i cinque e i dieci *pyong*. Questo permise a molti nordcoreani di colmare in sede privata il deficit alimentare (in media tra l'8 e il 38% dei cerali e tra il 52 e il 98% della verdura consumata dalle famiglie che possedevano un terreno provenivano da propri raccolti) rifornendosi nei negozi del sistema di distribuzione pubblica solo i condimenti (salsa di soia, parla di fagioli, olio).

La Corea del Nord era riuscita ad evitare una nuova crisi alimentare, ma nubi si stavano affacciando all'orizzonte: Kim Jong Un stava per sferrare il suo colpo finale contro una parte dei dirigenti che, sino ad allora, erano stati considerati intoccabili, ma che ancora non si erano adeguati alla nuova linea politica, in particolare contro la cosiddetta «cricca di Jang Song Taek».

L'affaire Jang Song Taek e l'inizio del byungjin

1. Chi è Jang Song Taek

Jang Song Taek nacque il 2 o il 6 febbraio 1946 nella provincia di Nord Hamgyong, la provincia più settentrionale della Corea del Nord, al confine con la Cina e poco distante dalla brevissima frontiera con l'allora Unione Sovietica.

Prima di lui la famiglia Jang aveva avuto una figlia, Jang Song Ae, due fratelli, Jang Song U e Jang Song Kil, e una figlia più giovane, Jang Song Hwa. Song Kil nacque nel 1935 e, essendo più vecchio di Song Taek di undici anni, poté unirsi alla guerriglia antigiapponese. Fece carriera sia nel Partito raggiungendo, nel 1973, il grado di vicedirettore del Dipartimento Organizzativo e Orientamento, sia nell'Esercito del Popolo, diventando comandante del Terzo Corpo di Armata, direttore politico del Comando delle Guardie, il corpo che si occupa di proteggere la famiglia Kim e direttore del Dipartimento di Difesa Civile del Comitato Centrale del PLC. Morì nell'agosto 2009.

Jang Song Kil nacque nel 1939 e, a differenza del fratello, era molto più orientato verso il lavoro intellettuale. Dopo essere stato ufficiale di comando della 105ª Divisione Corazzata Seoul Ryu Kyong Su, divenne curatore del Museo della Rivoluzione. Morì nel 2006.

Jang Song Taek nacque troppo tardi per partecipare alla lotta di liberazione. Nel 1963 cominciò a studiare economia politica alla Kim Il Sung University dove incontrò la futura moglie, Kim Kyong Hui, figlia di Kim Il Sung e sorella minore di Kim Jong Il. Sembra che Song Taek fosse un leader molto popolare negli ambienti universitari: buon musicista, amava ballare e cantare, doti che attrassero la giovane Kyong Hui.

Kim Il Sung disapprovava la relazione tra la figlia e Jang Song Taek e cercò di allontanarli inviando il ragazzo a Wonsan, all'Università di Economia. La lontananza non fu sufficiente a far rompere i legami tra i due, che si rincontrarono a Pyongyang mentre frequentavano la scuola di partito per funzionari «Kim Il Sung», da cui uscirono nel 1966. Tra il 1968 e il 1969 entrambi furono inviati all'Università Statale di Mosca. Al suo ritorno, Jang Song Taek iniziò la carriera come insegnante al Comitato Centrale del Partito dei Lavoratori di Corea a Pyongyang. Nel 1972 sposò Kim Kyong Huy e sfruttò il grado di parentela con la più prestigiosa e facoltosa famiglia nordcoreana per iniziare ad accumulare ricchezza e potere.

Fu Jang ad avere l'idea, poi ampiamente sfruttata dalla stessa famiglia Kim, di utilizzare le sedi diplomatiche nordcoreane sparse per il mondo al fine di procurare valuta pregiata al Paese tramite traffici illeciti occultati dall'immunità diplomatica.

Alla fine degli anni Settanta venne di nuovo allontanato dalla capitale, ufficialmente per sovraintendere con il Dipartimento di Sicurezza dello Stato il ricollocamento di cittadini nordcoreani a Pyongyang. In realtà il suo stile di vita troppo mondano e ostentoso della prosperità accumulata non era in linea con la linea ufficiale del partito, che invitava all'umiltà e alla morigeratezza; venne quindi inviato nei pressi di Nampo, dove diresse la fonderia Chollima.

Nel 1977 nacque la prima figlia, Jang Kum Song e due anni più tardi il figlio, Jang Kim Song. Nel 1982, richiamato nella capitale, divenne vicedirettore del Dipartimento Giovanile del Lavoro del Comitato Centrale del PLC, di cui nel 1985 venne promosso a direttore e responsabile dei lavori di costruzione cittadini. Nel 1986 ottenne la sua prima elezione all'Assemblea del Popolo e nel giugno 1989 divenne membro temporaneo del Comitato Centrale del PLC. Nell'aprile 1992, dopo aver ottenuto il titolo di Eroe del Popolo, venne onorato dell'Ordine di Kim Il Sung, il riconoscimento più alto riservato a un nordcoreano.

2. *L'inizio di una carriera folgorante*

La strada era ormai spianata: alla fine del 1992 divenne un membro permanente del Comitato Centrale e vicedirettore del Dipartimento

Organizzativo e Orientamento coprendo la responsabilità di numerosi uffici, della Taesong Corporation e della Banca di Stato per lo Sviluppo, un conglomerato controllato direttamente dalla famiglia Kim di cui Jang Song Taek, assieme alla moglie, a Kim Yang Gon (Direttore dell'Ufficio del Fronte Unito del PLC) e Chon Il Chun (vicedirettore dell'Ufficio 39) ricoprivano i ruoli chiave.

Jang Song Taek era ormai considerato il numero due del regime e il probabile successore di Kim Jong Il, ma nel settembre 2003 partecipò alla sessione dell'Assemblea del Popolo per poi sparire per i successivi tre anni. Ricomparve, improvvisamente come era sparito, nel gennaio 2006 quando partecipò a un banchetto in onore all'ambasciatore cinese in Corea del Nord per il Capodanno Lunare. Tre mesi più tardi fu lui ad accompagnare Kim Jong Il nella sua visita ufficiale in Cina.

Il suicidio della figlia Jang Kum Song, avvenuto in Francia dopo che i genitori le avevano annunciato la decisione di farla rientrare in patria abbandonando così il ragazzo di cui era innamorata, non interruppe la carriera di Jang. A differenza della moglie, straziata per la perdita della figlia, il cognato di Kim Jong Il, continuò a lavorare per ritagliarsi uno spazio sempre più importante nella vita politica nordcoreana. Così, nel dicembre 2007 venne nominato direttore del neonato Dipartimento Amministrativo del Comitato Centrale, una posizione che gli permetteva di controllare l'apparato di sicurezza interno, i gruppi di ispezione e le imprese di Stato.

Il Dipartimento Amministrativo era un organo che cozzava con l'onnipotenza, sino ad allora gelosamente custodita, del Dipartimento Organizzativo e Orientamento. Le antiche rivalità, mai sopite, fra i dirigenti del DOO e Jang si riacutizzarono. I tentacoli del potente funzionario penetravano sempre più nell'apparato dello Stato: approfittando dell'attacco cardiaco avuto da Kim Jong Il nell'agosto 2008, Jang Song Taek accorpò su di sé un potere sempre maggiore.

Nell'aprile 2009 divenne membro della Commissione Nazionale di Difesa e il 7 giugno 2010 ne acquisì il controllo diventando il numero due dopo Kim Jong Il. Dal giugno 2009 i coniugi Jang cominciarono a farsi vedere insieme anche nei tour del partito, cosa mai accaduta nel passato.

I giornali e i periodici del Partito dei Lavoratori pubblicarono sempre più frequentemente articoli corredati di foto in cui Jang Song Taek, Kim Kyong Hui e, a volte, Kim Jong Il, erano ritratti mentre deliziavano il loro pubblico di consigli. Il 2 giugno 2010 la morte di Ri Je Kang, vicedirettore del Dipartimento Organizzativo e Orientamento e segretario personale di Kim Jong Il nonché principale antagonista di Jang Song Taek, sembrava eliminasse definitivamente l'ultimo ostacolo che separava Jang dal centro del potere. Il 28 settembre 2010, giorno in cui Kim Jong Un venne ufficialmente presentato al Paese, fu data la notizia che Jang era stato eletto membro temporaneo dell'Ufficio Politico del PLC e membro della Commissione Centrale Militare. Il 23 gennaio 2011, un accordo con l'Orascom Telecom, la compagnia di telecomunicazioni egiziana che aveva concluso un affare milionario per installare la prima rete wifi nel Paese, venne festeggiato con un banchetto a cui presenziò, oltre a Jang Song Taek, anche Kim Jong Il. Tra il 2010 e il 2011 il Grande Leader fece quattro viaggi all'estero; in tutti era accompagnato dal cognato.

3. Mentore e tutor di Kim Jong Un

Dopo la morte di Kim Jong Il il potente zio del nuovo leader della Corea del Nord venne sempre più spesso menzionato nei media e nella televisione di Stato: gli incontri con i rappresentanti cinesi si intensificarono anche perché Jang voleva promuovere la sua idea delle Zone ad Economia Speciale, in particolare quella di Rason e delle isole Hwanggumphyong e Wihwa.

Al tempo stesso la sua posizione si rafforzava, almeno apparentemente: il 25 dicembre 2011, appena sette giorni dopo la morte di Kim Jong Il, Jang venne mostrato alla televisione di stato con l'uniforme di generale, segno che la sua influenza stava crescendo non solo all'interno delle istituzioni civili del partito, ma anche in quelle militari. All'apice del suo potere, Jang Song Taek poteva vantare una sfilza di titoli che testimoniavano senza lasciare adito ad alcun dubbio il suo potere all'interno del partito: oltre ad essere vicepresidente della Commissione Nazionale di Difesa, Jang era membro del Politburo del Comitato Centrale del Partito dei Lavoratori, membro del Dipartimento Amministrativo del Comitato Centrale del PLC, generale dell'Esercito del Popolo, presidente della Commissione Sportiva Nazionale, vicepresidente dell'Assemblea Suprema del Popolo e presidente della delegazione nordcoreana del Comitato di Orientamento Congiunto per lo Sviluppo e la Gestione della Zona di Commercio economico di Rason e della Zona Economica delle isole Hwanggumphyong e Wihwa.

Proprio con quest'ultimo titolo il 17 agosto 2012 Jang si recò in Cina per incontrare tutte le più alte cariche del potere della Repubblica Popolare: a Pechino ebbe colloqui con il Presidente Hu Jintao, il ministro delle Finanze Xie Xuren, quello del Commercio Chen Deming e il premier cinese Wen Jiabao. Tutti i meeting erano coordinati per velocizzare lo sviluppo delle relazioni economiche con la Cina, ma soprattutto per sviluppare le due zone ad economia speciale di Rason e Hwanggumphyong. Per accelerare le relazioni commerciali tra i due Paesi e facilitare lo scambio di merci, Jang fece costruire un nuovo ponte sul fiume Yalu che collegasse la città cinese di Dandong con quella nordcoreana di Sinuiju. Un anno dopo (dicembre 2013) il ponte era stato completato, ma, in modo alquanto sintomatico, Pyongyang non ultimò mai gli ultimi centinaia di metri per connettere il ponte con l'autostrada.

Il 15 luglio 2012, pochi giorni prima del viaggio in Cina di Jang, Ri Yong Ho, capo di Stato Maggiore dell'Esercito del Popolo era stato sollevato dalla sua funzione e il suo posto venne occupato da Hyon Yong Chol. Questo vuoto di potere aveva aperto una rivalità tra Jang e il vicemaresciallo Choe Ryong Hae, precedentemente alleati in funzione di contenimento del potere di Ri. Se Jang aveva il controllo economico delle imprese gestite dalle Forze armate, Choe aveva mantenuto un ascendente sui militari aumentando il proprio prestigio e la fiducia all'interno della cricca militare. Sfruttando queste qualità e la sua posizione di direttore del Dipartimento Politico Generale dell'Esercito del Popolo, Choe Ryong Hae riuscì ad accaparrarsi le simpatie dei militari. Fu la prima di una serie di mosse che causò la rovina di Jang.

L'avidità di Jang Song Taek aveva anche aperto uno scontro con Kim Jong Un: mentre il primo prediligeva l'idea di uno sviluppo economico sul modello cinese, il secondo vedeva proprio in questa via una pericolosa deviazione verso il programma appena inaugurato della *byungjin*, lo sviluppo parallelo, che voleva potenziare il programma nucleare e missilistico accanto a un processo di avanzamento economico autonomo dalla pressione cinese.

Infine, la predilezione di Jang Song Taek verso Kim Jong Nam, non venne mai dimenticata dal suo fratellastro, Kim Jong Un, che non ebbe mai piena fiducia nella fedeltà dello zio. Si servì delle sue conoscenze e della sua profonda padronanza delle leve del potere per rafforzare la sua posizione all'interno del partito, ma appena gli fu possibile, cominciò a relegare Jang in posizioni sempre più subalterne e periferiche.

4. La nuova linea e lo sviluppo dei programmi nucleare e spaziale

L'allontanamento di Jang dal centro del potere iniziò il 4 novembre 2012, quando venne nominato presidente della Commissione per la cultura fisica e degli sport, un'organizzazione nata per dare nuovo vigore alle attività sportive del Paese a livello internazionale, con una particolare attenzione verso il calcio.

La Corea del Nord, dopo l'exploit del 1966, quando salì alla ribalta internazionale per aver battuto ed eliminato la nazionale italiana di calcio ai mondiali d'Inghilterra, non è mai più riuscita a ripetere l'impresa. L'umiliazione subita in Sud Africa (un onorevole 2-1 contro il Brasile seguito da un disastroso 7-0 contro il Portogallo e un 3-0 contro la Costa d'Avorio), fece decidere i dirigenti nordcoreani di ridare lustro alla nazionale maggiore.

Sebbene l'attività sportiva rivesta un ruolo importante nella formazione culturale e nella propaganda nazionale, non assurge mai ai livelli delle occupazioni strettamente politiche, economiche e militari.

Dando a Jang la responsabilità di un impegno così gravoso, lo si allontanava dalle altre mansioni.

Successivi avvenimenti confermarono l'esclusione di Jang Song Taek dalle leve del potere: a seguito delle sanzioni imposte dalle Nazioni Unite nel dicembre 2012 per via dei test missilistici condotti da Pyongyang, nel gennaio 2013 i principali dirigenti responsabili della sicurezza e degli affari esteri nordcoreani vennero riuniti in seduta plenaria. Jang, sostenitore della linea cinese secondo cui la Corea del Nord avrebbe dovuto abbandonare il programma nucleare, non venne invitato. Fu, invece, Choe Ryong Hae, vicepresidente della Commissione Militare Centrale e direttore del Dipartimento politico dell'Esercito del Popolo, a recarsi in Cina come inviato speciale di Kim Jong Un.

Il Grande Leader lanciava così un chiaro segnale a Pechino: Jang Song Taek, il più filocinese dei politici nordcoreani, era stato escluso dalla cerchia interna di potere e la Corea del Nord avrebbe continuato i suoi esperimenti nucleari distanziandosi dalla politica cinese.

Secondo il ministro dell'Unificazione sudcoreano Ryoo Kil Jae, durante tutto il 2012 Jang Song Taek sarebbe apparso al pubblico centosei volte; nel 2013 le sue uscite erano calate repentinamente a cinquantadue. Contemporaneamente erano diminuite le apparizioni accanto a Kim Jong Un.

Nel frattempo anche la Cina, accorgendosi che il nuovo leader non era così malleabile come si era creduto in un primo tempo, aveva cambiato atteggiamento verso la Corea del Nord: se nel maggio 2010 Kim Jong Il era stato ricevuto a Pechino da tutti i nove membri del Comitato Permanente del Politburo cinese, un anno dopo, l'arrivo di Choe Ryong Hae, inviato speciale di Kim Jong Un, fu salutato dal ministro del Dipartimento di Collegamento Internazionale Wang Jiarui.

Pyongyang aveva irritato Pechino con i suoi programmi spaziali e il suo terzo test nucleare, il primo dell'era Kim Jong Un. Nel dicembre 2012 era stato lanciato in orbita il primo satellite nordcoreano, il *Kwangmyongsong*-3-Unità-2, portato nello spazio con un *Unha*-3, un missile balistico a tre stadi. In precedenza altri tre tentativi erano falliti, di cui uno, il *Kwangmyongsong*-3, era risultato particolarmente irritante per Kim Jong Un, in quanto si trattava del lancio che intendeva onorare il centesimo anniversario della nascita di Kim Il Sung. Lo stesso programma spaziale, *Kwangmyongsong*, 'stella brillante' prendeva il nome da una poesia scritta dal nonno (*Ode al Kwangmyongsong*) in occasione del cinquantesimo compleanno di Kim Jong Il. Le diplomazie internazionali, con l'eccezione dell'Iran e il parziale disimpegno della Cina, condannarono il lancio.

Il 20 dicembre, nel celebrare il successo del programma, la televisione di stato indicò in Kim Jong Un il principale protagonista della politica spaziale, avendo egli stesso visionato le fasi di sviluppo (nessun accenno venne fatto ai fallimenti precedenti).

Per ritorsione contro il lancio del *Kwangmyongsong*-3, il 22 gennaio 2013 le Nazioni Unite approvarono la Risoluzione 2087, la quarta dal luglio 2006, quando Pyongyang testò un missile a lungo raggio, che rafforzava le sanzioni allargando la lista dei prodotti posti sotto embargo.

Il 12 febbraio 2013 la Corea del Nord condusse il suo terzo test nucleare, il primo dell'era Kim Jong Un e il mese successivo la centrale nucleare di Yongbyon ricominciò ad essere rimessa in funzione. Le Nazioni Unite approvarono il 7 marzo una nuova risoluzione, la 2094 che, oltre ad espandere i beni posti sotto embargo, autorizzava ogni stato a ispezionare ed eventualmente sequestrare i cargo battenti bandiera nordcoreana che solcavano ogni mare del pianeta. La Cina, pur appoggiando la risoluzione dell'Onu, non bloccò l'afflusso di petrolio in Corea del Nord attraverso l'oleodotto che attraversa il fiume Yalu. Come gli altri Paesi della regione, in particolare Corea del Sud e Giappone, Pechino non ha alcuna voglia di vedere collassare il regime di Pyongyang per non creare un'instabilità sociale e politica considerata molto più pericolosa dell'escalation nucleare, ma mostrò la sua preoccupazione verso la dirigenza del Paese che, da amico e alleato, si stava comportando in modo piuttosto recalcitrante.

Il 31 marzo 2013 il Comitato Centrale riunito in sessione plenaria proclamò la nuova linea del partito: la linea *byungjin*, lo 'sviluppo parallelo'.

Il nuovo corso, fortemente osteggiato da Jang Song Taek che non voleva irritare l'amico cinese, prevedeva che il Paese dovesse potenziare contemporaneamente lo sviluppo economico assieme al programma nucleare. Era l'addio ufficiale alla politica del *songun*.

Il primo aprile 2013 l'Assemblea del Popolo ratificava la decisione del Comitato Centrale approvando la Legge sul Possesso di Armi Nucleari per Autodifesa la quale dichiarava la Corea del Nord «stato nucleare completamente sviluppato» in cui le armi nucleari sarebbero state utilizzate per «scoraggiare e respingere l'aggressione e l'attacco dei nemici contro la Repubblica Popolare Democratica di Corea». Non veniva menzionata l'ipotesi di non utilizzare per prima l'arma nucleare, affermando di considerare potenziali obiettivi sia gli Stati che possiedono ordigni nucleari, sia i loro alleati (in questo caso Corea del Sud e Giappone), ma precisava che la Corea del Nord «non userà né minaccerà con armi nucleari stati che non possiedono il nucleare a meno che queste nazioni non si uniranno a una potenza nucleare nell'invasione e nell'attacco diretto verso la Repubblica Popolare Democratica di Corea». Infine si specificava che le armi nucleari potevano essere usate solo «dopo ordine emanato espressamente dal comandante supremo delle Forze Armate Popolari di Corea», cioè Kim Jong Un.

Con questa decisione Pyongyang notificava al mondo il suo ingresso nell'esclusivo club delle nazioni che possiedono armi nucleari, aggiungendosi come nono membro a Stati Uniti, Russia, Francia, Gran Bretagna, Cina, India, Pakistan e Israele.

Accanto al programma nucleare veniva rilanciato lo sviluppo spaziale con la fondazione della Nada, acronimo di 'National Aerospace Development Administration' (*Kukgaujugaebalkuk* in coreano), creata proprio il primo aprile 2013, giorno in cui cadeva il primo anniversario della legge sulla ricerca spaziale nordcoreana che contestava il monopolio statunitense e rigettava la militarizzazione dello spazio da parte delle grandi potenze del globo.

L'emblema, la cui vaga somiglianza con quello della Nasa statunitense fu sottolineata da molti commentatori, riportava al centro di un cerchio di colore blu scuro il nome dell'agenzia in lettere latine sovrastato dall'acronimo Dprk ('Democratic People's Republic of Korea', il toponimo ufficiale della Corea del Nord). Inscritta nella parte inferiore il nome dell'agenzia in caratteri coreani: *Kukgaujugaebalkuk*.

Nella parte superiore c'era la costellazione dell'Orsa Maggiore (priva, quindi, della stella Polare), che, secondo la «Korean Central News Agency», l'agenzia di stampa di Pyongyang, avrebbe dovuto rappresentare la glorificazione del programma spaziale voluto da Kim Il Sung e Kim Jong Il.

Due anelli di colore azzurro si intersecavano in senso longitudinale e latitudinale per simboleggiare le orbite satellitari.

Nell'iconografia celeste del regime nordcoreano, Kim Il Sung è spesso associato al sole, Kim Jong Il alla Stella Polare (*Kwangmyongsong* in coreano significa 'stella più brillante'), mentre Kim Jong Un alla Via Lattea (*Unha* in coreano). Fu, molto probabilmente, per evitare ogni possibile equivoco nel presentare, anche involontariamente, un leader superiore all'altro, che nel logo della Nada si scelse di inserire l'Orsa Maggiore piuttosto che la ben più evocativa Orsa Minore che include, appunto, la Stella Polare.

Nonostante la legge emanata dalla XII Assemblea del Popolo affermasse che il programma spaziale nordcoreano non aveva nulla a che vedere con progetti a scopo militare, risultava chiaro che ogni ricerca in tal senso sarebbe ricaduta anche a beneficio del sistema missilistico della nazione.

5. *L'obbedienza alla famiglia Kim prima di tutto*

Tutto era pronto per l'espulsione di Jang Song Taek, ma Kim Jong Un doveva ancora assicurarsi la lealtà del partito e del popolo. La trovò all'inizio di agosto del 2013 cambiando i «Dieci principi per stabilire un sistema ideologicamente monolitico», un decalogo istituito nel 1967 da Kim Yong Ju, fratello minore di Kim Il Sung in cui si delineavano, attraverso dieci punti e sessantacinque clausole, i principi che avrebbero dovuto guidare la vita di un perfetto nordcoreano. Nel 1974 Kim Jong Il ne ordinò la pubblicazione e lo studio durante le scuole di partito e le sessioni di autocritica, ma solo alla fine degli anni Novanta, con la defezione di Hwang Jang Yop, presidente del Comitato Permanente dell'Assemblea Suprema del Popolo, si venne a sapere quanto importanti fossero i «Dieci principi» nella politica della Corea del Nord. Ai cittadini veniva infatti richiesto di impararne a memoria i punti i quali divenivano la base di discussione nelle riunioni di partito.

Kim Jong Un cambiò il titolo in «Dieci principi per stabilire un sistema sotto una direzione monolitica». Era chiaro che la sostituzione del sintagma "sistema ideologicamente monolitico" con quello "sistema sotto una direzione monolitica" denotava un cambiamento di attenzione. La nazione non era più unita sotto il partito, ma sotto la leadership della famiglia Kim:

1. Noi dobbiamo dare tutto il nostro meglio nella lotta per modellare l'intera società sull'ideologia del Kimilsungismo-Kimjongilsmo.
2. Noi dobbiamo onorare i Grandi Leader, compagno Kim Il Sung e compagno Kim Jong Il, con tutta la nostra lealtà, così come gli eterni leader del partito, il popolo e il Juche.
3. Noi dobbiamo rendere assoluta l'autorità dei Grandi Leader, compagno Kim Il Sung e compagno Kim Jong Il, nonché l'autorità del partito e difenderle fino alla morte.
4. Noi dobbiamo armarci con l'ideologia rivoluzionaria dei Grandi Leader, compagno Kim Il Sung e del compagno Kim Jong Il e con le linee e le politiche del partito, che sono le incarnazioni di queste idee.
5. Noi dobbiamo aderire rigorosamente al principio dell'obbedienza incondizionata nell'eseguire gli insegnamenti dei Grandi Lea-

der, compagno Kim Il Sung e compagno Kim Jong Il, e adeguarci alle linee e alle politiche del partito.

6. Noi dobbiamo rafforzare l'intera ideologia del partito, la sua forza di volontà e la sua unità rivoluzionaria, incentrata sul Leader.
7. Noi dobbiamo seguire l'esempio dei Grandi Leader, compagno Kim Il Sung e compagno Kim Jong Il, e adottare uno stile spiritualmente e moralmente dignitoso, i metodi di lavoro rivoluzionari e uno stile di lavoro orientato verso il popolo.
8. Noi dobbiamo valorizzare la vita politica che ci è stata data dal partito e dal Leader ripagando lealmente la fiducia politica e gentilezza del partito con maggiore consapevolezza politica e abilità.
9. Noi dobbiamo stabilire delle regole organizzative forti così che l'intero partito, nazione e militari possano muoversi come una singola cosa sotto l'unica e sola leadership del partito.
10. Noi dobbiamo tramandare i grandi risultati della rivoluzione del Juche e del songun la cui strada è stata aperta del Grande Leader compagno Kim Il Sung e poi guidata dal compagno Kim Jong Il ereditandoli e completandoli fino alla fine.

Rispetto alle precedenti "regole" quelle indicate da Kim Jong Un rafforzavano la fedeltà alla leadership nordcoreana, ma ribadivano al tempo stesso l'importanza del partito nella guida politica del Paese. I continui rimandi ai Grandi Leader, a cui seguiva, come naturale genesi ideologica, il partito, servivano a instillare nelle menti dei nordcoreani che il legittimo erede di questa discendenza era proprio lui, Kim Jong Un. A lui, e solo a lui, si doveva obbedienza «fino alla morte». Il *songun*, pur essendo citato nell'ultimo passo, veniva però a perdere quella spinta propulsiva nel nono punto, quando i militari, così come la nazione e il partito, erano richiamati all'ordine per «muoversi come una singola cosa sotto l'unica e sola leadership del Partito». Non mancano neppure rimandi confuciani, presenti chiaramente nel punto 8 del decalogo: quando veniva chiesto di ripagare «lealmente la fiducia politica e gentilezza del Partito» sempre con una «maggiore consapevolezza politica e abilità».

Tutti i «Dieci principi per stabilire un sistema sotto una direzione monolitica» erano stati abilmente modificati per legittimare la direzione di Kim Jong Un.

Jang Song Taek aveva compiuto ottimamente il compito assegnatogli da Kim Jong Il. Era stato talmente diligente che i suoi giorni erano ormai contati.

6. Arresto ed esecuzione

Il mese di settembre segnò l'uscita di scena di Jang Song Taek dalle decisioni economiche: dopo l'inaugurazione della nuova linea ferroviaria da trecento milioni di dollari tra la città nordcoreana di Rason, nell'omonima zona ad economia speciale, e quella russa di Khasan, per la prima volta dal 1989 Pyongyang preferì assegnare a Mosca e non a Pechino l'appalto per la costruzione di tremilacinquecento chilometri di strada ferrata che avrebbe collegato il porto di Nampo, sul Mar Giallo e la frontiera russa. Era un contratto da venticinque miliardi di dollari che avrebbe rinnovato almeno il 60% dell'intera rete ferroviaria nordcoreana. In cambio, Mosca cancellava il debito di dieci miliardi di dollari accumulato da Pyongyang con l'ex Unione Sovietica. Inoltre la RadonConTrans, la joint-venture russo-nordcoreana che gestiva la ferrovia verso Vladivostok, garantiva l'unico accesso verso il mercato estero del carbone nordcoreano non soggetto a sanzioni dell'Onu. I giochi erano quasi fatti: la Cina si trovava improvvisamente messa all'angolo e, cosa più importante, Jang Song Taek aveva perso ogni privilegio.

Il 7 novembre 2013 il «Rodong Sinmun» registrò l'ultimo incontro ufficiale di Jang, fatto con una delegazione giapponese guidata dall'avvocato Kanji Inoki. Nell'articolo a Jang Song Taek veniva ascritto solo il titolo di presidente della Commissione Sportiva. Il suo destino era ormai segnato.

Il 12 novembre 2013 il Comando di Sicurezza della Difesa dell'Esercito Popolare arrestò e giustiziò Ri Ryong Ha e Chang Su Kil, i vice di Jang, mettendo sotto arresti domiciliari lo stesso Jang Song Taek il successivo 18 novembre.

Dodici giorni dopo, il 30 novembre, lo zio di Kim Jong Un venne trasferito in una prigione di sicurezza dove venne tenuto in custodia sino all'8 dicembre 2013 quando, in una drammatica riunione ampliata del Politburo del Comitato Centrale del Partito dei Lavoratori Coreano, venne emesso un comunicato che lasciò perplessi molti analisti e gli stessi nordcoreani secondo cui si «solleva Jang Song Taek da tutte le cariche privandolo di tutti i titoli espellendo e rimovendo il suo nome dal Partito dei Lavoratori di Corea». Otto i capi di accusa che inchiodavano l'ex numero due del Paese riassunti in «crimini contro il partito e controrivoluzionari fatti dal (suo) gruppo».

Il giorno dopo, per la prima volta dagli anni Settanta, la televisione di stato trasmise l'arresto di un alto funzionario del partito. Le immagini, drammatiche e surreali al tempo stesso, mostravano l'apertura della sessione plenaria con Kim Jong Un in piedi che applaudiva attorniato alla sua destra dal presidente del Presidium Kim Yong Nam e alla sua sinistra da Choe Ryong Hae, l'ex alleato di Jang trasformatosi nel suo principale accusatore. Il servizio continuava con un impassibile Kim Jong Un seduto accanto ai due funzionari a cui si era aggiunto Kim Won, capo del Dipartimento di Sicurezza di Stato mentre veniva letta la sentenza di condanna verso Jang Song Taek. Immediatamente due guardie entravano nell'inquadratura dirigendosi verso l'accusato, seduto, non certo per caso, nella poltrona adiacente al corridoio in seconda fila in modo da poter essere prelevato senza dover scomodare gli altri presenti. Nell'impassibilità dei volti dei membri del Comitato Centrale, il generale Kim Kyok Suk, padrino militare di Kim Jong Un, che occupava la poltrona immediatamente di fronte a Jang, girò lo sguardo verso le guardie ferme impettite di fronte a Jang, proprio nel momento in cui questi si alzava per essere portato fuori dall'aula. Kim Kyok Suk era uno dei generali che Jang, secondo Choe Ryong Hae, avrebbe tentato di esautorare dal potere e la soddisfazione nel vedere il suo potenziale nemico crollare dallo scranno era evidente.

Il filmato, i cui ultimi fotogrammi non furono trasmessi dalle televisioni occidentali, terminava con Kim Jong Un che si fermava tranquillamente a parlare con i membri più influenti del Politburo tra cui si riconoscono Tae Citong Su, Kim Yong Nam, Choe Tae Pok, Choe Ryong Hae, Pak Pong Ju, Ro Du Chol, Kwak Pom Ki, Kim Ki Nam, Kim Tong Il, Pak To Chuun, Kim Yang Gon, Cho Yong Chunb e Mun Kyong Dok.

La sequenza delle immagini era chiara: con l'arresto plateale e accettato in silenzio da tutti i membri presenti, Kim Jong Un voleva mostrare la sua leadership indiscussa all'interno del partito. Con la riunione informale registrata alla fine del meeting, veniva lanciato il chiaro segnale che il partito era tutto unito attorno al Grande Leader.

Il 9 dicembre, dando la notizia al mondo, l'agenzia di informazione statale, la KCNA, specificava che «Jang ha preteso di prevalere sulla linea del partito e sullo stesso leader; assorbito da atti il cui unico fine era quello di dividerci, si è trasformato in un doppiogiochista dietro le scene. [...] Il partito, che da tempo era al corrente delle sue attività, ha più volte avvisato Jang e ha sorvegliato gli atti controrivoluzionari e faziosi perpetrati contro il partito dal suo gruppo. Nonostante questo Jang non ha prestato attenzione agli avvertimenti ed ha sorpassato i limiti della tolleranza. Per questo motivo il partito ha eliminato Jang ed ha purgato il suo gruppo».

L'epurazione di Jang Song Taek seguì quella, avvenuta nel luglio 2012, del vicemaresciallo Ri Yong Ha, capo di Stato Maggiore delle Forze armate nordcoreane e di Chang Su Kil e si innestò nella nuova configurazione che Kim Jong Un voleva imprimere al partito affinché potesse essere più malleabile secondo i suoi voleri.

La caduta dello zio trascinò con sé anche il cognato, Jon Yong Jin, ambasciatore della Corea del Nord a Cuba e Jang Yong Chol, ambasciatore in Malesia, nipote di Jang Song Taek. Da buon confuciano, Kim Jong Un voleva sradicare completamente la complicata ed estesa rete tessuta da Jang Song Taek nei gangli del potere nordcoreano. Numerosi funzionari del ministero della Pubblica Sicurezza vennero allontanati o eliminati, così come lavoratori del Dipartimento della Sicurezza di Stato e del Dipartimento Amministrativo del Comitato Centrale del Partito dei Lavoratori, istituzioni in cui Jang aveva posto i suoi accoliti.

Bisognava ridare lustro a un apparato minato da Jang che, secondo il comunicato emesso dalla KCNA avrebbe «sperperato il sistema finanziario statale gettandolo nella confusione e commettendo tradimenti sperperando le preziose risorse del Paese vendendole a prezzi stracciati minacciando così la volontà di Kim Il Sung e Kim Jong Il di sviluppare l'industria del ferro, dei fertilizzanti e del vinalon». Questa attitudine di Jang ha «ostacolato seriamente l'economia della nazione e lo sviluppo dello standard di vita della popolazione».

La purga di Jang Song Taek avrebbe dato a Kim Jong Un sufficiente tempo per far accettare e implementare la propria politica del *byungjin* anche presso gli ambienti più conservatori, presentandosi come "salvatore della patria" dalle grinfie cinesi.

Il 12 dicembre 2013 Jang Song Taek venne giustiziato.

Via libera

Ora che Jang Song Taek e la sua fazione erano stati eliminati Kim Jong Un poteva dedicarsi alle ultime fasi di preparazione per il suo programma politico. La famiglia Kim era riuscita a mantenere il potere sin dal 1948 grazie alla propagazione dell'idea, in parte reale, dell'accerchiamento e del conseguente tentativo da parte delle potenze nemiche (Corea del Sud, Giappone, Stati Uniti) di destabilizzare il Paese attaccandolo dall'esterno e foraggiando, nel suo interno, le fazioni che si opponevano alla leadership. Kim Jong Il, come abbiamo visto, sfruttò a suo beneficio questa visione basando la sua politica sul *songun*.

Il 31 marzo 2013 il Comitato Centrale riunito in sessione plenaria aveva proclamato la nuova linea del partito: la linea *byungjin*, lo 'sviluppo parallelo', ma fino a quando Jang rimase abbastanza potente da influenzare la politica di Kim, il *byungjin* fu relegato in una sorta di limbo.

Era pur vero che il programma nucleare era stato ripreso, dopo quattro anni di sospensione, con l'esplosione, avvenuta il 12 febbraio 2013, della terza bomba nucleare, tre volte più potente dell'ultima precedentemente fatta detonare da Kim Jong Il il 25 maggio 2009 (14-17 chilotoni di potenza contro i 5,4 chilotoni di quella del 2009), ma la fazione filocinese si era sempre ritenuta contraria all'evoluzione atomica in versione militare voluta dal nuovo leader.

La politica del *byungjin* e l'uscita di scena di Jang avevano cambiato le carte in tavola. Kim Jong Un, ad appena due anni dal suo ingresso in politica, era ora pronto a far scattare il secondo passo del suo piano: il consolidamento del suo potere. Per tutto il 2012 e il 2013 il giovanissimo leader, assieme ai suoi reggenti, aveva manovrato per mettere le giuste pedine ai posti chiave al fine di creare un baluardo contro ogni possibile colpo di stato. Ora si trattava di consolidare la leadership a livello internazionale in modo da raggiungere l'obiettivo principale che si era sempre data la leadership nordcoreana: convincere gli Stati Uniti a trasformare l'armistizio del 1953 in un vero e proprio trattato di pace così da riconoscere l'esistenza, la sovranità e l'indipendenza della Corea del Nord e stabilire nuove basi per ricostruire l'economia del Paese.

Il principale mezzo di cui Kim voleva servirsi per raggiungere questi obiettivi era la deterrenza nucleare. Deterrenza, secondo Pyongyang, perché nonostante i bellicosi proclami inviati di quando in quando a Washington e a Seoul, il programma atomico aveva il solo scopo a impedire che gli Stati Uniti attaccassero il Nord. In questo senso Kim Jong Un fece sapiente e largo uso delle dichiarazioni dei falchi sia dell'amministrazione Obama che dell'amministrazione Trump e, in particolare, delle continue ambiguità e contraddizioni generosamente lanciate dal 2017 dello stesso inquilino della Casa Bianca per instillare nel Paese e nella classe politica nordcoreana l'idea che la Corea del Nord fosse davvero sotto il mirino del Pentagono.

1. Il caso di The Interview

Fu tra queste pericolose illazioni che uscì negli Stati Uniti il film *The Interview*, un film comico demenziale che rischiò di acuire la crisi diplomatica tra Corea del Nord e Stati Uniti.

The Interview era un lungometraggio scritto dal canadese Seth Roger assieme a Evan Goldberg che ne diresse anche le riprese e venne inserito nei circuiti cinematografici il 25 dicembre 2014.

La trama narrava del giornalista Dave Skylark, interpretato dall'attore americano James Franco e il suo produttore Aaron Rapoport, interpretato dal canadese Seth Rogen, i quali conducevano il popolare programma televisivo Skylark Tonight. Quando scoprirono che Kim Jong Un era un appassionato spettatore del programma chiesero e ottennero un'intervista con il leader nordcoreano. Mentre si preparavano a volare a Pyongyang, un agente della CIA li contattò reclutandoli per assassinare Kim Jong Un (l'attore americano di origini coreane Randall Park).

Già nel trailer promozionale il Grande Leader era mostrato come accanito fumatore di sigari e dipinto in modo canzonatorio con scene che mostravano il suo corpo nudo appesantito e fortemente sovrappeso. Inoltre l'agente della CIA incaricata di istruire i due giornalisti sulle abitudini del leader nordcoreano spiegava che «il popolo crede a qualunque cosa egli dica, compreso il fatto che (Kim Jong Un) può parlare ai delfini, non urina e non defeca».

La stessa Corea del Nord, appellata come «il Paese più pericoloso della Terra» veniva dipinta a colpi di stereotipi, dove i militari erano i cattivi di turno intrattenendosi a sbevazzare e gozzovigliare assieme al loro leader, mentre il popolo faticava a sopravvivere.

The Interview sarebbe stato concepito da Seth Rogen prima del 2011, quando al potere in Corea del Nord c'era Kim Jong Il, durante una discussione sulla possibilità che dei giornalisti avessero accesso al massimo leader nordcoreano portando a termine un assassinio commissionato dalla CIA. La morte del Grande Leader, avvenuta nel dicembre 2011, costrinse i produttori a cambiare soggetto orientandosi verso il figlio, Kim Jong Un.

Durante la conferenza stampa di presentazione, Rogen spiegò che per preparare la sceneggiatura aveva letto tutto quanto aveva potuto su Kim Jong Un chiedendo anche ad esperti del settore consigli sulla scrittura. Se così fosse stato, Seth Rogen non sembrava essersi scelto conoscitori così attenti della società nordcoreana e del suo leader.

Rogen non era comunque nuovo a provocazioni opportuniste a puro scopo propagandistico: durante gli Mtv Movie Award del 2008 era salito sul palco assieme proprio a James Franco fumando uno spinello finto al fine di promuovere il suo film *Strafumati*.

James Franco, co-protagonista accanto a Seth Rogen, era stato Harry Osborn, il figlio del cattivo Green Goblin (Willem Dafoe) in *Spider-Man* del 2002, 2005 e 2007.

La sceneggiatura e le immagini del film scatenarono, come era ovvio aspettarsi, le immediate proteste nordcoreane che si esplicitarono attraverso Kim Myong Chol, direttore del Centro per la Pace tra Corea del Nord e Stati Uniti e portavoce non ufficiale del governo nordcoreano in Giappone il quale obiettò che «produrre e proiettare nelle sale un film sul complotto per uccidere il nostro leader è un chiaro atto di terrorismo e di guerra che non sarà assolutamente tollerato» aggiungendo che «l'insana e spericolata follia Usa» di utilizzare un «regista gangster» per sfidare la leadership nordcoreana ha infuso «una ventata di odio e rabbia» tra il popolo nordcoreano e i militari. «Se l'amministrazione Usa permetterà e difenderà l'uscita e la visione del film, saranno prese contromisure spietate».

Sempre Kim Myong Chol affermò che «un film che traccia l'assassinio di un leader straniero rispecchia quello che gli Usa hanno fatto in Afghanistan, Iraq, Siria e Ucraina». «Non dimentichiamo» aggiunse Myong Chol «chi ha assassinato Kennedy, gli stessi americani» avvisando Obama di «stare attento nel caso i militari Usa vogliano uccidere anche lui».

Il 25 giugno, pochi giorni dopo le parole di fuoco di Kim Myong Chol, la KCNA, l'agenzia di stampa nordcoreana, emise un lungo e prosaico comunicato attribuito al portavoce ufficiale del Ministero degli Esteri in cui si affermava che «I nemici sono andati oltre i limiti di tolleranza nei loro deprecabili film urtando la dignità della suprema leadership della Dprk. L'anteprima di un film che insulta e che descrive l'assassinio della guida suprema della Dprk sta per essere proiettato negli Usa, culla del terrorismo internazionale, e ha scioccato la comunità mondiale. In questa isteria provocatoria, gli Usa hanno raggiunto l'incoscienza arrivando a corrompere un regista canaglia per ferire la dignità della guida suprema della Dprk. Questo atto di spavalderia nel non temere la punizione del Cielo ha causato l'ira del popolo della Dprk».

Il comunicato continuava affermando che la sfrontatezza degli statunitensi «rivela, comunque, la loro paura; paura causata dal roseo e brillante futuro della Dprk sotto la leadership dell'impareggiabile grande uomo (Kim Jong Un, nda). È l'ultimo disperato tentativo di chi è stato sopraffatto da un sogno».

Riprendendo le parole di Kim Myong Chol, anche la KCNA indicava come «assolutamente intollerabile la distribuzione di questo film negli Usa in quanto azione terroristica e di guerra scatenata per privare il popolo della Dprk della sua base ideologica e far crollare il sistema sociale».

Il dispaccio terminava con chiare minacce verso Washington: «È loro (del popolo nordcoreano, nda) ferma determinazione distruggere senza pietà tutto ciò che osi ferire o attaccare, anche minimamente, la suprema leadership del Paese. Coloro che diffamano la nostra suprema leadership e commettono atti ostili contro la Dprk non potranno mai fuggire alla severa punizione che verrà loro riservata secondo la legge, ovunque essi siano nel mondo. Se l'amministrazione Usa convive a appoggia la proiezione del film, provocherà una forte e spietata contromisura».

Il 24 novembre 2014 la Sony Pictures Entertainment, la casa distributrice della pellicola, subì un attacco cibernetico da parte di un non meglio identificato gruppo chiamato Guardiani della Pace dietro al quale l'FBI intravide le maglie del governo di Pyongyang. In poche ore vennero rubati circa trentotto milioni di file contenenti mail, numeri di carte di Previdenza Sociale di impiegati della Sony e loro familiari, dettagli, a volte anche delicati, sulla vita privata di manager e celebrità che avevano lavorato con la casa cinematografica, importanti segreti d'affari, scene di film non ancora montate o in preparazione. Solo il 16 dicembre, una decina di giorni prima che il film fosse distribuito nelle sale, gli hacker citarono direttamente il film *The Interview* come la causa dell'attacco minacciando azioni anche violente nel caso la Sony non avesse cancellato la premiere, prevista per il 18 dicembre al cinema Sunshine di New York, e non avesse ritirato il film dalla distribuzione. Il cyberattacco, il più devastante subito dalla casa cinematografica, convinse la casa giapponese a sospendere l'evento e, seppur in modo temporaneo, la proiezione del film nelle sale statunitensi. Le stesse catene di sale cinematografiche statunitensi in cui il film avrebbe dovuto essere proiettato dichiararono che non avrebbero accettato la pellicola.

Lo stesso Presidente Obama intervenne nella vicenda, biasimando la Sony di aver ceduto alle minacce e accusando la Corea del Nord di essere il mandante dei Guardiani della Pace.

Il 18 dicembre, una volta assicurati che la premiere fosse davvero stata annullata e le principali catene cinematografiche avevano orami programmato altri cartelloni, i Guardiani della Pace emisero un altro comunicato in cui autorizzavano la Sony, a loro parere già punita abbastanza, a rimettere in circolazione *The Interview* a patto che la scena della morte fosse modificata e che non si esultasse troppo per la scomparsa di Kim Jong Un.

Il 25 dicembre il lungometraggio venne proiettato in 331 sale incassando più di 1 milione di dollari in un solo giorno. Purtroppo per la Sony il film, costato settantacinque milioni di dollari, fu un flop: dopo un primo interesse, dovuto principalmente alla vicenda di hackeraggio, il pubblico rifiutò di spendere soldi per una pellicola così scadente e noiosa. I 12,3 milioni di dollari incassati ai botteghini, sommati ai circa quaranta milioni di incassi nelle vendite online e nel noleggio non furono sufficienti a recuperare le spese di produzione e di distribuzione.

Alla fine *The Interview* servì solo ad alimentare una distorta visione della Corea del Nord e di Kim Jong Un.

2. Pericolo nucleare o nucleare per cambiare?

Proprio quando giornali, radio, media, politici descrivevano Kim in toni sarcastici e denigratori, infarcendo i loro articoli di analisi con notizie risultate false perché pubblicate senza aver effettuato alcun controllo preventivo delle fonti, la leadership nordcoreana stava creando una linea politica che avrebbe portato, nel giro di qualche anno, a risvolti clamorosi. L'ultimo rampollo della famiglia regnante nordcoreana aveva capito che la sopravvivenza sua e della parentela non sarebbe durata molto anche a un'eventuale alleanza con gli Stati Uniti se questa non fosse stata prima protetta e blindata: nella mente e negli occhi di Kim Jong Un erano ancora vividi i ricorsi storici di un Saddam Hussein alleato dell'Occidente contro l'Iran o di un Gheddafi che stringeva la mano a un sorridente Obama, successivamente entrambe uccisi in nome della democrazia proprio per mano dei loro ex amici. In particolare le vicende della denuclearizzazione libica erano troppo simili a quelle proposte dagli stessi Stati Uniti alla Corea del Nord: nel 2004, durante l'amministrazione Bush, dalla Libia furono portati in Usa centrifughe, disegni, progetti per reattori nucleari e due tonnellate di esafluoruro di uranio, oltre che parti di missili SCUD, in ottemperanza all'accordo firmato tra Tripoli e Washington. La lezione che Kim ne aveva tratto era lampante: sia Saddam che Gheddafi avevano iniziato il programma nucleare per poi annullarlo soddisfacendo le richieste degli alleati occidentali; se, contrariamente a quanto da loro fatto, i due leader avessero invece continuato sulla strada già intrapresa raggiungendo lo status di potenza nucleare, Europa e Stati Uniti non avrebbero avuto il coraggio di intervenire militarmente nella regione e segnare il loro tragico destino. Kim Jong Un si immedesimava, quindi, nei due "colleghi" traendo lezione dalla loro esperienza.

Inoltre il costo di una guerra con armi convenzionali sarebbe stato già proibitivo per le tasche degli statunitensi, figuriamoci poi se il conflitto si fosse esteso con armi nucleari: le stime di 2,4 trilioni di dollari previste dagli analisti del Pentagono nel caso si fosse aperto un fronte in Asia nordorientale sarebbero levitate a cifre improponibili, tali da indurre anche la nazione più ricca e potente della terra a desistere nell'imbarcarsi in una simile impresa.

Kim aveva intuito che la politica del *songun*, anziché rafforzare militarmente il Paese, lo aveva indebolito in modo allarmante. I finanziamenti a pioggia riversati sulle innumerevoli attività in cui erano coinvolte, direttamente o meno, le Forze armate avevano sì, permesso a Kim Jong Il di avere l'appoggio dei generali e mantenere il potere per diciassette anni, ma al tempo stesso avevano avuto l'effetto di finanziare industrie, funzioni, unità, dipartimenti, battaglioni poco efficienti, per non dire inutili e improduttivi, disperdendo energie e proventi economici e rallentando quei pochi programmi, invece, che Kim Jong Un riteneva vitali per la sopravvivenza del Paese, come il nucleare e il programma missilistico.

In altre parole, era inutile avere un esercito numericamente potente, con un milione di effettivi, più di quattromila carri armati, 8.600 pezzi di artiglieria, più di mille aerei, settanta sottomarini, quattrocento trenta navi pattuglia, duecentosessanta mezzi anfibi, se poi la maggior parte di questo apparato era inutilizzabile perché tecnologicamente obsoleto, privo di mezzi di ricambio, a corto di carburante.

Pyongyang era perfettamente al corrente che l'eventuale sviluppo nucleare non avrebbe cambiato gli equilibri militari regionali. Il lancio di una testata nucleare poteva avvenire solo da poche selezionate basi militari già poste sotto stretta sorveglianza dal sistema spionistico spaziale statunitense. Un potenziale missile intercontinentale (ICBM, 'Intercontinental Ballistic Missile'), che nel 2013 non era ancora entrato a far parte dell'arsenale nordcoreano (lo sarebbe stato nel novembre 2017 con il lancio dell'*Hwasong*-15), avrebbe impiegato tra i trenta e i cinquanta minuti prima di raggiungere il territorio statunitense; un lasso di tempo più che sufficiente per permettere all'ombrello antimissilistico di Washington di individuare e intercettare la minaccia nucleare. Inoltre le variabili che avrebbero potuto causare il fallimento della missione nucleare erano altissime: a partire dal lancio stesso, per non parlare dei difetti tecnologici, la difficoltà di guida del vettore alla partenza, la possibile distruzione della testata al rientro in atmosfera per finire con le condizioni atmosferiche avverse.

Molto più pericoloso, quindi, era il dispiegamento di centinaia di missili convenzionali a corto e medio raggio lungo tutti i duecentocinquanta chilometri della Zona Demilitarizzata. Ognuno di quei razzi poteva impiegare tra i quattro e gli undici minuti per colpire ogni parte di territorio compreso entro un raggio di mille chilometri, minacciando un'area che includeva, oltre alla Corea del Sud, anche il Giappone. Annullare completamente il potenziale offensivo posto da centinaia di tali missili in pochissimi minuti era inconcepibile anche per il più avanzato sistema antimissilistico, a differenza, invece, di quanto era possibile fare con le testate nucleari le quali, tra l'altro, erano di numero molto limitato.

Il pericolo nordcoreano per i Paesi della regione del Pacifico nordorientale era sempre esistito ancor prima dello sviluppo del programma nucleare. Gli unici a doversi preoccupare erano gli Stati Uniti, i quali, nel caso Pyongyang avesse a disposizione un missile intercontinentale, divenivano potenziale obiettivo delle Forze armate coreane.

In questo nuovo sentire si inserì la politica del *byungjin* che prevedeva un drastico taglio ai rami secchi dell'arcipelago militare nordcoreano convogliando gli aiuti a pochi, ma efficaci programmi di sviluppo.

3. Nuove elezioni

Varare un nuovo corso era già un'impresa difficile in una nazione dove il potere era sclerotizzato, ma applicarlo alla vita politica, economica e sociale dell'intero Paese implicava molta cautela perché il cambiamento avrebbe rivoluzionato l'intero status quo con l'estromissione di interi apparati militari. Si rischiava, quindi, di andare incontro non solo a una forte opposizione interna, ma anche a un reale pericolo di putsch contro la stessa famiglia Kim.

L'8 marzo 2014 17.640.544 cittadini sopra i diciassette anni di età (su 17.645.838 aventi diritto e una popolazione di 24.720.407 abitanti) andarono a votare per rinnovare i 687 membri che avrebbero dovuto sedersi nell'Assemblea Suprema del Popolo per i successivi cinque anni.

Era la prima prova elettorale sotto la nuova direzione di Kim Jong Un e la scelta poteva spaziare su tre partiti, il Partito dei Lavoratori di Corea, il Partito Social Democratico Coreano, il Partito Chongdoista Chongu e una lista di indipendenti. Tutti i movimenti, compresi gli indipendenti, dovevano però appartenere al Fronte Democratico per la Riunificazione della Madrepatria, strettamente controllata dal Partito dei Lavoratori.

Il voto venne effettuato secondo la legge elettorale nordcoreana secondo cui «per approvare (un candidato, nda) non si deve porre alcun segno sulla scheda; per rifiutare (il candidato, nda) si deve porre una croce sul nome del candidato». Dato che in ogni circoscrizione veniva presentato solo un candidato, la legge sembrava fatta apposta per identificare chiunque non approvasse la direttiva del partito.

I voti validi furono, manco a dirlo, 17.640.544; il Partito dei Lavoratori ottenne 607 seggi (di cui novanta donne), il Partito Social Democratico Coreano si assicurò cinquanta deputati (di cui dodici donne), il Partito Chongdoista Chongu ventidue (nove donne) e otto furono gli indipendenti eletti (una donna). Cinque dei seggi occupati dagli indipendenti andarono ai rappresentanti del Chongryon, l'Associazione Generale dei Coreani Residenti in Giappone, mentre i restanti tre seggi andarono ad associazioni religiose.

L'importanza delle elezioni era riposta nel fatto che avrebbe permesso a Kim Jong Un di eliminare i membri dell'Assemblea ritenuti contrari alla linea dei *byungjin* sostituendoli con rappresentanti ad essa favorevoli.

Nella nuova sessione fece la sua prima apparizione pubblica Kim Yo Jung, sorella di Kim Jong Un che iniziò proprio da allora la sua carriera politica.

La Commissione di Difesa Nazionale, l'organo più importante del Paese, fu rivisto nella sua composizione con Kim Yong Chun sostituito da Choe Ryong Hae e due nuove entrate di Jang Jong Nam, ministro delle Forze armate e Jo Chun Ryong.

Al governo venne riconfermato premier Pak Pong Ju, mentre alla guida del ministero degli Esteri fu posto Ri Su Yong, fedelissimo di Kim, al posto di Pak Ui Chun.

Tutti questi rimpasti, che vennero rivisti nei mesi seguenti con promozioni e inserimenti di nuovi nomi, rafforzarono ulteriormente la posizione di Kim Jong Un.

Il 4 ottobre 2014 una delegazione nordcoreana formata da undici membri, partecipò alla chiusura dei XVII Giochi Asiatici a Inchon, in Corea del Sud. La rappresentanza, guidata dal vicemaresciallo Hwang Pyong So, direttore dell'Ufficio Politico Generale del Partito dei Lavoratori e appena eletto vicepresidente della Commissione Nazionale di Difesa, era il comitato a più alto livello che aveva visitato la Corea del Sud sino ad allora. A Hwang si erano uniti anche Choe Ryang Hae e Kim Yang Gon, rispettivamente segretario del Comitato Centrale del PLC e direttore del Dipartimento del Fronte Unito.

Era il primo segnale che la Corea del Nord lanciava per la ripresa del dialogo con il Sud dopo anni di rapporti gelidi e provocazioni da entrambe le parti.

Cambio di direzione

Il 2016 si aprì con una notizia sensazionale: il 6 gennaio l'agenzia di stato KCNA salutò con enfasi il quarto test nucleare affermando che la bomba scoppiata nel sito di Punggye-ri era un ordigno termonucleare. Immediatamente le diplomazie di tutto il mondo si misero all'erta: se l'annuncio fosse stato vero, Kim Jong Un diventava una serie minaccia per gli Stati Uniti. La bomba a idrogeno, o termonucleare, avrebbe permesso alla Corea del Nord di avere un ordigno sufficientemente piccolo e leggero da essere trasportato nell'ogiva di un missile balistico intercontinentale in grado di raggiungere il territorio statunitense.

Ci volle, però, poco per smentire la notizia proveniente da Pyongyang: paragonando l'intensità del terremoto seguito allo scoppio alla potenza della bomba, si ricavava che l'esplosione avrebbe dovuto essere nell'ordine di dieci chilotoni. Un'energia troppo debole perché si fosse sviluppata da una bomba a fusione. Quella esplosa a Punggye-ri il 6 gennaio era, dunque, una "normale" bomba nucleare, relativamente innocua per il Pentagono.

Pochi mesi dopo, a marzo, sempre la KCNA cambiò versione mostrando una serie di fotografie che ritraevano Kim Jong Un in visita all'Istituto di Armi Nucleari davanti a un involucro sferico argentato che l'agenzia di stampa identificava come una bomba nucleare miniaturizzata. Gli scienziati nordcoreani, si leggeva nell'articolo, erano riusciti a creare un'arma altrettanto potente, ma compatta a tal punto da essere trasportata su un missile balistico. Non più una bomba all'idrogeno, ma, al massimo, una piccola bomba a fissione.

La fotografia si fermò sulle scrivanie di analisti militari e di governi di mezzo mondo. Non erano però loro i destinatari né della notizia del

6 gennaio né della fotografia di marzo. L'intento del leader nordcoreano non era tanto quello di incutere apprensione all'esterno facendo sapere di essere in grado di sganciare una bomba nucleare oltreoceano. Sapeva che agli esperti sarebbe bastato verificare la potenza dell'evento sismico generato dalla detonazione per intuire la verità. In realtà entrambi gli annunci erano diretti verso l'interno del Paese. Kim Jong Un voleva dimostrare che il suo programma nucleare e la sua politica del *byungjin* avevano avuto successo per aver poi mano libera nel riformare i principali organi di governo in occasione del VII Congresso del Partito.

Raggiungendo gli obiettivi prefissati e trasformando agli occhi dell'intero popolo e dei militari la Corea del Nord in un Paese in grado di competere con il loro peggior nemico (gli Stati Uniti), il leader supremo avrebbe avuto tutto il potere accentrato su di sé e sulla sua famiglia.

1. Il VII Congresso del Partito dei Lavoratori di Corea

Nei due mesi successivi Kim manovrò le sue pedine con lo scopo di arrivare al VII Congresso del Partito dei Lavoratori con pieni poteri. Il Congresso, già annunciato dal Comitato Centrale il 30 ottobre 2015, era il primo dal 1980. Si aprì, non a caso, con il discorso del leader che elogiava il Paese per "il grande successo del test della prima bomba all'idrogeno e il lancio del satellite *Kwangmyongsong*-4" il secondo satellite nordcoreano lanciato con successo in orbita il 7 febbraio per onorare il settantaquattresimo compleanno di Kim Jong Il. I due risultati «innalzàno la dignità e il potere della Corea ai più alti livelli possibili».

La riunione dei membri del partito fu il trionfo della linea del *byungjin* e dello stesso Kim Jong Un. Il programma nucleare avanzava velocemente (anche se in realtà, a differenza da quanto pomposamente annunciato, non si era ancora raggiunto l'obiettivo prefissato). Come una pianta privata dai suoi rami secchi, il nerbo militare fedele al grande leader si era rafforzato sempre più.

La risoluzione più importante scaturita dai tre giorni di riunione dei delegati del PLC fu l'ennesimo emendamento della costituzione nordcoreana che, scritta nel 1948 ed emendata più volte nel corso degli anni (1972, 1998, 2009, 2012, 2013), venne di nuovo rivista alla luce dei cambiamenti introdotti da Kim Jong Un.

Nella prima carta costituzionale la carica più importante era quella di primo ministro, il cui posto era occupato da Kim Il Sung. Nel 1972 la nuova costituzione venne riscritta e il titolo di Presidente andò a prevalere nella linea di potere su quella di primo ministro. Naturalmente fu lo stesso Kim Il Sung ad assumersi l'onere di guidare la nazione, lasciando a Kim Il (da non confondersi con Kim Jong Il) la guida formale del governo. La terza rivisitazione costituzionale, avvenuta nel 1998, concesse a Kim Il Sung, morto nel 1994, il titolo di 'Eterno Presidente della Repubblica Democratica Popolare di Corea'. Fu Kim Jong Il a ereditare la guida della nazione come capo della Commissione di Difesa Nazionale secondo l'articolo 102 che dichiarava il suo presidente «comandante supremo di tutte le Forze armate della Repubblica Democratica Popolare di Corea e comanda e dirige le Forze armate dello Stato». A Kim Yong Nam, presidente del Presidium dell'Assemblea Suprema del Popolo, veniva lasciato il compito di rappresentare lo Stato durante le visite ufficiali. Una nuova riscrittura della costituzione, avvenuta nel 2009, affermava che il presidente della Commissione di Difesa Nazionale era il leader supremo della Corea del Nord, incasellando così ogni carica della nazione come subalterna a Kim Jong Il. Nel 2012 la figura di Kim Jong Il, morto l'anno prima, fu elevata a 'Eterno presidente della Commissione di Difesa Nazionale', mentre a Kim Jong Un venne assegnato il ruolo di 'primo presidente'.

La costituzione del 2016 rivoluzionava di nuovo l'assetto politico nordcoreano. La modifica più rilevante apportata fu lo scioglimento della Commissione di Difesa Nazionale, ora sostituita dalla Commissione degli Affari di Stato. L'articolo 109 definì che il nuovo organismo aveva il potere di «deliberare e decidere il lavoro che erige la difesa dello Stato, incluse le principali linee politiche dello Stato; esercita la supervisione degli adempimenti degli ordini del presidente della Commissione degli Affari di Stato della Repubblica Democratica Popolare di Corea, la decisione dei direttivi delle commissioni prendendo le misure affinché queste decisioni vengano rispettate; abroga le decisioni e le direttive degli organi dello Stato che sono contrari agli ordini del presidente della Commissione degli Affari di Stato della Repubblica Democratica Popolare di Corea e delle decisioni e delle direttive delle commissioni».

L'articolo 100 definiva che «Il Presidente della Commissione degli Affari di Stato della Repubblica Democratica Popolare di Corea è il leader supremo della Repubblica Democratica Popolare di Corea», mentre l'articolo 102, riprendeva pari pari quello della precedente carta costituzionale specificando il ruolo di Kim Jong Un come leader del nuovo organismo: «Il Presidente della Commissione degli Affari di Stato della Repubblica Democratica Popolare di Corea è il comandante supremo di tutte le Forze armate della Repubblica Democratica Popolare di Corea e comanda e dirige le Forze armate dello Stato».

Kim Jong Un, per la prima volta dal 2011, occupava finalmente il vertice assoluto del potere nel Paese.

2. Lo spostamento della politica nordcoreana

La precedente Commissione di Difesa Nazionale, sulle cui ceneri rinacque la Commissione degli Affari di Stato, era stata creata nel 1972 con quattro membri: Kim Il Sung, Choe Hyon, O Jin U e O Paek Ryong e i suoi compiti erano stabiliti dall'articolo 109 della costituzione del 1972. La differenza principale e sostanziale tra i medesimi articoli delle due costituzioni (1972 e 2016) era l'eliminazione dei riferimenti alla linea rivoluzionaria del *songun*.

La Commissione di Difesa Nazionale aveva la possibilità di «instituire ranghi militari, promuovere ufficiali militari al di sopra degli ufficiali di grado di generale o ammiraglio», «stabilire o abolire organi centrali del settore nazionale di difesa», «guidare le intere Forze armate e i lavori per la difesa dello Stato». «Stabiliva», infine, «le politiche importanti dello Stato per portare avanti la linea rivoluzionaria del *songun*». Quindi le Forze armate, il Dipartimento di Sicurezza dello Stato, il Ministero della Sicurezza del Popolo e il Ministero delle Forze Armate Popolari erano tutti subordinati alla Commissione di Difesa Nazionale.

All'atto del suo scioglimento, i membri della CDN erano guidati da un presidente (Kim Jong Un), tre vicepresidenti (Hwang Pyong So, Ri Yong Mu, O Kuk Ryol) e da sei membri ordinari (Pak Yong Sik, Pak To Chun, Kim Won Hong, Choe Pu Il, Ry Pyong Chol, Jo Chun Ryong).

La nuova Commissione degli Affari di Stato era composta, oltre che dal suo presidente Kim Jong Un, da tre vicepresidenti (Hwang Pyong So, Pak Pong Ju, Choe Ryong Hae) e da nove membri ordinari (Kim Ki

Ruolo	Nome	
Primo presidente	Kim Jong Un	
Vicepresidenti	Hwang Pyong So	
	Ri Yong Mu	
	O Kuk Ryol	
Membri	Pak Yong Sik	Ministro delle Forze Armate
	Pak To Chun	Segretario del Dipartimento dell'Industria Militare del PLC
	Kim Won Hong	Ministro della Sicurezza dello Stato
	Choe Pu Il	Ministro della Sicurezza del Popolo
	Ri Pyong Chol	Vicecomandante delle Forze armate
	Jo Chun Ryong	Direttore del Dipartimento dell'Industria Meccanica del PLC

Tabella 1. La Commissione di Difesa Nazionale all'atto del suo scioglimento.

Nam, Ri Yong Gil, Ri Su Yong, Ri Man Gon, Ki Yong Chol, Kim Won Hong, Choe Pu Il, Ri Yong Ho e Ri Ryong Nam).

Il cambio costituzionale non fu solo un atto formale, ma fu l'evento più importante della politica nordcoreana da quando Kim Jong Un era salito al potere: determinò una variazione di tendenza politica verso un centro di potere in cui i militari non erano più l'elemento predominante.

Su tredici membri della Commissione degli Affari di Stato, infatti, solo quattro erano militari (Hwang Pyong So, Ri Yong Gil, Kim Won Hong, Choe Pu Il) a differenza della Commissione di Difesa Nazionale, dove su dieci membri, ben sette erano alti gradi delle Forze armate (Hwang Pyong So, Ri Yong Mu, O Kuk Ryol, Pak Yong Sik, Kim Won Hong, Choe Pu Il, Ri Pyong Chol).

Ruolo	**Nome**	
Presidente	Kim Jong Un	
	Hwang Pyong So	Direttore dell'Ufficio Politico del PLC
Vicepresidenti	Pak Pong Ju	Primo ministro
	Choe Ryong Hae	Vicepresidente delle Organizzazioni Sociali del PLC
	Kim Ki Nam	Vicepresidente dell'Ufficio Propaganda del PLC
	Ri Yong Gil	Ministro delle Forze Armate Popolari
	Ri Su Yong	Vicepresidente per le Relazioni Internazionali del PLC
Membri	Ri Man Gon	Vicepresidente per la Costruzione Meccanica del PLC
	Ki Yong Chol	Vicecomandante delle Fronte Unito del Lavoro del PLC
	Kim Won Hong	Ministro della Sicurezza dello Stato
	Choe Pu Il	Ministro della Sicurezza del Popolo
	Ri Yong Ho	Ministro degli Esteri
	Ri Ryong Nam	Ministro del Commercio Estero

Tabella 2. La Commissione di Affari di Stato all'atto della sua costituzione

Inoltre, la nuova Commissione vide la definitiva consacrazione dell'ascesa politica di Choe Ryong Hae, prima alleato poi rivale di Jang Song Taek e nuova stella emergente della politica nordcoreana in funzione di ristabilire la superiorità del partito sui militari. La rivalità tra Choe e Jang Song Taek fu evidente nel dicembre 2012, primo anniversario della morte di Kim Jong Il, quando alla cerimonia al palazzo Kumsusan, Choe venne ripreso dalla televisione di stato in posizione subalterna a Jang. Già nel 2013, però, fu Choe Ryong Hae, e non Jang Song Taek, a rappresentare Kim Jong Un durante il viaggio in Cina. Eclissatosi durante il processo a Jang, Choe tornò a essere protagonista nell'aprile 2014 con l'elezione a vicepresidente della Commissione di Difesa Nazionale, posizione che mantenne per pochi mesi perché già alla fine dello stesso anno venne rimpiazzato dal vicemaresciallo Hwang Pyong So. La coppia Choe-Hwang cominciò ad essere l'ago della bilancia del potere in Corea del Nord e la prevalenza dell'uno rispetto all'altro individuava verso quale organizzazione, tra partito (Choe Ryong Hae) e militari (Hwang Pyong So), si spostava il baricentro del Paese.

Ancora alla fine del 2016, formalmente i generali e i tecnocrati si spartivano il comando della nazione, ma l'equilibrio non sarebbe durato a lungo.

Kim Jong Un era riuscito a demilitarizzare la Corea del Nord. Il primo obiettivo della politica del *byungjin* e del programma nucleare era stato compiuto. Ora poteva dedicarsi completamente al grande traguardo in politica internazionale: obbligare gli Stati Uniti a sedersi al tavolo del dialogo.

3. Confronto con la Corea del Sud e la chiusura della Kaesong Industrial Region

Non tutto, però, procedeva efficacemente: in Corea del Sud la linea intransigente della presidente Park Geun-hye stava preoccupando Pyongyang. Il 10 febbraio 2016 Seoul decise di chiudere temporaneamente la Kaesong Industrial Region (KIR), la zona a economia speciale più importante e redditizia presente a nord del 38° parallelo, per protesta contro il lancio del satellite *Kwangmyongsong*-4 avvenuto tre giorni prima. La motivazione addotta dalla Casa Blu era che Pyongyang utilizzava i proventi della zona ad economia speciale per finanziare i programmi missilistici e nucleari. Una successiva analisi investigativa condotta dal governo sudcoreano concluse che le accuse lanciate da Park Geun-hye e dal suo Saenuri Party, erano infondate e non vi era alcuna prova che la Corea del Nord avesse utilizzato i fondi della KIR per i suoi progetti militari. Un anno più tardi, il 10 marzo 2017, la prima presidentessa donna sudcoreana venne costretta a dimettersi per abuso di potere, corruzione, coercizione e divulgazione di segreti di stato. Il processo che ne seguì la condannò a ventiquattro anni di prigione.

Voluta da Kim Dae-jung all'interno della sua *Sunshine Policy*, la politica di dialogo intrapresa nel 2000 con la Corea del Nord, la KIR fu inaugurata nel dicembre 2004. Dislocata su un'area di sessantasei chilometri quadrati sei chilometri a nord della Zona Demilitarizzata, all'atto della sua temporanea chiusura occupava circa cinquantacinquemila lavoratori nordcoreani e 820 sudcoreani impiegati in 125 industrie sudcoreane nel campo tessile, utensili per cucina, parti per automobili, semiconduttori, toner per stampanti. Il fatturato totale era di 56 milioni di dollari annui, di cui 20 milioni entravano direttamente nelle casse di Pyongyang. Rappresentava, dunque, una cospicua fonte di introiti per il governo nordcoreano, ma il significato più importante dell'iniziativa stava nel contributo che la KIR dava alla stabilità delle relazioni diplomatiche, oltre che economiche, tra le due nazioni e al primo seme di economia di mercato all'interno della nazione socialista. Un seme che, nell'intenzione dei suoi principali sostenitori, Kim Dae-jung e Chung Ju-yung, fondatore della Hyundai morto nel 2001, prima di vedere realizzato il suo progetto, avrebbe dimostrato alla famiglia Kim che l'economia di mercato avrebbe potuta essere accettata anche in un'economia di stampo socialista. Un risultato che, se raggiunto, avrebbe certamente portato benefici ben oltre i 374 milioni di dollari (di cui 223 sudcoreani) investiti per la sua realizzazione. Per istituire la zona a economia speciale, Seoul accettò la richiesta avanzata dallo Stato nordcoreano di trattenere circa il 50-60% degli ottanta-novanta dollari di stipendio medio versato dalle ditte a ogni lavoratore del Nord, a cui si aggiungeva una media di trenta-quaranta dollari mensili per straordinari e un bonus del 15% per le varie assicurazioni sociali (quest'ultimo incamerato interamente dallo Stato). Un lavoratore nordcoreano, dunque, riceveva direttamente tra i quaranta e i cinquanta dollari al mese in won nordcoreani (il restante era pagato allo Stato in dollari o altra valuta pregiata).

Per la Corea del Sud, comunque, la cosa più importante era quella di mostrare ai fratelli del Nord che l'economia di mercato avrebbe potuto garantire benefici a entrambi senza indebolire la struttura dello Stato.

Park Geun-hye rischiò di distruggere tutto quanto era stato compiuto, con fatica e dispendio di energie, dalle precedenti amministrazioni.

4. Il dispiegamento del THAAD

Nei mesi seguenti Park si allineò sempre più alle posizioni statunitensi nei rapporti con la Corea del Nord. Il punto di non ritorno fu compiuto l'8 luglio 2016 quando Seoul annunciò ufficialmente il dispiegamento del sistema antimissilistico THAAD (Terminal High Altitude Area Defence, 'Difesa d'area terminale ad alta quota') prodotto da un consorzio di imprese americane guidato dalla Lockheed Martin Space System.

Erano anni che gli Stati Uniti cercavano di convincere Giappone e Corea del Sud ad acquistare un sistema difensivo che avrebbe potuto combattere efficacemente le minacce missilistiche nordcoreane. Tokyo aveva sempre rifiutato l'offerta ritenendo il THAAD troppo costoso e poco efficace (in realtà i test effettuati dal 2005 hanno mostrato una probabilità di successo altissima), mentre Seoul aveva, in un primo tempo, preferito sviluppare un proprio sistema di difesa aggiornando al contempo i propri missili terra-aria a lungo raggio PAC-2 e PAC-3.

Un sistema THAAD, i cui missili, a differenza del sistema Patriot, non montavano alcuna carica esplosiva, distruggendo i vettori intrusi solo mediante collisione, prevedeva il dispiegamento di sei veicoli mobili di lancio, ognuno con otto missili, e un sistema radar guidati da due centri di comando mobili. Il costo di ogni "set" era di ottocento milioni di dollari suddivisi tra i due governi: Seoul avrebbe acquistato o affittato il terreno provvedendo anche alle infrastrutture logistiche, mentre Washington avrebbe sostenuto i costi per mantenere operativo il sistema.

Le prime due batterie di THAAD arrivarono il 6 marzo 2017 "salutate" a nord da un lancio di quattro missili dalla base nordcoreana di Tongchang e a sud da numerose e affollate manifestazioni di protesta. Il 2 maggio furono dispiegate nel Lotte Skyhill Country Club, un golf club appartenente al conglomerato Lotte, nella parte centromeridionale del Paese, mentre altre ne erano previste.

La scelta di Seoul di acquistare il THAAD portò Russia e Cina a protestare veementemente. Le relazioni con Park con Pechino, sino ad allora ottime anche per la passione della presidentessa coreana per la cultura cinese e la sua conoscenza del mandarino, qualità apprezzate dalla dirigenza cinese, si deteriorarono immediatamente dopo l'annuncio di febbraio. Il governo cinese protestò sia con la Corea del Sud che con Washington perché il sistema installato così vicino al suo territorio in realtà, a suo dire, non era tanto diretto contro la Corea del Nord, la cui neutralizzazione era già garantita dal sistema antimissilistico Aegis, ma sarebbe entrato a far parte di un progetto più ampio di sistema atto a controllare e neutralizzare le difese cinesi. Il THAAD avrebbe rischiato di sbilanciare l'equilibrio militare e nucleare regionale a favore degli Stati Uniti.

Già all'indomani dell'accordo tra Usa e Corea del Sud il ministero della Difesa Nazionale interruppe il dialogo e le visite delle delegazioni militari tra Seoul e Pechino.

Il governo cinese, inoltre ordinò la riduzione del 20% della vendita di pacchetti turistici per la Corea del Sud imponendo sanzioni verso la Lotte, rea di aver concesso propri terreni per il dispiegamento dei veicoli di lancio. Le punizioni cinesi costarono alla Corea, nei soli cinque mesi da febbraio a luglio 2016, ben 4,7 miliardi di dollari.

Al tempo stesso Pechino si trovò costretta a dover rintuzzare e biasimare il programma nucleare nordcoreano per non apparire troppo accondiscendente con Pyongyang nelle sue proteste contro il THAAD. Numerosi articoli apparsi su giornali anche non vicini al governo, affermavano che la scelta di Seoul avrebbe reso più difficile per Xi Jinping appoggiare pienamente il governo di Park nelle sue pressioni su Kim Jong Un.

Le critiche cinesi, comunque, non erano gratuite: il THAAD era progettato per operare anche per distanze superiori a duecento chilometri e ad altezze fino a centocinquanta chilometri con sistemi radar che potevano controllare i cieli per centinaia di chilometri sorvegliando, quindi, anche ampie parti di territorio cinese. Era assai improbabile che Pyongyang usasse missili a gittata media e intermedia (MRMB e IRMB) per colpire un territorio così vicino come la Corea del Sud, quindi l'ampio raggio e la sofisticata tecnologia utilizzata dal THAAD era, effettivamente, poco consona al solo deterrente antimissilistico nordcoreano.

Lo scandalo che portò, il 10 marzo 2017, alle dimissioni e all'arresto di Park Geun-hye ribaltò le carte in tavola: il 7 giugno 2017 Moon Jae-in, il presidente eletto che le successe alla Casa Blu, sospese ogni altro dispiegamento del sistema antimissilistico.

Il 30 ottobre 2017 la crisi rientrò con la normalizzazione delle relazioni diplomatiche tra Pechino e Seoul.

Il fronte anti-Pyongyang si era ricompattato, ma altre sorprese si stavano profilando all'orizzonte.

Bufale nordcoreane

Il giorno stesso dell'annuncio della chiusura della Kaesong Industrial Region, un'altra notizia venne divulgata e ripresa dalla stampa internazionale: la fucilazione, ordinata da Kim Jong Un in persona, di Ri Yong Gil, comandante in capo delle Forze armate nordcoreane con l'accusa di corruzione e di aver tentato di spaccare l'unità del partito. La segnalazione, circolata sulla base di testimonianze di diversi profughi fuggiti dalla Corea del Nord e che fu corredata anche da particolari raccapriccianti (come l'uso di artiglieria, mortai o addirittura da mezzi della contraerea), risultò poi essere anch'essa l'ennesima falsa notizia circolante sulla Corea del Nord. Pochi mesi dopo non solo Ri partecipò al VII Congresso del Partito, ma fu anche eletto membro della Commissione degli Affari di Stato. Nonostante queste smentite, ancora alla fine del 2016 c'erano giornali, sia cartacei che online, che raccontavano la macabra esecuzione del comandante in capo delle Forze armate aggiungendo ogni volta qualche dettaglio per colorire la scena.

Periodicamente i media internazionali si agitano riportando notizie riguardanti brutali o "curiose" epurazioni in Corea del Nord. Generalmente gli articoli sono riadattamenti di pezzi originali pubblicati sulla stampa sudcoreana che, anche se non ancora confermati, trovano ampio seguito in tutto il mondo. Spesso, anche se non sempre, queste informazioni si rivelano essere delle bufale o, nel migliore dei casi, delle esagerazioni.

La principale ragione per cui queste bufale vengono pubblicate anche da parte delle redazioni che generalmente controllano attentamente la veridicità delle notizie verte sulla quasi totale mancanza di conoscenza del Paese Corea del Nord.

Un'altra ragione può essere trovata in una precisa volontà da parte dell'editore e della direzione, di dare in pasto ai lettori notizie sensazionalistiche. Pochi giornalisti spendono il loro tempo a verificare e ad avere conferme delle notizie; essere i primi a dare l'informazione è ora più importante che appurarne la veridicità.

Anche la necessità politica di mostrare alcune nazioni, come, appunto, la Corea del Nord, in modo negativo così da rispecchiare il facile stereotipo del folle tiranno, del popolo affamato, di una società crudele e cinica, rientra nei motivi di questo tipo di divulgazioni.

È, infine, molto più difficile (e destabilizzante) presentare ai propri lettori una visione reale della Corea del Nord molto differente dagli stereotipi utilizzati come cornice degli articoli giornalistici piuttosto che continuare a scrivere di un Paese che il lettore comune vuole sentirsi raccontare.

Quasi tutti i media che pubblicano notizie in seguito rivelatesi false, non hanno mai fatto alcuna ammenda. E questo non solo perché perderebbero credibilità verso i loro aficionados, ma principalmente perché ai lettori stessi non interessano le rettifiche. Semplicemente non le leggono o non credono ad esse.

1. I centoventi cani di Jan Song Taek

Circola ancora oggi, a distanza di diversi anni dalla smentita, la falsa notizia della raccapricciante uccisione di Jang Song Taek da parte di centoventi cani affamati. Pubblicata da tutti i principali organi di informazione, a nulla è valsa, sino a oggi, la rivelazione che la fonte primaria da cui era stata copiata l'informazione era il «Pyongyang Choi Seongho» che, nonostante il nome che si rifaceva alla capitale nordcoreana era un blog satirico cinese che pubblicava notizie volutamente derisorie. Nella pagina pubblicata l'11 dicembre 2013 si raccontava di come Kim avrebbe assistito egli stesso alla morte dello zio, ingabbiato nudo assieme ad altri cinque complici liberando centoventi cani lasciati senza cibo per diversi giorni (a seconda della fantasia dell'articolista i giorni di digiuno variavano da tre a sette). Il 12 dicembre la notizia venne ripresa pari pari dal «Wen Wei Po», giornale sensazionalistico di Hong Kong, e da qui divulgata al mondo intero. Nessuno si preoccupò di verificare la notizia che divenne una dei principali capi d'accusa del mondo intero verso Kim Jong Un.

Annunci clamorosi come questo furono e sono ancora oggi utilizzati dai mezzi di stampa come prova della severità e della crudeltà del regime e dello stesso Kim Jong Un. Poco importa se i fatti descritti siano o no reali; spesso anche le notizie più bizzarre e assurde sono pubblicate senza alcun controllo delle fonti.

2. *La fidanzata rubata*

Il 29 agosto 2013, ad esempio, il giornale sudcoreano «The Chosun Ilbo» riportò la notizia che Hyon Song Wol, voce del popolare complesso *Pochombo Electronic Ensemble* era stata uccisa davanti a un plotone di esecuzione, mitragliata assieme ad altri undici colleghe e colleghi tra cui il violinista della *Unhasu Orchestra*, Mun Kyong Jin. Per rendere tutto più truce, si scrisse che Kim Jong Un avrebbe preteso che alla fucilazione fossero presenti i familiari e i membri dei complessi a cui appartenevano le vittime. L'articolo fece in poche ore il giro del mondo e la notizia fu lanciata da tv, giornali e radio nazionali suscitando violente proteste anche nel mondo politico e dello spettacolo. A seconda degli autori, i capi d'accusa variavano dal possesso di Bibbie a video pornografici, da apparizioni televisive con abiti troppo succinti sino all'ipotesi che la morte di Hyon Song Wol fosse stata espressamente chiesta da Ro Sol Ju, moglie di Kim Jong Un, gelosa del fatto che la cantante avesse intrecciato una storia d'amore con l'attuale leader al suo ritorno dalla Svizzera.

Anche questa esecuzione si rivelò falsa quando il 16 maggio 2014, la stessa Hyon intervenne in un programma televisivo. In seguito l'artista partecipò a una tournée a Pechino nel 2015, fu eletta nel Comitato Centrale del Partito dei Lavoratori di Corea nel 2017 e nel 2018 fu membro del comitato preposto ai colloqui tra Nord e Sud per la preparazione della partecipazione della squadra nordcoreana ai giochi olimpici di Pyongchang organizzando concerti di artisti nordcoreani in Sud Corea.

3. *L'architetto redivivo*

Un "Lazzaro" nordcoreano fu anche Ma Won Chun, il dirigente membro della Commissione Nazionale di Difesa e architetto del nuovo aeroporto di Pyongyang. Alla metà del 2015 le testate giornalistiche inserirono il suo nome nella lunghissima lista di dirigenti uccisi per ordine di Kim Jong Un. Il motivo, in questo caso, sarebbe stata la disapprovazione del Grande Leader durante la sua visita inaugurale dell'aeroporto. Alcuni giornali riportavano addirittura la data di esecuzione: novembre 2014. I giornalisti più ingegnosi, per rendere più accattivante e realistico l'articolo consegnato alle varie redazioni aggiungevano le accuse lanciate da Kim Jong Un in persona: Ma Won Chun sarebbe stato ucciso per «I difetti manifestati nell'ultima fase della costruzione del Terminal 2 [...] i progettisti non hanno tenuto a mente l'idea della bellezza architettonica che è la vita e l'anima e il cuore per preservare il carattere e l'identità nazionale. Ora è necessario terminare la costruzione del terminal che deve essere l'icona della Corea, il volto del Paese e la porta d'ingresso a Pyongyang». Naturalmente nessuna conferma da parte delle autorità nordcoreane che, anzi, tramite l'agenzia di stato, KCNA, riportavano le parole del primo ministro Pak Pong Ju il quale descriveva l'aeroporto in termini lusinghieri. Quando, pochi mesi più tardi, Ma Won Chun riapparve vivo e vegeto nessuno si premurò di annunciare la mondo la sua resurrezione. Nel 2018 il Lazzaro nordcoreano venne nominato direttore del Dipartimento di Design della Commissione di Affari di Stato. In attesa di un'altra esecuzione.

4. *Le nazionali di calcio incarcerate*

Se politica e musica non sono mai stati esenti dalla disinformazione, anche lo sport non fu da meno, in particolare in campo calcistico. Per anni circolò una leggenda attorno alla nazionale di calcio nordcoreana che partecipò ai campionati del mondo del 1966 in Inghilterra. Quei «Ridolini», come li definì un po' troppo spavaldamente l'allora CT italiano Ferruccio Valcareggi, arrivarono ai quarti di finale eliminando proprio l'Italia e rischiarono di sconfiggere anche il Portogallo di Eusebio. Dopo un passivo iniziale di 3-0 i lusitani vinsero per 3 a 5. Per i successivi

35 anni si avanzarono miriadi di supposizioni sul destino di quella squadra, fino a quando un libro, *L'ultimo Gulag*, scritto dal francese Pierre Rigoulot tentò di dare una risposta: tutti i giocatori sarebbero stati spediti nei campi di prigionia per il «comportamento capitalista» tenuto alla fine della partita contro l'Italia. Esaltati dalla vittoria, secondo Rigoulot, i calciatori gozzovigliarono ad alcool e donne tutta notte. L'unico che si sarebbe salvato fu Pak Doo Ik, l'autore della rete che spedì gli Azzurri a casa, il quale invece si rintanò in albergo preferendo riposare in attesa della prossima partita. Questa versione, che ancora oggi ha i suoi sostenitori, fu confutata da un documentario redatto da Daniel Gordon, direttore della VeryMuchSo Productions e da Nick Bonner i quali, dal 20 al 30 ottobre 2001, furono i primi giornalisti occidentali a ottenere il permesso di intervistare in Corea del Nord sette degli undici giocatori della nazionale di calcio del 1966, tra cui lo stesso Pak Doo Ik, che secondo una leggenda tutta italiana, sarebbe stato un dentista quando, in realtà, era un caporale dell'Esercito del Popolo promosso poi sergente per terminare la sua carriera come allenatore di ginnastica. *La partita della loro vita*, questo il titolo del cortometraggio, narrava la storia del leggendario team e dei suoi protagonisti, molti dei quali furono a lungo impegnati nel mondo calcistico dopo il mondiale del 1966. L'unica agevolazione garantita dalla fama acquisita fu l'assegnazione di un piccolo appartamento a Pyongyang. Per loro, però, nessun Gulag.

La passione europea per il calcio fece da catalizzatore per le redazioni degli organi di stampa di tutto il mondo e funse, per molto tempo come uno degli appigli per esporre analisi critiche verso la Corea del Nord. Nel 2010 si sparse la notizia che i media di stato nordcoreani avevano pubblicato e trasmesso articoli e trasmissioni in cui si assicurava il popolo che la nazionale di calcio aveva vinto il campionato del mondo di calcio. Stessa cosa accadde nel 2014, quando un video che mostrava come la televisione di stato avrebbe trasmesso partite e risultati falsificati per incoronare la «Corea del Nord campione del mondo» circolò in modo virale per la rete. In entrambe i casi, però, i nordcoreani erano perfettamente al corrente dei risultati. E in tempo reale. Nel 2010 avevano seguito in differita la partita persa con il Brasile per 2 a 1; in diretta l'intero match con il Portogallo, perso con un umiliante 7 a 0 e, ancora in differita, con la Costa d'Avorio (persa anche quella per 3 a 0). Nel 2014 tutti gli appassionati di calcio del Paese erano al corrente che la nazionale non si era qualificata per le fasi finali. La notizia era stata data dalla stessa televisione di stato nel corso delle eliminatorie. Nonostante questo, su diversi siti online e in diversi giornali, nonché trasmissioni radiotelevisive, articoli e commentatori ricordavano quando isolato fosse il Paese asiatico dal resto del mondo citando, per l'appunto, la supposta sceneggiata orchestrata dal regime per far credere al proprio popolo che la nazionale di calcio era la più forte al mondo. A nulla era servito l'annuncio dell'accordo, fatto ben prima dei mondiali del 2014, della Asia-Pacific Broadcasting Union, secondo cui la compagnia televisiva sudcoreana aveva stipulato un'intesa con la KCtv ('Korean Central Television', la tv di Stato nordcoreana) per trasmettere le partite del torneo calcistico. Non furono probabilmente neppure guardati i numerosi reportage mandati in onda dalle televisioni sudcoreane registrati per le strade di Pyongyang che mostravano decine di persone in piazza davanti a maxischermi mentre guardavano le partite e complete di interviste che indicavano chiaramente che chiunque in Nord Corea era a conoscenza che la propria nazionale, a differenza di quella sudcoreana, non partecipava al campionato mondiale.

Annunci di team sportivi mandati nei campi di rieducazione o addirittura fucilati al loro rientro in patria dopo prestazioni deludenti se ne pubblicarono a iosa. Uno tra questi avrebbe comunicato che la squadra di calcio della Corea del Nord Under-23, reduce dalla sconfitta nella finale del 2 ottobre ai XVII Giochi Asiatici 2014 contro la Corea del Sud, sarebbe stata, a seconda delle varie testate, incarcerata, inviata nei campi di rieducazione o addirittura fucilata all'istante. Quasi tutte le testate giornalistiche nazionali, comprese radio e televisioni pubblicarono anche con titoli di apertura, la notizia citando come fonte primaria nientemeno che il «Rodong Sinmun», il giornale del Partito dei Lavoratori di Corea. Secondo questi resoconti i giocatori dopo aver disputato la partita, all'uscita dallo stadio «sarebbero stati immediatamente scortati fino a un bus in attesa, e trasferiti in una prigione di massima sicurezza» per essere giustiziati. L'esecuzione capitale dei giocatori «è stata pienamente sostenuta» dalla redazione stessa del «Rodong Sinmun» e Kim Jong Un «intendeva giustiziare in pubblico» i calciatori nordcoreani per dare una lezione esemplare al popolo. Dulcis in fundo si citava ancora un'ipotetica indagine compiuta dalla FIFA nel 2010 sulla sorte dei giocatori della nazionale nordcoreana, i quali «erano stati gravemente torturati dopo aver perso tutte e tre le partite della Coppa del Mondo». Naturalmente nessuna di queste notizie così accuratamente esposte trovò conferma. Se almeno una delle redazioni che pubblicarono gli articoli si fosse assunta l'impegno di controllare la fonte con più attenzione, si sarebbero accorte in pochi istanti che il giornale da cui era stata ripresa, il «National Report», stampato negli Stati Uniti, era un giornale satirico, che riportava notizie volutamente false e ironicamente esagerate, non solo sulla Corea del Nord, ma anche su argomenti più disparati. Restando nel campo della Corea del Nord, sul giornale si potevano leggere articoli dai titoli quantomeno stravaganti, come «Il leader nord coreano Kim Jong Un sarebbe stato rapito dall'ISIS» o «Kim Jong Un ha obbligato i nordcoreani ad accorciarsi il pene». Ma, anche senza fare tanta fatica di spulciare gli articoli del sito, la notizia avrebbe dovuto già sollecitare i dubbi delle redazioni italiane per il solo fatto che si affermava che la partita di calcio tra le due Coree sarebbe stata disputata in casa nordcoreana (notizia riportata da tutti i siti senza, evidentemente, verificare l'attendibilità). In realtà la finale dei Giochi Asiatici del 2014 fu disputata non a Pyongyang, ma allo stadio Munhak di Incheon, in Sud Corea. Impossibile, dunque che i giocatori siano stati trasferiti direttamente dallo stadio a una prigione di massima sicurezza nordcoreana.

5. I diciotto tagli di capelli

La disinformazione sulla Corea del Nord passava anche attraverso le imposizioni sociali. Nel marzo 2015 Radio Free Asia trasmise la notizia secondo cui il Partito dei Lavoratori Coreano avrebbe emanato una raccomandazione a tutti gli studenti universitari del Paese affinché tagliassero i loro capelli sullo stile adottato da Kim Jong Un. Citando come fonte un anonimo contatto della provincia dell'Hamgyong Settentrionale, al confine con la Cina, l'articolo affermava che «molti studenti sono contrariati per la direttiva» e che il taglio di capelli di Kim Jong Un «è unico nel suo genere, ma non sempre si adatta alla fisionomia e alla forma di alcuni volti». La direttiva, sempre secondo quanto affermato da Radio Free Asia, non era scritta, bensì solo orale; un espediente per ritirare la raccomandazione nel caso le critiche dei giovani studenti si fossero mostrate troppo insistenti.

Naturalmente, come spesso accade per notizie di costume e gossip, anche in questo caso il comunicato venne immediatamente ripreso da tutte le principali testate internazionali, stravolgendo la notizia e infarcendola di particolari che RFA non aveva pubblicato. Furono, ad esempio, in molti coloro che, interpretando allegramente la fonte principale, imputarono allo stesso Kim Jong Un l'obbligo di imitare la sua acconciatura.

In realtà, l'articolo di RFA non parlava di legge ma di «raccomandazione» (ed anche in Corea del Nord una raccomandazione non è un'imposizione), mentre Kim Jong Un era completamente estraneo alla sua approvazione, visto che la sollecitazione proveniva da un dipartimento del partito e non dal Comitato Centrale e tantomeno dal governo nordcoreano. Inoltre, dulcis in fundo, l'esortazione era stata fatta solo agli studenti universitari e non a tutti i cittadini della Corea del Nord, come, invece, veniva indicato nella maggioranza degli articoli.

Nel 2005 sotto la guida di Kim Jong Il, padre dell'attuale leader, lo Stato nordcoreano aveva lanciato una capillare propaganda mediatica invitando i cittadini a mantenere un taglio di capelli consono allo stile di vita e alla morale socialista. In un articolo, il giornale «Minju Choson» citava che il taglio di capelli «è una questione molto importante che mostra gli standard culturali, mentali e morali dello Stato», mentre il «Nodong Sinmun» scriveva che «il popolo che indossa abiti e accetta mode che provengono da altre culture si corromperà e la nazione andrà in rovina». Servizi televisivi mostravano giovani che, seguendo la moda occidentale, si lasciavano crescere i capelli criticandone il comportamento antisocialista evidenziando gli aspetti negativi di tale condotta e anteponendo ad essi esempi di cittadini con tagli di capelli indicati come più attinenti allo stile del *Juche*. Nonostante la campagna del 2005 sia stata approvata dal partito, non vi fu alcuna evidenza che in Corea del Nord siano stati compiuti arresti o commutate pene a chi non si atteneva ai suggerimenti.

Per cavalcare l'onda dell'interesse suscitato dall'articolo sul taglio dei capelli, si inserì un'altra notizia sul medesimo argomento: testate nazionali pubblicarono l'improbabile annuncio emesso il governo nordcoreano che le donne della nazione avevano a disposizione solo 18 tagli di capelli tra cui scegliere nei negozi di parrucchiere. Numerosi articoli altisonanti indicavano che «I nord coreani? Per legge dovranno tagliarsi i capelli come Kim Jong Un – La nuova legge approvata dal regime. E le donne possono scegliere soltanto tra diciotto acconciature "legali"» oppure «Kim Jong Un impone un suo taglio di capelli – Nordcoreani costretti a rasatura ai lati e ciuffo sparato» per finire con il più lapidario «Nord Corea, Kim Jong-Un impone anche il taglio dei capelli: il suo». Nei testi degli articoli si veniva a sapere che «tutti gli uomini della Corea del Nord dovranno avere lo stesso taglio di capelli, ossia quello del "Caro leader" Kim Jong-Un. La decisione è stata annunciata circa due settimane fa dal governo per la sola capitale Pyongyang, ma la norma è ormai valida in tutto il Paese, stando a quanto riferito da media sudcoreani». In realtà, la leggenda metropolitana dei diciotto tagli di capelli risaliva a ben prima della notizia pubblicata da RFA: fu messa in circolazione da alcuni siti che avevano ripreso fotografie scattate da alcuni turisti in visita in Corea del Nord in cui si mostravano dei cartelloni posti sulle vetrine di alcuni negozi di acconciatura che ritraevano modelli di tagli. Modelli di tagli, nessuna «legge approvata dal regime» né alcuna «decisione [...] annunciata circa due settimane fa dal governo per la sola capitale Pyongyang [...] valida in tutto il Paese». I nordcoreani, uomini o donne che siano, ancora oggi possono andare dal loro parrucchiere di fiducia e chiedere il taglio più alla moda. Oltre le «diciotto acconciature "legali"».

6. Reportage astronomici dalla Corea del Nord

Infine notizie "alterate" sulla Corea del Nord provenivano anche da "esperti inviati speciali" dei maggiori quotidiani nazionali. Uno di questi giornalisti descrivendo un viaggio da lui compiuto nel Paese nel 2007 affermava di aver visto «I mega-monumenti alla gloria dei tre monarchi del regime (i tre Kim che si sono succeduti dinasticamente), di dimensioni tali che potrebbero essere visibili dalla Luna».

Una descrizione alquanto singolare dato che le statue in Corea del Nord vengono dedicate solo dopo la morte del soggetto, specie se leader. Nel 2007, all'epoca del viaggio del giornalista, sulla collina Mansudae di Pyongyang c'era solo una statua, quella di Kim Il Sung. La seconda, quella di Kim Jong Il (morto nel 2011), fu aggiunta solo nel 2012, cinque anni dopo la redazione dell'articolo, mentre ancora oggi non c'è alcuna mega-monumento dedicato a Kim Jong Un, l'attuale leader del Paese, dato che è ancora in vita.

L'esperto inviato, inoltre, avrebbe fatto bene ad attenersi un po' meno alle leggende metropolitane e un po' più alla scienza (una sbirciatina al sito Nasa ogni tanto non avrebbe fatto male) quando affermava che le statue si sarebbero potute vedere anche dalla Luna. Neppure la Muraglia Cinese può essere scorta dal nostro satellite, figuriamoci statue, per di più non ancora costruite...

Nel reportage risultava particolarmente suggestiva l'immagine del contadino "patriota" che rincorreva il prode inviato speciale con il forcone per difendere la patria da un'ipotetica avanguardia di attacco statunitense. In realtà la «paranoia diffusa per la propaganda martellante sull'aggressione imminente da parte della Corea del Sud e del suo alleato americano», come si legge nello stesso articolo, era già scomparsa da anni all'atto del viaggio in questione. Gli organi di informazione statali, consci che quasi tutte le famiglia nordcoreane possedevano, seppur clandestinamente, una radio che avrebbe potuto captare programmi cinesi, avevano già smesso di descrivere il Paese confinante come una nazione affamata e sottosviluppata. La maggior parte dei cittadini del Nord già nel 2007 sapeva che la vita in Corea del Sud non era così disagiata. I dvd delle soap opera sudcoreane, in vendita nei mercatini privati presenti in quasi tutti i distretti, spopolavano e la sera tenevano i nordcoreani incollati agli schermi dei televisori di importazione cinese.

Inoltre sarebbe stato impossibile che un cittadino nordcoreano cercasse di attentare alla vita di un ospite straniero: ogni visitatore che si inoltri nel Paese è attentamente sorvegliato dalla guida che, obbligatoriamente, deve avere; e dato che questa è responsabile di tutto quel che accade durante il viaggio, nulla dovrà mai accadere all'ospite se non espressamente ordinato dall'alto.

Anni più tardi, lo stesso inviato, da Singapore, raccontandoci il «vertice inaudito» (così definiva il summit tra Donald Trump e Kim Jong Un tenutosi il 12 giugno 2018) e storpiando il nome di Kim Jong Un in «Kim Ion Un», svelava che «solo oggi (12 giugno, nda) i notiziari di stato e tv hanno rivelato ciò che sta accadendo» ai nordcoreani. Secondo l'esperto asiatico «fino a ieri (i nordcoerani, nda) erano all'oscuro di tutto» e non sapevano neppure che Kim «era venuto qui a Singapore per incontrare il Presidente degli Usa».

Eppure sarebbe bastato fare una veloce verifica su un mezzo avveniristico e fantascientifico come internet per sapere che, in realtà, già lunedì 11 giugno i giornali, la tv di stato e gli schermi per le strade di Pyongyang seguivano il viaggio di Kim a Singapore. Lunedì il «Rodong Sinmun», il giornale del Comitato Centrale del Partito dei Lavoratori, affisso in tutte le stazioni della metropolitana della capitale, usciva con la prima pagina dedicata al viaggio di Kim (due intere pagine, sedici fotografie), mentre la tv mostrava Kim accolto dal primo ministro di Singapore Lee Hsien Loong. Martedì 12 giugno, lo stesso «Rodong Sinmun», sempre in prima pagina, raccontava il tour notturno di Kim a Singapore con i ministri degli Esteri e della Pubblica Istruzione della città stato (una pagina, quattrodici foto). Infine, il 13 giugno il giornale del Partito dei Lavoratori dedicava quattro pagine e trentatré foto al summit, pubblicando integralmente anche la dichiarazione finale.

Sarebbe bastato analizzare un po' più dettagliatamente la nazione e la classe dirigente del Paese che si andava a illustrare per capire che la situazione nella regione era un po' più articolata di quanto invece è stata descritta.

Parlare della Corea del Nord richiede attenzione.

Tensioni nucleari

Tutte queste notizie, vere, parzialmente vere, false, parzialmente false, non facilitavano la comprensione e l'analisi della vicenda nucleare. Pochi furono coloro che riuscirono a capire veramente le pieghe che andava assumendo la vicenda e il suo reale contenuto. Come già scritto, nella penisola coreana non vi fu mai il pericolo di una guerra nucleare, tantomeno di una Terza Guerra Mondiale. Le manovre in questo campo, in particolare sotto la guida di Kim Jong Un avevano ben altri scopi, già descritti nei capitoli precedenti, ma che andremo ad approfondire ancor più in seguito.

1. L'inizio del programma nucleare nordcoreano

Il programma nucleare nordcoreano fu concepito da Kim Il Sung poco dopo la fine della guerra di Corea. Gli Stati Uniti avevano più volte minacciato l'uso di ordigni nucleari a nord del 38° parallelo e gli stessi generali McArtur e Ridgeway richiesero l'invio in Corea del Sud di bombe da poter utilizzare nel caso il conflitto si fosse allargato nella regione. Gli ordigni non vennero impiegati, ma fino agli anni Settanta gli Usa mantennero un migliaio di bombe nucleari in territorio sudcoreano.

A differenza dei sovietici, che si ritirarono subito dopo la fondazione della Repubblica Popolare Democratica di Corea, nel 1945, gli statunitensi rimasero in Corea del Sud con un contingente ben nutrito e armato. Nel 1958 anche le truppe cinesi lasciarono il territorio a nord del 38° parallelo affidando unicamente a Kim Il Sung il compito di difendere se stesso e il proprio Paese. La crisi dei missili cubana del 1961, che Kim interpretò come un tradimento di Krusciov verso Fidel Castro, fu vista come la conferma che la Corea del Nord non avrebbe potuto contare su alcun aiuto da parte di Mosca o Pechino in caso di bisogno. Per sopravvivere il Grande Leader si rivolse alla militarizzazione e allo sviluppo economico (oltre che alle purghe), sviluppando l'idea dell'autodeterminazione e dell'affidarsi alle proprie forze: il *Juche*. L'idea, oltre che a comprendere i campi dell'economia, dell'indipendenza politica e ideologica, includeva anche l'autodifesa contemplando la possibilità di costruire un apparato militare sufficientemente forte da poter far fronte a un eventuale attacco da sud.

Nel dicembre 1952 Kim Il Sung fondò l'Istituto di Ricerca per l'Energia Atomica all'interno dell'Accademia delle Scienze che venne poi spostato a Yongbyon nel 1964. Nel 1980 venne costruito il Laboratorio di Radioisotopi e sette anni più tardi la sede dell'Istituto tornò a Pyongyang, mentre a Wonsan, sulla costa orientale che si affaccia sul Mar del Giappone, fu inaugurato l'Istituto per la Protezione Radiologica.

Nel febbraio 1956, a seguito dell'accordo siglato con l'Unione Sovietica, venne fondato l'Istituto Congiunto per la Ricerca Nucleare, grazie al quale la Corea del Nord iniziò a mandare propri scienziati nucleari a formarsi presso i centri di ricerca e le università sovietiche. Tre anni dopo, un secondo accordo impegnò Mosca a collaborare con Pyongyang per lo sviluppo di un programma nucleare esclusivamente a scopo pacifico. La costruzione del sito nucleare iniziò a Yongbyon, a nord del Paese, nel 1961 sotto la supervisione del fisico nucleare russo Vladislav Kotlav. Nel 1964, con una spesa totale di cinquecento milioni di dollari, l'impianto venne completato. L'anno seguente fu installato un reattore sovietico IRT-2000 da 2 MWth. Progettato principalmente scopo di ricerca, il reattore, che utilizzava acqua leggera come moderatore e come refrigerante, venne poi potenziato a 4 MWth nel 1974 e a 8 MWth alla fine degli anni Ottanta. Mancando di impianti di arricchimento di uranio, fino al 1973 le barre di combustibile erano fornite direttamente dall'Urss; questa dipendenza era un modo garbato dei sovietici per tenere a bada l'alleato, in particolare in funzione anticinese.

Per diversi anni l'IRT-2000 venne utilizzato principalmente per produrre radioisotopi e per addestrare personale tecnico e scientifico nordcoreano.

Al fine di tagliare il cordone ombelicale che lo teneva troppo legato a Mosca, nel 1965 Kim Il Sung chiese a Mao Zedong, che l'anno precedente aveva fatto esplodere la sua prima bomba nucleare, di aprire una collaborazione per permettere alla Corea del Nord di possedere anche lei il deterrente atomico. Mao rifiutò: la Corea del Nord non era una nazione affidabile nell'ottica cinese. Inoltre il grande timoniere non aveva molta simpatia per Kim Il Sung e la sua stessa considerazione per il Grande Leader era crollata dopo il fallimento della guerra e la morte del figlio e successore designato, Mao Anying (1922-1950).

L'attenzione di Pyongyang verso Pechino non passò inosservata a Mosca la quale, sempre più inquietata dall'indipendenza richiesta dall'alleato coreano e al tempo stesso allarmata dalla sorprendente capacità di sviluppo autonomo acquisita dai ricercatori nordcoreani, nel luglio 1977 chiese e ottenne che il reattore di Yongbyon fosse posto sotto il controllo dell'Agenzia Internazionale per l'Energia Atomica (IAEA, International Atomic Energy Agency). La preoccupata attenzione sovietica verso la Corea del Nord fu ancor più evidente nel 1985 quando, nel dicembre di quell'anno, "consigliò" l'alleato di aderire al Trattato di Non Proliferazione Nucleare offrendo in cambio l'assistenza per la costruzione di quattro reattori LWR ('Light Water Reactor', 'Reattore ad acqua leggera').

2. *Indipendenza nucleare*

Respinta da Pechino, guardata con diffidenza da Mosca, preoccupata dalle notizie inviate dagli agenti segreti di stanza a Seoul secondo cui la Corea del Sud aveva iniziato a sviluppare un programma nucleare nazionale, Pyongyang si convinse sempre più della necessità di dotarsi di un arsenale nucleare esclusivamente a scopo di deterrenza e di difesa.

Kim iniziò così a finanziare la costruzione di un impianto di riprocessamento per separare plutonio e uranio dal combustibile spento. Se fosse stato possibile utilizzare l'uranio come nuovo combustibile nel reattore, il plutonio sarebbe potuto servire per la costruzione di un ordigno nucleare, così da poter contrastare l'escalation atomica di Seoul che, sulla base dei rapporti che pervenivano dal Sud, alla fine del decennio avrebbe ottenuto plutonio sufficiente per la preparazione di 23-28 bombe nucleari da venti chilotoni.

Agli inizi degli anni Ottanta la Corea del Nord era già riuscita a costruire un impianto per fabbricare autonomamente le barre di combustibile rendendosi così indipendente dall'Unione Sovietica nell'approvvigionamento dell'uranio arricchito.

Nel 1986 terminò la costruzione del primo impianto nucleare dotandolo di un reattore moderato a grafite da 5 MWe raffreddato ad anidride carbonica (CO_2). Sia grafite che uranio erano reperibili nella stessa Corea del Nord, mentre la CO_2 si poteva produrre con facilità in molti degli impianti chimici presenti nel Paese. Pyongyang rassicurò l'IAEA che la nuova centrale sarebbe stata utilizzata esclusivamente per produrre energia elettrica, di cui la nazione aveva estremo bisogno per alimentare la propria economia che cominciava a dare segni di stanchezza. In effetti, anche se durante la costruzione dell'impianto i centri di ricerca cominciarono a fare esperimenti con esplosivo ad alto potenziale che avrebbe potuto essere utilizzato come detonatore per una bomba atomica, l'intenzione della leadership coreana, almeno sino alla metà del primo decennio del XXI secolo, era quella di anteporre il nucleare civile a quello militare.

Appena conclusi i lavori di realizzazione del reattore da 5 MWe, venne dato inizio, sempre a Yongbyon, all'edificazione di un nuovo impianto da 50 MWe e tre anni più tardi di una terza centrale, questa volta da 200 MWe a Taechon, una trentina di chilometri a nord di Yongbyon. Entrambe i reattori erano simili ai modelli francesi G-2 per la produzione di plutonio, anch'essi raffreddati a CO_2 e moderati a grafite. Secondo i disegni degli scienziati nordcoreani, il reattore da 50 MWe sarebbe stato in grado di produrre cinquantacinque chilogrammi di plutonio all'anno a pieno regime, quello di Taechon, invece, ne avrebbe prodotti duecentoventi. Fu in questo periodo che gli Stati Uniti cominciarono a percepire la Corea del Nord come un possibile pericolo per la sicurezza nazionale. Gli Usa riuscirono comunque ad allontanare, almeno temporaneamente, la minaccia nel 1994, quando con la Corea firmarono l'Accordo d'Intesa che avrebbe dovuto segnare il primo di uno dei tanti concordati firmati tra le due potenze, e mai portati a termine.

Il crollo dell'Urss nel 1991 sembrò porre fine all'escalation nucleare nordcoreana: Mosca, infatti, dichiarò terminata ogni collaborazione con Pyongyang vietando ogni forma di aiuto, sia tecnologico che teorico, riguardante gli aspetti del nucleare.

Nel settembre dello stesso anno il Presidente Usa George Bush Senior dichiarò che la sua nazione avrebbe trasferito tutto l'arsenale nucleare presente in Corea del Sud negli Stati Uniti entro la fine dell'anno e il 18 dicembre il Presidente sudcoreano Roh Tae Woo proclamò che il Paese era finalmente libero da armi nucleari.

Pyongyang, parzialmente tranquillizzata nella sua sicurezza, firmò con Seoul la Dichiarazione Congiunta per la Denuclearizzazione della Penisola Coreana in cui si accettava di non sviluppare alcun programma nucleare né di custodire armi atomiche, seguita, il 30 gennaio 1992 dall'accordo con l'IAEA che consentiva agli ispettori dell'agenzia atomica internazionale di effettuare ispezioni nei siti nucleari. Le sei ispezioni, iniziate in aprile e durate fino al febbraio 1993, portarono alla conclusione che i nordcoreani avevano estratto più dei novanta grammi di plutonio da loro dichiarato; si appurò inoltre che il reattore da 5 MWe era stato fermato non una, ma tre volte tra il 1989 e il 1991, permettendo così ai tecnici nordcoreani di processare molto più combustibile nucleare di quanto si fosse pensato.

Lo scontro con l'IAEA portò la Corea del Nord di annunciare l'intenzione di ritirarsi dal Trattato di Non Proliferazione Nucleare il 12 marzo 1993.

Il 14 maggio 1994 i tecnici nordcoreani, approfittando della fermata del reattore, iniziarono a estrarre il 60% delle barre di combustibile esausto mantenendole nella piscina di stoccaggio. L'azione, fatta senza la sorveglianza dell'IAEA, portò a una nuova crisi: la rimozione delle barre e il loro successivo trattamento, avrebbe permesso a Pyongyang di ottenere plutonio per il proprio programma nucleare.

In luglio la ripresa di nuovi colloqui con gli Stati Uniti indusse la Corea del Nord a rivedere la propria decisione di ritirarsi dal Trattato di Non Proliferazione.

3. L'arrivo di Kim Jong Il

La morte di Kim Il Sung, avvenuta nel 1994, portò a una temporanea interruzione delle trattative che vennero riaperte poco dopo portando alla firma di un Accordo d'Intesa nel mese di ottobre. In base al patto stipulato, Kim Jong Il, nuovo leader del Paese, oltre a interrompere il programma nucleare fermando il reattore da 5 MWe, il laboratorio radiochimico, l'impianto di fabbricazione di arricchimento, avrebbe inviato le barre di combustibile esausto estratto in maggio in un Paese terzo. Ispettori dell'IAEA sarebbero stati presenti permanentemente a Yongbyon per sigillare gli impianti e per controllare che Pyongyang rispettasse gli accordi, mentre esperti statunitensi avrebbero seguito passo passo le fasi di piombatura delle barre in contenitori di acciaio inossidabile. In cambio la Corea del Nord avrebbe ricevuto consistenti aiuti alimentari e cinquecentomila tonnellate di petrolio all'anno fino al 2003. Nel frattempo Stati Uniti, Sud Corea e Giappone formarono il KEDO (Korean Peninsula Energy Development Organization) per la costruzione di nuovi reattori LWR ('Light Water Reactor', 'Reattore ad Acqua Leggera') che avrebbero permesso di sostituire la centrale di Yongbyon una volta definitivamente spenta.

L'ascesa di Geroge Herbert Walker Bush alla Casa Bianca, avvenuta nel 2001, rivoluzionò i rapporti con Pyongyang. I termini dell'accordo del 1994 vennero stravolti dagli Stati Uniti e l'anno seguente la Corea del Nord venne inserita nella lista nera delle nazioni incluse nell'«Asse del male» o degli «Stati canaglia». Si inaugurava così una politica di scontro con Pyongyang, nonostante Kim Jong Il si fosse dimostrato più volte disponibile ad aperture e ad accettare parte delle richieste statunitensi.

La situazione divenne critica quando, nell'estate 2002, venne rivelato che il fisico Abdul Qadeer Khan, padre della bomba nucleare pakistana, aveva venduto negli anni Novanta alla Corea del Nord duemila centrifughe per l'arricchimento dell'uranio. In realtà Khan all'inizio agì sotto il comando dell'allora primo ministro Benazir Bhutto la quale, durante una visita di stato effettuata nel 1990, concluse accordi con Pyongyang accettando di rivelare informazioni sul processo di arricchimento dell'uranio e inviare assistenza tecnica ricevendo in cambio la sofisticata tecnologia missilistica nordcoreana. Solo in seguito il fisico pakistano, che nel frattempo aveva fondato una propria azienda per la vendita e assistenza di materiale nucleare, cominciò ad agire per conto proprio lucrando milioni di dollari sul business dell'atomo. Con Pyongyang, Khan raggiunse un accordo per la vendita di centrifughe per l'arricchimento dell'uranio.

L'uranio naturale, estratto dalle miniere, è formato per il 99,3% dall'isotopo 238 (U-238 o ^{238}U, uranio il cui nucleo contiene 92 protoni e

146 neutroni) mentre il restante 0,7% è uranio-235 (uranio con 92 protoni e 143 neutroni). Dato che la fissione dell'uranio-238 non dà luogo a una reazione a catena, il combustibile utilizzato nelle centrali nucleari è una miscela in cui l'uranio-235 è arricchito sino a una concentrazione del 3-5%. Il processo di arricchimento, il cui primo passo consiste nel gassificare il minerale con fluoro per formare esafluoruro di uranio (UF_6) consiste nel pompare il gas nelle centrifughe che separano l'uranio-235, più leggero, dall'uranio-238 che, essendo più pesante, si concentra verso le pareti della centrifuga. Per raggiungere la percentuale voluta di uranio-235, il ciclo di centrifugazione viene ripetuto diverse volte. Nel caso di una centrale nucleare utilizzata a scopo civile sarebbe stata sufficiente una concentrazione del 3-5% di uranio-235, ma reiterando le fasi di arricchimento più volte sarebbe stato possibile ottenere una concentrazione sempre superiore dell'isotopo 235 sino a poter disporre del cosiddetto uranio altamente arricchito (HEU; 'Highly enriched uranium'), uranio in cui la percentuale di ^{235}U è maggiore del 20%.

Fu proprio la conferma che la Corea del Nord utilizzava le centrifughe comprate dal Pakistan per ottenere materiale fissile con una percentuale di uranio-235 maggiore dell'85%, che fece sussultare i generali statunitensi dalle loro scrivanie. Washington avrebbe potuto tollerare che Pyongyang avesse illegalmente acquistato impianti al fine di ottenere uranio a bassa concentrazione, il cosiddetto LEU, 'Low enriched uranium, per alimentare il reattore di Yongbyon, ma non avrebbe mai accettato che i laboratori di Yongbyon lavorassero per produrre uranio a una percentuale tale da poter essere utilizzato come materiale fissile per la costruzione di una bomba nucleare.

Una serie di colloqui tra delegazioni di alto livello, durante i quali i nordcoreani ammisero di avere un programma per produrre armi nucleari, portarono alla definitiva rottura di ogni possibile negoziato. A seguito del ritiro di Washington dal KEDO e l'interruzione del programma di aiuti, compreso l'invio di petrolio, la Corea del Nord annunciò prima la riaccensione di Yongbyon e, il 27 dicembre 2002, l'espulsione di tutti i tecnici dell'IAEA e statunitensi che erano presenti a Yongbyon dal 1994, nonché il definitivo ritiro del Paese dal Trattato di Non Proliferazione Nucleare il 10 gennaio 2003.

Era l'inizio dell'escalation che culminerà con il test termonucleare del 3 settembre 2017.

Un mese dopo l'abbandono del Tratto di Non Proliferazione, il reattore di Yongbyon venne riacceso e le ottomila barre di combustibile spento custodite nella piscina di stoccaggio vennero inviate al laboratorio di radiochimica per estrarre plutonio.

Nell'aprile 2003, in un estremo tentativo di ristabilire i contatti e il dialogo, iniziarono i Colloqui a Sei tra Cina, Russia, Sud Corea, Giappone, Usa e Corea del Nord. Scopo degli incontri era quello di implementare l'Accordo d'Intesa del 1994 e risolvere il nodo nucleare, sbloccando l'impasse creatasi. Per cinque anni, fino al 2008 si tennero riunioni che, oltre a radunare attorno allo stesso tavolo le delegazioni delle sei nazioni interessate, intervallarono anche meeting bilaterali, trilaterali, quadrilaterali, senza però che si giungesse a risultati significativi. L'ultimo convegno venne tenuto nel dicembre 2008: da allora gli attori della denuclearizzazione non si incontrarono più contemporaneamente in una stessa stanza.

Nell'aprile 2005 il reattore da 5 MWe venne spento e le ottomila barre di combustibile vennero estratte quindi riempito con nuovo combustibile e riacceso nel luglio 2005.

Nei due anni di operatività la centrale di Yongbyon avrebbe potuto produrre una quantità di plutonio sufficiente per la preparazione di due o tre bombe nucleari.

4. Prime bombe

Il 9 ottobre 2006, alle 10.35 del mattino, Kim Jong Il fece esplodere la prima bomba nucleare. Nonostante il test non fu coronato da pieno successo (l'esplosione venne calcolata in 0,7 chilotoni contro i quattro previsti), Giappone, Corea del Sud e Stati Uniti, furono scossi dalla notizia che la Corea del Nord avesse avuto il coraggio di lanciare il guanto di sfida.

Colta di sorpresa, l'amministrazione Bush aprì immediatamente colloqui con Pyongyang affinché interrompesse la corsa atomica. Con la promessa di veder depennata la nazione dalla lista degli stati sponsor del terrorismo, Kim accettò le ispezioni dei tecnici IAEA tra il 14 e il 18 luglio 2007 chiudendo e sigillando gli impianti nucleari numero 1 e 2, il laboratorio di radiochimica, l'impianto di produzione di combustibile nucleare e l'impianto nucleare di Taechon. Nel giugno 2008, nel tentativo di dare un segnale di apertura verso Washington, venne distrutta la torre di raffreddamento dell'impianto nucleare di Yongbyon.

La politica del bastone e della carota che contraddistinse la fumosa e ambigua linea tenuta dagli Stati Uniti durante tutti gli anni della crisi, si affacciò di nuovo nell'agosto del 2008, quando Bush pose ulteriori richieste come condizione necessaria per continuare il dialogo. L'improvvisa crisi cardiaca di Kim Jong Il aggravò la situazione regionale mentre la riaccensione dell'impianto di Yongbyon riacutizzò le tensioni.

Le elezioni presidenziali del 2008 e l'avvento dell'amministrazione Obama fecero sperare in un cambiamento nell'atteggiamento verso la politica nordcoreana, ma il lancio (fallito) del satellite spaziale *Kwangmyŏngsŏng*-2 avvenuto il 5 aprile 2009 cui seguirono nuove sanzioni da parte del Consiglio di Sicurezza dell'Onu, allontanò ogni speranza di dialogo.

Dopo aver espulso di nuovo i tecnici dell'IAEA, il 25 maggio 2009 a Punggye-ri la Corea del Nord fece scoppiare la sua seconda bomba nucleare. Questa volta il test fu coronato da successo: il terremoto di magnitudo 4.7 della scala Richter registrato dai sismografi indicò che la potenza dell'esplosione poteva essere stimata tra i quattro e i sette chilotoni.

Nel marzo 2010 venne annunciato l'inizio della costruzione di un nuovo reattore sperimentale LWR a Yongbyon da 25-30 MWe. I lavori, assieme a un impianto di arricchimento di uranio e duemila centrifughe P-2 acquistate dal Pakistan, vennero mostrati a una delegazione di fisici statunitensi in visita a Yongbyon nel novembre 2010.

5. Kim Jong Un e il nucleare come merce di scambio

La morte improvvisa di Kim Jong Il, avvenuta nel dicembre 2011, portò al potere il figlio Kim Jong Un.

L'incognita della nuova leadership lasciò l'amministrazione Obama incerta sull'atteggiamento da tenere. Il 29 febbraio 2012 venne comunque raggiunto un accordo in cui Pyongyang accettava di sospendere i propri programma missilistici e nucleari e Washington, da parte sua, garantiva alla controparte aiuti alimentari per duecentoquarantamila tonnellate.

L'intesa di febbraio non venne mai messa in atto perché, a seguito del lancio (anche questo fallito) del 12 aprile 2012 del satellite *Kwangmyŏng-sŏng-3*, gli Stati Uniti interruppero ogni forma di aiuto.

Troppo tardi ci si accorse dell'occasione perduta nel 2010, quando Pyongyang aprì i propri impianti nucleari alla comunità mostrando le sue intenzioni di dialogo. La poca quantità di plutonio sino ad allora estratta non sarebbe mai stata sufficiente per trasformare il Paese in una potenza in grado di impensierire gli Stati Uniti. Inoltre il programma missilistico era ancora nelle sue fasi iniziali. Il Pentagono fece dei gravi errori di valutazione sulle capacità di sviluppo nei due campi da parte dei militari nordcoreani.

Dal 2010 e in maniera più determinata, dal 2011 con l'avvento al potere di Kim Jong Un, il programma nucleare e missilistico cominciarono ad essere sviluppati in modo parallelo. L'intento della Corea del Nord era quello di impensierire gli Stati Uniti così da indurli ad aprire trattative che avrebbero portato alla firma di un trattato di pace che sostituisse l'armistizio del 1953. Per questo non era sufficiente possedere una bomba atomica, ma occorreva raggiungere altri due risultati: avere un vettore capace di raggiungere il territorio statunitense e al tempo stesso produrre una bomba sufficientemente leggera, ma altrettanto potente, da poter essere trasportata nell'ogiva missilistica senza diminuire il raggio di azione del razzo. Il raggio di azione di un missile balistico era calibrato per una carica supplementare massima di mille chilogrammi: più aumentava il peso della carica, più si accorciava il raggio d'azione. Una bomba nucleare tradizionale, sul tipo di quelle lanciate su Hiroshima o Nagasaki nel 1945, superava le quattro tonnellate di peso che si riducevano a due con gli ultimi sviluppi di ricerca. Era, dunque, necessario alleggerire e diminuire la massa degli ordigni. Solo in seguito Kim Jong Un aggiungerà, come obiettivo interno per il successo del programma nucleare, la sostituzione della sua politica del *byungjin* al posto di quella del *songun* e l'allontanamento dei militari dal centro di potere.

Il 12 febbraio 2013 il terzo test nucleare, il primo dell'era Kim Jong Un, confermò che la nuova leadership avrebbe continuato con più determinazione della precedente sulla strada dello sviluppo atomico. Questa volta l'evento sismico di potenza 5.1 stimò l'energia dell'ordigno tra i quattordici e i diciassette chilotoni, circa tre volte la potenza del precedente test del 25 maggio 2009. L'agenzia di stampa di stato

KCNA annunciò che con questo test la Corea del Nord aveva raggiunto con successo la tecnologia per miniaturizzare una bomba nucleare così da poter essere trasportata su un missile balistico.

Il 2 aprile 2013 Pyongyang rivelò l'intenzione di riavviare il reattore di Yongbyon per produrre plutonio. La distruzione della torre di raffreddamento avvenuta nel 2008 fu ovviata costruendo una nuova serie di tubature di raffreddamento collegate direttamente al fiume che costeggiava la centrale e al sistema di pompaggio secondario del reattore sperimentale. Entro l'agosto successivo il complesso di Yongbyon era di nuovo in funzione.

Nel dicembre 2015 il «Rodong Sinmun» pubblicò un articolo in cui veniva riportata la dichiarazione di Kim Jong Un secondo cui la Corea del Nord era ormai in possesso della tecnologia termonucleare. Il successivo 6 gennaio 2016 un nuovo test al sito di Punggye-ri fu rilevato dai sismografi. Pyongyang annunciò che il test era di tipo fissione/fusione che comportava l'utilizzo di un ordigno termonucleare. L'intensità del movimento tellurico seguita allo scoppio e la successiva analisi dei radionuclidi, però, mostravano che l'energia sprigionatasi era più o meno uguale a quella della bomba testata tre anni prima e che non c'era stata nessuna reazione di fusione.

Nessuna prova definitiva, quindi, fu mostrata dai nordcoreani per indicare che il loro quarto test nucleare (il secondo dell'era Kim Jong Un) fosse realmente una bomba termonucleare. Neppure le fotografie divulgare dalla KCNA il 9 marzo 2016, che mostravano il giovane leader di fronte a quello che era descritto nelle didascalie come una bomba nucleare miniaturizzata, riuscirono a eliminare i dubbi sulla reale capacità raggiunta dal Paese. Ma, come abbiamo già spiegato nei capitoli precedenti, gli annunci e le fotografie non erano destinati a un pubblico esterno, ma interno. Il nucleare avrebbe permesso a Kim Jong Un di demilitarizzare il centro di potere della Corea del Nord per imporre con più decisione le riforme politiche, sociali ed economiche della nuova linea del *byungjin*.

Nell'agosto 2016 i tecnici nordcoreani annunciarono ufficialmente che a Yongbyon era ricominciato il processo di estrazione di plutonio dalle barre di combustibile esausto.

Il 3 settembre, il 68esimo anniversario della fondazione della Repubblica Popolare Democratica di Corea venne festeggiato con la quinta esplosione nucleare. Il terremoto di magnitudo 5.3 indicava che la potenza del test era tra i venti e i trenta chilotoni. Questa volta anche la Cina, fino ad allora piuttosto reticente nel biasimare il programma nucleare nordcoreano, si unì alla condanna internazionale.

6. *Il 2017, anno del cambiamento*

Nel discorso di inizio anno nel 2017 Kim Jong Un elencò una serie di obiettivi che la nazione avrebbe tentato di raggiungere tra cui un'accelerazione dei programmi missilistico e nucleare. Al tempo stesso l'insediamento di Donald Trump alla Casa Bianca e la sua politica estemporanea dettata dai veloci e laconici messaggi lasciati sul profilo Twitter coincise con un nuovo sviluppo, convulso e travagliato dei rapporti tra i due Paesi.

In aprile, iniziò la breve, ma intensa serie di lanci missilistici che durò fino alla fine dell'anno: il test dell'*Hwasong*-12 rivelò quanto avanzata fosse la tecnologia nordcoreana nel campo dei missili balistici a raggio intermedio (IRBM, 'Intermediate Range Ballistic Missile'). Ormai il Pentagono era sicuro che la Corea era a un passo dal suo obiettivo di possedere razzi capaci di attraversare l'oceano Pacifico e, forse, raggiungere addirittura le coste atlantiche.

Il 3 luglio 2017 le Forze armate nordcoreane testarono il missile balistico *Hwasong*-14 in grado di coprire in assetto standard una traiettoria di seimilasettecento chilometri. La Corea del Nord aveva quindi ufficialmente a disposizione missili ICBM. A preoccupare ancora più gli Usa fu il rapporto dell'8 agosto 2017 redatto dai servizi segreti della Difesa in cui si confermava che Pyongyang era riuscita a miniaturizzare l'arma nucleare al punto da poter essere caricata su in vettore ICBM.

La conferma finale si ebbe il 3 settembre 2017: un terremoto di grado 6.3 registrato dal dipartimento National Earthquake Information Center dell'United States Geological Survey comprovò la supposizione. Sebbene non vi fossero dati dei radionuclidi liberati nell'aria per confermare che la bomba fosse una bomba a fusione o "semplicemente" una bomba nucleare a fissione particolarmente potente, tutti i fisici e i tecnici conclusero che la Corea del Nord aveva la sua bomba termonucleare. Elaborando i dati ottenuti dai sismografi si calcolò tra i centoquaranta e i ducentocinquanta chilotoni la potenza della bomba, vale a dire tra le dieci e le venti volte più potente rispetto alle precedenti. Inoltre, poche ore prima del test la KCNA aveva pubblicato foto in cui si immortalava la visita di Kim Jong Un all'Istituto di Armi Nucleari di Pyongyang mentre osservava un involucro definito dall'agenzia di stampa come «una bomba-H che può essere caricata su un nuovo missile ICBM». Nello stesso comunicato si precisava che Kim Jong Un stesso informava che «tutti i componenti della bomba-H erano stati prodotti internamente al Paese sulla base dell'ideologia del *Juche*, l'idea che permette al Paese di produrre tutte le bombe nucleari che desidera».

Il test del 3 settembre coronava la politica di Kim Jong Un: dopo avere speso i primi due anni di potere a circondarsi delle personalità più influenti e capaci del Paese, nel 2013 iniziò a tagliare i fondi a quelle istituzioni, militari e non, ritenute non necessarie allo sviluppo economico della Corea del Nord e al programma nucleare. I risultati erano chiaramente visibili a chi si recava periodicamente in Corea del Nord: una popolazione sempre meno afflitta dai problemi della fame, un miglioramento generalizzato delle condizioni di vita, una vivacità di mercato (anche privato) mai vista in precedenza, e una maggiore interazione con le diplomazie estere. Al tempo stesso la *byungjin* finanziava solo quei dipartimenti, militari, tecnici e scientifici, direttamente collegati alla ricerca nucleare e al programma missilistico risparmiando così soldi e energie.

Una bomba termonucleare era sufficientemente piccola e leggera da poter essere trasportata nell'ogiva di un missile intercontinentale in grado di raggiungere il territorio statunitense.

I collegamenti con i precedenti lanci di razzi del 4, 28 luglio e del 29 agosto, ora diventavano molto più evidenti: il missile *Hwasong*-14 lanciato il 28 luglio era un missile balistico intercontinentale (ICBM) con una gittata tale da poter colpire gli Stati Uniti, mentre il lancio dell'*Hwasong*-12 che il 29 agosto aveva sorvolato il Giappone, potrebbe essere stato fatto come test per un PVB ('Post Boost Vehicle', 'Veicolo di spinta supplementare'), uno stadio supplementare al corpo del razzo che permetterebbe allo stesso di aumentare il suo raggio di azione.

L'ultimo tassello che mancava per completare il programma era proprio una bomba a fusione, piccola sufficiente per essere inserita in un'ogiva missilistica intercontinentale, ma altrettanto potente da rappresentare un valido punto di confronto con Washington e portare la Casa

Bianca al tavolo delle trattative per trasformare l'armistizio di Panmunjom del 27 luglio 1953 in un accordo di pace.

La scommessa fatta da Kim Jong Un nel 2013, quando decise di varare la politica del *byungjin*, era estremamente pericolosa: un eventuale fallimento del programma nucleare avrebbe fatto traballare il potere di Kim Jong Un conducendo la Corea del Nord a un livello di instabilità sociale e politica assai pericolosa per tutti i vicini. Ecco perché, a parte le proteste di rito, il successo atomico non venne visto con particolare preoccupazione da parte della Corea del Sud e del Giappone, che già prima erano ampiamente entro il raggio di azione dei missili balistici di Pyongyang.

A differenza degli Stati Uniti, protetti dalla posizione geografica sufficientemente lontana dalla Corea del Nord per poter prevenire un potenziale attacco nucleare, Seoul e Tokyo sarebbero state le capitali che quasi sicuramente subirebbero danni da un eventuale escalation militare, anche se Pyongyang non dovesse lanciare le proprie bombe nucleari. Seoul si trova a soli cinquanta chilometri dalla linea di demarcazione che segna il confine con la Corea del Nord, mentre Tokyo dista poco più di mille chilometri dalle coste nordcoreane ed entrambe le città sono entro il raggio di azione di centinaia di missili balistici nordcoreani già puntati verso di loro. Il sesto test nucleare avvenuto il 3 settembre, quindi, non cambiava di molto gli equilibri di forze dei singoli contendenti della regione, ma sbilanciava i piatti su cui si stavano raffrontando le diplomazie internazionali prime fra tutte Cina, Russia, Stati Uniti e, naturalmente, Corea del Nord.

Il passo finale, quello che «realizzava la grande e storica causa nel completare la forza nucleare». della Corea del Nord venne fatto il 29 novembre 2017 con il lancio di un nuovo tipo di missile, mai testato sino ad allora: l'*Hwasong*-15. Il missile si alzò per 4.475 chilometri inabissandosi nel Mar del Giappone dopo cinquantatré minuti di volo, a novecentocinquanta chilometri dal punto di partenza. Trasponendo la parabola compiuta su una traiettoria standard, si calcolò che l'*Hwasong*-15 avrebbe avuto un raggio di circa tredicimila chilometri.

7. La struttura della ricerca nucleare in Corea del Nord

Durante la leadership di Kim Jong Il, i centri decisionali del programma nucleare assunsero l'attuale configurazione amministrativa e tecnica sotto il Dipartimento Generale dell'Energia Atomica. Sotto la guida di questo ente vennero poste altre quattro organizzazioni: il Comitato per le Applicazioni degli Isotopi, il Comitato per l'Energia Atomica, l'Accademia per l'Energia Atomica di Pyongyang e il Centro di Ricerca Nucleare di Yongbyon, il cuore pulsante del sistema.

Il sito di Yongbyon, lungo il corso del fiume Kuryong, controlla dieci istituti di ricerca: l'Istituto di Ricerca per l'Energia Atomica, l'Istituto di Ricerca di Fisica del Neutrone, l'Istituto di Ricerca per la Protezione Radioattiva, l'Istituto di Ricerca per i Materiali Nucleari, l'Istituto di Ricerca per l'Elettronica Nucleare, l'Istituto di Ricerca di Progettazione dei Reattori Nucleari, l'Istituto di Sviluppo delle Risorse dell'Uranio, il Laboratorio per la Produzione di Isotopi, l'Istituto di Ricerca Radiochimica e l'Istituto di Ricerca di Fisica Nucleare.

Oltre al centro di Yongbyon, vi è l'impianto di Taechon con la centrale da 200 MWe, il cui progetto fu interrotto nel 1994, quindi solo il reattore da 5MWe sarebbe in grado di produrre plutonio-239, l'isotopo utile per la preparazione della bomba nucleare.

L'impianto di Yongbyon processa circa ottomila barre di uranio nel cuore del proprio reattore (in totale circa cinquanta tonnellate di combustibile) che restano due anni nel nocciolo prima di esaurire la loro reattività. Due anni è anche il tempo massimo affinché il combustibile non venga avvelenato da una percentuale di plutonio-240 troppo alta, elemento inutile ai fini degli usi militari; per la produzione di bombe nucleari, infatti, viene utilizzato solo l'isotopo 239. Una permanenza prolungata del combustibile nel reattore potrebbe innalzare la percentuale di plutonio-240 fino al 20%, rendendo più costosa e difficile l'estrazione dell'isotopo 239. Ogni due anni, quindi, le barre di combustibile esausto vengono estratte dal reattore e nei cinque-sei mesi successivi vengono lasciate nelle piscine di raffreddamento per poi essere riprocessate nel laboratorio di radiochimica al fine di separare il plutonio dall'uranio (questa fase dura tra i due e i sei mesi). La Corea del Nord utilizza per questa operazione di separazione il processo PUREX, utilizzato anche dagli Stati Uniti: dopo aver tolto il rivestimento esterno, le barre di combustibile sono sciolte in acido nitrico e, usando correnti di solventi, vengono separati plutonio, uranio e altri componenti residui. Tutte le operazioni devono essere condotte con opportune precauzioni perché il materiale è altamente radioattivo.

Ammesso che il reattore funzioni al 100% della sua operatività, ogni ciclo di riprocessamento potrebbe garantire tra i 5,5 e gli 8 chilogrammi di plutonio formato per il 93% da plutonio-239 e per il 7% da plutonio-240; una quantità sufficiente per preparare due bombe nucleari (ogni ordigno necessita di due-quattro chilogrammi di plutonio-239).

Più importanti, invece, per il programma termonucleare, la serie di impianti sparsi per il Paese oltre a Yongbyon, anche a Hamhung.

Nell'impianto di Hungnam Chemical Fertilizer Complex esisterebbe un reparto per la produzione di litio-6, metallo necessario per la produzione di trizio, prodotto con cui viene costruita la bomba termonucleare, la cui fusione con deuterio consente di generare una reazione da cui si sprigiona energia altissima e in cui i neutroni garantiscono una reazione a catena in grado di fissare con più efficienza il plutonio e l'uranio. La bomba così prodotta, a parità di peso, è molte volte più potente di una bomba nucleare convenzionale.

Il litio-6 è un isotopo contenuto per il 7,56% nel litio naturale, materiale relativamente abbondante in natura. Perché il litio possa essere utilizzato nel programma nucleare, occorre innalzare la percentuale dell'isotopo 6 al 40-95% grazie a processi di arricchimento chimico. Lo studio per l'arricchimento del litio-6 iniziò in Corea del Nord sin dagli anni Novanta quando la Hungnam Chemical Fertilizer Complexn cominciò ad acquistare da compagnie cinesi grandi quantità di mercurio e idrossido di litio, i cui composti sono utilizzati per produrre litio-6. Dal 2012 le quantità di mercurio e idrossido provenienti dal mercato cinese aumentarono esponenzialmente.

Secondo un rapporto del Consiglio di Sicurezza delle Nazioni Unite la General Precious Metal, un'azienda nordcoreana associata alla Green Pine Associated Corporation, avrebbe cercato di vendere litio-6 online confermando che la nazione sarebbe in grado di produrre il prodotto.

Il litio-6 sarebbe poi irradiato nel reattore di Yongbyon per produrre trizio. La separazione del trizio e del litio sarebbe effettuata nel laboratorio di produzione di isotopi sempre nel complesso di Yongbyon. Ma il litio-6 può anche essere utilizzato nella bomba nucleare direttamente con trizio e deuterio: in questo caso il litio-6 aumenta l'efficacia del bombardamento di neutroni su trizio e deuterio, incrementando la percentuale di fusione e l'energia emessa dallo scoppio nucleare.

Luogo	Tipo di reattore	Potenza	Status	Scopo
Yongbyon	Grafite ad acqua pesante	5 MWe	Operativo	Plutonio ad alta purezza per usi militari
Yongbyon	Grafite ad acqua pesante	50 MWe	Interrotto nel 1994	Civile, ma avrebbe potuto produrre plutonio ad alta purezza per usi militari
Yongbyon	LWR	25-30 MWe	In costruzione	Civile, ma avrebbe potuto produrre plutonio ad alta purezza per usi militari
Taechon	Grafite ad acqua pesante	200 MWe	Progetto interrotto nel 1994	Civile, ma avrebbe potuto produrre plutonio ad alta purezza per usi militari
Kumho	4 reattori LWR	440 MWe	Accordo nel 1985 con l'URSS cancellato dalla Federazioni Russa nel 1992	Civile, ma avrebbe potuto produrre plutonio ad alta purezza per usi militari
Kumho	2 reattori LWR	1000 MWe	Accordo nel 1999 con il KEDO in base agli Accordi Nucleari del 1994 cancellato nel 2006 dopo il ritiro della Corea del Nord dagli Accordi Nucleari	Civile

Tabella 3. Gli impianti nucleari in Nord Corea.

Data del test	Potenza stimata della bomba	Tipo di bomba	Leader
09-ott-06	0,7 kt	Nucleare a fissione	Kim Jong Il
25-mag-09	5,4 kt	Nucleare a fissione	Kim Jong Il
12-feb-13	14-17 kt	Nucleare a fissione	Kim Jong Un
06-gen-16	7-14 kt	Nucleare a fissione	Kim Jong Un
09-set-16	20-30 kt	Nucleare a fissione	Kim Jong Un
03-set-17	150-250 kt	Termonucleare a fissione/ fusione	Kim Jong Un

Tabella 4. I test nucleari della Corea del Nord.

8. L'arsenale nucleare nordcoreano

Non è possibile conoscere con precisione quante testate nucleare disponga la Corea del Nord e ogni stima può essere soggetta a un'ampia fluttuazione dovuta all'incognita del numero di impianti connessi con le attività nucleari. Secondo l'agenzia di spionaggio militare Usa, Pyongyang disporrebbe di una sessantina di ordigni, mentre esperti come Siegfried Hecker, direttore del laboratorio di Los Alamos, afferma che le capacità produttive nucleari del Paese avrebbero permesso la produzione di materiale fissile per la preparazione di venti-venticinque bombe, con un incremento di sei-sette bombe ogni anno. L'Istituto per le Scienze e la Sicurezza Internazionale (ISIS, Institute for Science and International Security) ipotizza che, alla fine del 2017, l'arsenale nucleare del Paese asiatico disponeva di trenta chilogrammi di plutonio, 230-760 chilogrammi di uranio utilizzabile per armi nucleari (230 chilogrammi è la cifra media stimata nel caso la Corea del Nord abbia un solo impianto di centrifughe, 760 chilogrammi la cifra media stimata nel caso gli impianti siano due). In base a queste variabili l'ISIS assumeva che al 2018 la Corea del Nord disponesse tra le quattordici e le trentatré bombe nucleari prodotte con un impianto di centrifughe e ventiquattro-quarantaquattro nel caso di doppio impianto.

Il programma missilistico

Accanto al programma nucleare la Corea del Nord sviluppò un parallelo sviluppo missilistico. A nulla sarebbe, infatti, valso il raggiungimento dell'obiettivo di ottenere una bomba se questa non poteva essere trasferita sul territorio statunitense con un adeguato vettore.

1. La classificazione dei missili

I missili balistici, così detti perché percorrono una traiettoria balistica, o a parabola, prima di raggiungere l'obiettivo, vengono generalmente divisi a seconda della loro gittata: SRBM, Short-Range Ballistic Missile ('Missile balistico a corta gittata'), con un raggio d'azione inferiore ai mille chilometri, MRBM, Medium-Range Ballistic Missile ('Missile balistico a media gittata') con un raggio d'azione tra i mille e i tremila chilometri, IRBM, Intermediate-Range Ballistic Missile ('Missile balistico a gittata intermedia'), con un raggio d'azione tra i tremila e i cinquemilacinquecento chilometri e ICBM, Intercontinental Ballistic Missile ('Missile balistico a gittata intercontinentale'), con un raggio d'azione superiore ai cinquemila cinquecento chilometri. Oltre a questa classificazione ci sono i missili SLBM, Submarine-launched ballistic missile ('Missile balistico lanciato da un sottomarino).

Un missile è composto da uno o più corpi, che contengono i serbatoi di combustibile, gli endoreattori (i motori), un sistema di guida e la testata, che contiene l'arma vera e propria (bomba o satellite). Naturalmente più grande è il missile, più combustibile può contenere e maggiore è la sua gittata.

Gli endoreattori (i razzi del missile) possono essere alimentati con propellente liquido, solido o misto. I propellenti liquidi hanno un impulso specifico quasi doppio rispetto a quelli solidi (4.500 N s Kg^{-1} del combustibile liquido rispetto a 2.500 N s Kg^{-1} del combustibile solido). Nel primo caso la forza di spinta è data dalla reazione chimica tra un elemento ossidante e uno infiammabile (come ad esempio ossigeno e idrogeno) separati che devono essere miscelati tra loro secondo opportune concentrazioni. Questa caratteristica è, assieme all'impulso specifico uno dei principali vantaggi del carburante liquido: può, infatti, essere spento e riacceso. Per contro la reattività tra combustibile e infiammabile obbliga a mantenere i due composti separati in serbatoi; l'impianto è più complesso in quanto necessita di pompe per la miscelazione e una camera di combustione aumentando il peso del razzo e la sua instabilità a mano a mano che il missile consuma propellente, dato che il baricentro si sposta di continuo. Inoltre essendo il combustibile liquido formato da gas liquefatti deve essere conservato a una temperatura sufficientemente bassa per mantenerne lo stato liquido. Il rifornimento dei serbatoi del missile deve quindi essere effettuato poco prima del lancio, perdendo il fattore sorpresa ed esponendo l'arma ad eventuali attacchi di neutralizzazione condotti dell'avversario.

Un endoreattore a propellente solido, pur avendo un impulso specifico minore, ha la convenienza di poter avere già il serbatoio caricato ed essere pronto all'utilizzo immediatamente. Il fattore sorpresa, quindi, è massimo e l'avversario non dispone di molto tempo per annullare la missione. Anche la progettazione di un missile a propulsione solida è tecnicamente molto più semplice: il propellente è in forma di grani che contengono già sia il combustibile che il comburente e quindi il consumo, essendo più omogeneo e uniforme, non causa un pericoloso sbilanciamento del vettore. Per contro, il principale fattore che ne limita l'utilizzo è la scarsa autonomia e la minore potenza erogata.

Alcuni missili a più stadi utilizzano propellenti misti solido/liquido: i propellenti solidi vengono caricati nel primo stadio del vettore così che abbia una spinta di partenza più equilibrata; quando il missile ha raggiunto una certa quota entrano in funzione gli endoreattori del secondo stadio alimentati a combustibile liquido che portano il carico a destinazione.

La traiettoria per raggiungere l'obiettivo deve essere calcolata con estrema attenzione perché la parte propulsiva funziona solo per una minima parte dell'intero volo, il tempo necessario per far partire il razzo dalla rampa di lancio e dare la necessaria accelerazione. Una volta esaurita la sua funzione e scaricato il propellente, i vari stadi del vettore (da uno a tre in genere) si staccano dall'ogiva che contiene l'arma o il satellite che continua la sua ascesa e il tragitto a parabola rientrando, in caduta libera, verso il target.

È quindi indispensabile calcolare tutte le variabili affinché il missile, una volta lasciata la base, possa raggiungere senza più alcuna guida l'obiettivo prefissato. Solo nelle versioni altamente tecnologiche e più sofisticate è possibile correggere da remoto la traiettoria del missile in modo da attenuare i fattori esterni che possono influenzare il successo della missione. I parametri che influiscono sulla traiettoria sono molteplici e il loro calcolo può essere effettuato solo nella fase finale di preparazione al lancio. Occorre conoscere con estrema precisione la posizione dell'obiettivo rispetto al luogo di partenza del missile, la pressione, densità e temperatura dell'aria, le condizioni atmosferiche, i venti durante tutto l'arco della parabola. Tutte queste variabili devono essere inserite nei dati di calcolo per conoscere l'esatta tempistica di accensione e di potenza da implementare agli endoreattori perché, una volta in caduta libera non sarà più possibile cambiare la traiettoria del missile. Per una parabola di mille chilometri un ritardo o un anticipo di cinque millisecondi nello spegnimento dei motori può causare uno spostamento anche di duecento metri del punto d'impatto rispetto all'obiettivo.

Dato che non è possibile conoscere l'esatta posizione del punto di impatto (a meno che l'ogiva non abbia posizionato strumenti GPS o telecamere che ne indichino l'esatta longitudine e latitudine), specialmente quando si tratta di test di funzionamento, ogni preteso successo delle prove missilistiche è da considerare con estrema cautela.

Le rampe da cui possono essere fatti partire i vettori possono essere mobili o fisse (sotterranee o in superficie). Ovviamente le rampe mobili sono quelle preferite per la loro versatilità, mentre quelle fisse sono più vulnerabili in quanto facili da individuare.

2. *L'inizio del programma missilistico in Corea del Nord*

Il programma missilistico nordcoreano iniziò alla fine degli anni Sessanta con l'aiuto dell'Unione Sovietica: il 38° parallelo avrebbe dovuto trasformarsi in una prima linea di difesa contro un eventuale attacco lanciato dagli Stati Uniti a partire dalle loro basi installate in Corea del Sud e in Giappone. L'impegno sovietico nella penisola si limitava a missili tattici a corto raggio; solo nel 1976 arrivò sul suolo nordcoreano il primo missile Scud-B. E non giunse dall'Urss, bensì dall'Egitto di Sadat come riconoscimento per l'aiuto offerto da Pyongyang alla guerra dello Yom Kippur del 1973.

I tecnici nordcoreani riuscirono a costruire una versione nostrana dello Scud-B entro il 1984 che denominarono *Hwasong*-5.

Verso la fine della guerra tra Iraq e Iran, Teheran ottenne un centinaio di *Hwasong*-5, 77 dei quali furono lanciati contro il nemico. Al tempo stesso gli iraniani, con l'assistenza dei tecnici nordcoreani costruirono la loro prima fabbrica missilistica.

Tra il 1990 e il 1991, dopo aver rivisto i disegni degli Scud-C, l'*Hwasong*-5 subì migliorie che permisero di allungarne la gittata da trecento a cinquecento chilometri battezzando i nuovi vettori *Hwasong*-6 che entrarono in produzione nel 1992.

Il passo che permise alla Corea del Nord di sviluppare una propria tecnologia missilistica capace di interessare gli ambienti militari stranieri venne compiuto nel 1990, quando venne testato il *Hwasong*-9, o *Nodong*, una variante dello Scud-D, che aveva un range di azione di milletrecento chilometri. Fu con questo tipo di vettori che i militari nordcoreani riuscirono ad entrare prepotentemente per la prima volta nel mercato iraniano e pakistano. Mentre l'Iran sviluppò proprie versioni di *Shahab*-3, Islamabad, sempre con l'aiuto nordcoreano, ottenne la tecnologia necessaria per produrre i missili *Ghauri* concedendo in cambio tecnologia per lo sviluppo nucleare di Pyongyang.

Allarmata dall'assistenza data verso i Paesi del Medio Oriente, nel 1992 Israele cercò di convincere la nazione asiatica a interrompere i rapporti, in particolare quelli con Iran, Egitto e Siria, a cui la Corea del Nord aveva proprie versioni degli Scud D con gittate di settecento chilometri, offrendo in cambio massicci investimenti e aiuti tecnologici. Pyongyang accettò la proposta, ma a causa dell'opposizione degli Stati Uniti, alla fine Israele dovette ritirare l'offerta.

3. *Il programma spaziale*

Verso la metà degli anni Novanta venne inaugurata la serie *Taepodong*, un missile a propellente solido i cui primi due stadi assemblavano disegni del *Nodong*, dello Scud C, mentre un terzo stadio presentava un nuovo prototipo di missile. Il *Taepodong*-1 (o *Paektusan*-1), come fu chiamato, venne usato il 31 agosto 1998 per mettere in orbita il primo satellite nordcoreano, il *Kwangmyongsong*-1, dalla base di Tonghae, Musudan-ri. Il satellite, progettato con l'aiuto dell'Accademia di Lanci Tecnologici cinese, avrebbe trasmesso in continuazione le note della *Canzone del Generale Kim Il Sung*, della *Canzone del Generale Kim Jong Il* e il motto *Juche Korea* in codice morse sulla frequenza di 27 MHz. Il lancio fallì, ma questo non impedì ai media della nazione di annunciare il glorioso avvenimento il 4 settembre 1998, il giorno prima che l'Assemblea Suprema del Popolo si riunisse per emendare la costituzione in cui dichiarava Kim Il Sung, morto quattro anni prima, "eterno Presidente della Repubblica Popolare Democratica di Corea".

Nonostante l'insuccesso del *Taepodong*-1 gli Stati Uniti cominciarono a preoccuparsi di quanto velocemente stesse procedendo il programma missilistico nordcoreano. Fino ad allora l'attenzione era stata posta quasi esclusivamente sulla capacità di sviluppo nucleare: dalla fine degli anni Novanta Washington iniziò a inserire nei colloqui con Pyongyang anche temi che riguardavano la riduzione del numero di missili o il congelamento del programma ad essi correlato.

Alla fine del 2000 venne redatto un documento d'intesa tra la segretaria di stato dell'amministrazione Clinton, Madeleine Albright e Jo Myong Rok, primo vicepresidente della Commissione di Difesa Nazionale. La bozza, che sarebbe dovuta essere firmata dal Presidente Clinton e Kim Jong Il, prevedeva una moratoria dei lanci di missili con gittata superiore a cinquecento chilometri e l'esportazione di tecnologia militare; in cambio la Corea del Nord avrebbe potuto lanciare satelliti civili e il miglioramento delle relazioni diplomatiche con gli Stati Uniti.

L'arrivo di George W. Bush alla Casa Bianca bloccò ogni successivo dialogo, ma Pyongyang, anche grazie alla mediazione del primo ministro giapponese Junichiro Koizumi, mantenne unilateralmente la moratoria salvo l'esportazione di tecnologia missilistica.

Nel marzo 2005 Kim Jong Il, vista l'impossibilità di portare gli Stati Uniti al tavolo delle trattative, dopo essersi ritirato dai Colloqui a Sei annunciò l'intenzione di riiniziare i test.

Il 5 luglio 2006 venne fatto un nuovo tentativo di mettere in orbita un satellite con una nuova versione del *Taepodong* (o *Paektusan*), il *Taepodong*-2. Il volo terminò ancora prima del *Taepodong*-1, utilizzato nell'agosto 1998: dopo quaranta secondi il vettore di disintegrò.

Non si placarono, invece, le proteste di parte della comunità internazionale che sfociarono in quella che fu la prima di tante risoluzioni dell'Onu contro il programma missilistico nordcoreano e che andarono a sommarsi a quelle inerenti ai test nucleari.

Anche in questo caso la terminologia utilizzata fu decisiva: secondo la Corea del Nord, infatti, gli esperimenti spaziali non sarebbero stati considerati test missilistici. Quindi, il 5 aprile 2009 Pyongyang annunciò al mondo di aver messo in orbita un satellite civile per telecomunicazioni, il *Kwangmyongsong*-2, trasportato fuori dall'atmosfera con un vettore *Unha*-2, partito dalla base di lancio di Tonghae. Nel comunicato rilasciato dalla KCNA si evidenziava che, oltre a montare apparecchiature di telecomunicazione, il satellite avrebbe «inviato sulla Terra le melodie delle lodi immortalate *Canzone del Generale Kim Il Sung* e *Canzone del Generale Kim Jong Il* alla frequenza di 470 MHz». L'*Unha*-2 con il suo carico di armonie musicali cadde nel Mar del Giappone e il mondo dovette, ancora una volta, rassegnarsi a non poter ascoltare gli inni dedicati ai due grandi leader.

Il programma *Kwangmyongsong* non si arrestò; dopotutto l'*Unha*-2 era un razzo a tre stadi costruito quasi interamente con tecnologia nordcoreana. Il primo stadio era una elaborazione del *Nodong*; il secondo stadio utilizzava una variante del missile iraniano *Safir* IRILV, mentre il terzo stadio, che avrebbe dovuto portare il satellite in orbita, utilizzava motori a propellente solido. Era, dunque un vettore sofisticato e per questo venne riutilizzato, in una versione modificata, l'*Unha*-3 il 12 aprile 2012 per un nuovo tentativo di mettere in orbita un satellite, il *Kwangmyongsong*-3.

Quattro giorni prima, l'8 aprile, vennero invitati una settantina di giornalisti stranieri alla nuova rampa di lancio di Sohae facendo loro visitare anche il Centro di Comando e di Controllo Satellitare con una guida d'eccezione: Paek Chang Ho, direttore del centro. L'occasione era ghiotta per i giornalisti, ma importante anche per il regime nordcoreano, in particolare per Kim Jong Un. Il 2012 era il centesimo anniversario della nascita di Kim Il Sung e il nipote, ora diventato leader della Corea del Nord, era al potere da soli quattro mesi; non aveva, quindi, ancora tutte le leve del comando tra le sue mani. Il lancio del satellite sarebbe stata una formidabile arma propagandistica per la sua ascesa. Sicuri del successo della missione, i nordcoreani invitarono anche delegati di agenzie spaziali di otto nazioni, tra cui Russia, Cina, Giappone, Stati Uniti e dell'ESA (European Space Agency) a seguire il lancio in diretta. Violando le precedenti risoluzioni dell'Onu, nessuna delle agenzie spaziali accettò di partecipare.

Il programma del lancio affermava che l'*Unha*-3 avrebbe staccato il primo stadio dopo quattrocentocinquanta chilometri dalla base, il secondo si sarebbe separato a tremila chilometri e il terzo avrebbe trasportato il satellite per altri mille chilometri prima di liberarlo nello spazio.

Il 13 aprile, con un giorno di ritardo sul previsto a causa delle cattive condizioni atmosferiche, il razzo lasciò la base di lancio di Sohae, ma dopo 240 secondi e a 151 chilometri d'altezza il razzo concluse la sua marcia verso il cosmo.

Lo smacco fu terribile e, a differenza delle altre occasioni, questa volta i testimoni non lasciavano alcuna possibilità alla KCNA di dichiarare il supposto successo. Il laconico comunicato con cui l'agenzia di stampa coreana annunciava il fallimento mostrava in un modo più esplicito che mai la delusione: «Il satellite di osservazione terrestre ha fallito nell'entrare in orbita. Scienziati, tecnici e esperti stanno indagando sulle cause del fallimento».

Per sopperire, almeno parzialmente, allo smacco, una folla di circa centomila persone partecipò all'inaugurazione della statua di bronzo di Kim Jong Il alta 22,5 metri posta accanto a quella del padre Kim Il Sung sulla collina Mansu di Pyongyang.

Un nuovo lancio fu previsto per dicembre 2012, in occasione del primo anniversario della morte di Kim Jong Il e "nell'anno che segna il centesimo anniversario della nascita del Presidente Kim Il Sung". Questa volta nessun giornalista straniero e nessun rappresentante di agenzie spaziali venne invitato. Il 12 dicembre il razzo *Unha*-3 che portava nella sua ogiva il satellite *Kwangmyongsong*-3-2 entrò in orbita nove minuti e ventisette secondi dopo il lancio. Finalmente i tecnici nordcoreani avevano ottenuto il successo sperato, sebbene il satellite ben presto sfuggì ai controlli della Nada, l'agenzia spaziale nordcoreana.

Il successivo 20 dicembre la tv di stato trasmise un documentario di ventisette minuti dal titolo *Il lancio riuscito del Kwangmyongsong-3-2 sotto la leadership del Caro e Rispettato Maresciallo Kim Jong Un*.

4. *Il programma missilistico a compendio del nucleare*

A partire dal 2013 Kim Jong Un cominciò a implementare la linea politica del *byungjin* ('sviluppo parallelo') sostituendola a quella del *songun* ('militari per prima'), che aveva permesso al padre, Kim Jong Il, di mantenere il potere dal 1994 al 2011. In soli due anni il Grande Leader nordcoreano era abilmente riuscito a muovere le sue pedine in modo da consolidare il potere permettendogli di cominciare a tagliare i fondi a quelle attività militari che non riteneva redditizie o a quei generali che non reputava sufficientemente fedeli.

Tra i pochi programmi militari lasciati in vita, Kim decise di accelerare le ricerche sul nucleare e sui missili. La progressione dei rispettivi programmi fu impressionante: durante il periodo in cui governò Kim Il Sung (1945-1994) si diede inizio al programma nucleare e missilistico, ma con poca convinzione. In tutto si svolsero diciassette test missilistici, per lo più inerenti a vettori di modello Scud modificati dai tecnici nordcoreani che celebrarono l'avvio delle due linee di produzione nostrane dei *Nodong* e degli *Hwasong*.

Kim Jong Il, che resse il Paese per diciassette anni, tra il 1994 e il 2011, iniziò il programma nucleare con due test (2006 e 2009), di cui uno, il primo, parzialmente fallito. Durante lo stesso periodo condusse quarantaquattro test missilistici, per la maggior parte SRBM (Short Range Ballistic 'Missile balistico a corto raggio') (20) e missili da crociera (13).

Kim Jong Un, nei suoi primi quattro anni di potere (2011-2017) riuscì a portare a termine ben quattro test nucleari (uno nel 2013, due nel 2016, uno nel 2017) – di cui l'ultimo termonucleare – e ben novantuno test missilistici (quattro ASCM, nove IRBM, cinque MRMB, sei SLBM, quattro missili da crociera, quattro test satellitari, quarantuno SRBM e tre ICBM) raggiungendo una capacità di raggio d'azione sino a poco tempo prima impensabile anche per gli analisti militari statunitensi.

L'escalation missilistica iniziò e si sviluppò di pari passo con quella nucleare: se il primo test atomico sotto l'era Kim Jong Un venne svolto il 12 febbraio 2013, il primo della lunga serie di test missilistici iniziò nel marzo 2013 con il lancio del KN-02, un missile a combustibile solido, modifica del sovietico OTR-21 *Tochka Scarab*-A acquistato dalla Siria nel 1996 e mostrato in parate militari già dal 2007.

L'anno successivo la qualità dei missili nordcoreani venne perfezionata e per tutti i dodici mesi vennero effettuati quindici test con missili SRBM, tutti modifiche di Scud.

Nel 2015 all'arsenale missilistico venne aggiunto il KN-11, un missile SLBM (Submarine-Launched Ballistic Missile – 'Missile balistico da sottomarino'), che fu testato con successo solo l'anno seguente, ma le cui prove effettuate dai sottomarini di classe *Sinpo* dimostrarono la progressiva acquisizione di capacità tecnologica delle Forze armate di Pyongyang. Il KN-11, o *Pukkusong*-1, fu il primo missile antinucleare che poteva essere lanciato da un sommergibile nordcoreano.

Il 2016, oltre ai due test nucleari, fu l'anno del secondo satellite messo in orbita da Kim Jong Un: il *Kwangmyongsong*-4. Il lancio avvenne dalla base di Sohae il 7 febbraio per onorare il 74esimo anniversario della nascita di Kim Jong Il (16 febbraio 1942). Fu lo stesso Hyon Kwang Il, direttore della Nada, l'agenzia spaziale nordcoreana, a dichiarare il successo del progetto aggiungendo che nel solo primo giorno di lavoro, il *Kwangmyongsong*-4 scattò settecento fotografie della superficie terrestre.

Subito dopo la messa in orbita del satellite incominciarono i lavori di potenziamento delle basi di lancio spaziali di Sohae e Tonghae che avrebbero permesso la partenza di razzi ancora più potenti dell'*Unha*-3. Era l'inizio dell'ultimo e definitivo passo del programma missilistico, quello che avrebbe permesso alla Corea del Nord di poter dichiarare di possedere i missili intercontinentali.

Il 2017 si aprì con il lancio del KN-15 "*Pukkuksong*-2", un missile a combustibile solido a raggio medio o intermedio (MRBM o IRBM) a seconda del modello. Il KN-15 era un derivato del KN-11, il primo missile SLBM imbarcato su sottomarini disponibile dalla marina, e rappresentava l'effettivo inizio del programma atto a possedere un missile ICBM. Il *Pukkuksong* raggiunse l'altezza di cinquecentocinquanta chilometri inabissandosi nel Mar del Giappone, a circa cinquecento chilometri dalla base di partenza.

Tre mesi più tardi, il 14 maggio 2017, un'altra fase di sviluppo verrà raggiunta con il lancio di una nuova serie di missili: l'*Hwasong*-12, un missile a singolo stadio IRBM (Intermediate Range Ballistic Missile, 'Missile balistico a raggio intermedio'), al suo quarto test, riuscì a raggiungere un apogeo di 2.111 chilometri tornando sulla Terra a 787 chilometri dalla base di Kusong, da dove era partito. Su traiettoria lineare l'*Hwasong*-12 avrebbe quindi percorso tra i 3.700 e i 6.000 chilometri; non ancora sufficienti per poter permettere a Pyongyang di dichiarare di possedere un missile ICBM, ma in grado di impensierire le diplomazie giapponesi, sudcoreane e statunitensi.

5. ICBM

Il 4 luglio 2017, giorno dell'indipendenza degli Stati Uniti, il lancio di una nuova serie di missili, l'*Hwasong*-14 rovinò la festa agli americani. Il razzo era un missile a due stadi, una variante perfezionata dell'*Hwasong*-12 che rimpiazzava il disastroso progetto dell'*Hwasong*-13. Nel lancio del 4 luglio il vettore raggiunse un'altezza di 2.802 chilometri inabissandosi nel Mar del Giappone dopo trentanove minuti di volo a 933 chilometri dalla base, mentre il test successivo, effettuato il 28 luglio, arrivò a 3.700 chilometri dalla superficie terrestre per poi rientrare dopo quarantasette minuti di volo a 998 chilometri dalla base di Mupyong.

La Corea del Nord aveva oramai aggiunto al proprio arsenale un missile intercontinentale. I prossimi passi da compiere per completare il programma avviato da Kim Jong Un nel 2013 era quello di miniaturizzare una bomba nucleare e di potenziare un missile ICBM capace di raggiungere le coste degli Stati Uniti.

Il 29 agosto 2017, alle 6.02 del mattino i cittadini dell'isola giapponese di Hokkaido ricevettero sul proprio cellulare un'allerta per un missile *Hwasong*-12 lanciato dalla Corea del Nord. Non era la prima volta che un razzo nordcoreano sorvolava il territorio nipponico: il 31 agosto 1998 il *Taepodong*-1 che portava nella propria ogiva il satellite *Kwangmyongsong*-1 era passato sopra Akita e il 5 aprile 2009 l'*Unha*-2 aveva sorvolato la stessa zona con il *Kwangmyongsong*-2. Il 12 dicembre 2012 fu la volta dell'isola di Okinawa a dover subire un allarme, quando di nuovo un

Unha-3 con il satellite *Kwangmyongsong*-3-2 passò sopra le teste dei giapponesi, così come fece, il 7 febbraio 2016 il razzo che rilasciò nello spazio il *Kwangmyongsong*-4. Quello del 29 agosto fu un sorvolo particolarmente criticato dal premier Shinzo Abe non solo perché Pyongyang non aveva informato Tokyo del lancio, come aveva fatto le volte precedenti (tranne la prima del 1998), ma perché il missile non era un vettore spaziale, ma una potenziale arma militare. Quando l'*Hwasong*-12 sorvolò Hokkaido si trovava già a un'altitudine di cinquecento chilometri e per questo motivo il sistema antimissilistico giapponese non intervenne. Il razzo si inabissò nell'oceano Pacifico a duemilasettecento chilometri di distanza dall'aeroporto internazionale Sunan di Pyongyang, da dove era stato fatto partire da una rampa di lancio mobile.

Il 15 settembre 2017 un secondo *Hwasong*-12 fece scattare le sirene d'allarme sempre a Hokkaido; il missile, questa volta partito dall'aeroporto internazionale di Pyongyang, terminò la sua corsa nell'oceano dopo aver percorso 3.700 chilometri.

Nel frattempo, il 3 settembre 2017, Pyongyang era riuscita a detonare la sua sesta bomba nucleare. L'energia rilasciata, pari a centoventi-duecentocinquanta chilotoni, lasciava pochi dubbi sul fatto che l'ordigno fosse di tipo termonucleare.

Il primo obiettivo della linea *byungjin* era, quindi stato raggiunto.

Poche settimane più tardi, alle 3 del mattino del 28 novembre 2017, la Corea del Nord lanciava l'ultimo prodotto della classe *Hwasong*: l'*Hwasong*-15 che, dopo cinquantatré minuti di volo e aver raggiunto un'altezza massima di 4.475 chilometri, toccò la superficie del Mar del Giappone a novecentocinquanta chilometri dal luogo del lancio. Questi dati erano sufficienti per ritenere che la gittata fosse superiore a tredicimila chilometri, sufficiente per raggiungere qualsiasi punto degli Stati Uniti.

Nonostante il nome, l'*Hwasong*-15 aveva una tecnologia completamente differente dai precedenti razzi: dotato di due stadi, il primo dei quali con un endoreattore *Paektusan* a due combustori, il missile era portato al suo apogeo dal secondo stadio, forse un motore *Unha*, che si spegneva dopo cinque minuti lanciando il razzo per inerzia fino all'altezza massima per poi rientrare in caduta libera nell'atmosfera. Secondo gli analisti militari l'ogiva sarebbe in grado di portare un carico massimo di circa mille chilogrammi, il che renderebbe possibile trasportare una testata termonucleare o una bomba atomica miniaturizzata su territorio statunitense.

Il lancio dell'*Hwasong*-15 fu salutato, come era prevedibile, con entusiasmo in tutto il Paese. Alla tv di stato, l'inossidabile e storica presentatrice Ri Chun Hee, con il suo solito *joseon-ot* rosa, annunciò enfaticamente il successo del lancio, mentre la KCNA riportò le parole di Kim Jong Un: «un giorno significativo in quanto è stata raggiunta e portata a termina la storica causa di realizzare la forza nucleare dello Stato e di creare una potenza missilistica (portando) la posizione strategica della Repubblica Popolare Democratica di Corea al suo stadio più alto [...]»

Kim Jong Un, in soli quattro anni, aveva completato i due principali programmi che gli avrebbero permesso di restare solidamente al potere.

Data	Missile	Tipologia	Tot.	Leader
apr-84	Hwasong-5	SRBM	7	Kim Il Sung
mag-90	Nodong-1		1	Kim Il Sung
giu-90	Hwasong-6	SRBM	1	Kim Il Sung
ago-91	Nodong-1		1	Kim Il Sung
ott-91	Hwasong-6	SRBM	1	Kim Il Sung
giu-92	Nodong-1		1	Kim Il Sung
mag-93	Hwasong-6	SRBM	2	Kim Il Sung
mag-93	Nodong-1		2	Kim Il Sung
31-mag-94	KN-01	Missile da crociera	1	Kim Il Sung
31-ago-98	Taepodong-1		1	Kim Jong Il
ott-03	KN-01	Missile da crociera	2	Kim Jong Il
01-mar-03	KN-01	Missile da crociera	1	Kim Jong Il
apr-04	KN-02	SRBM	1	Kim Jong Il
mag-05	KN-02	SRBM	2	Kim Jong Il
08-mar-06	KN-02	SRBM	2	Kim Jong Il
05-lug-06	Taepodong-2		1	Kim Jong Il
05-lug-06	Variante di Scud	SRBM	4	Kim Jong Il
05-lug-06	Nodong		2	Kim Jong Il
25-mag-07	KN-01	Missile da crociera	1	Kim Jong Il
07-giu-07	KN-01	Missile da crociera	2	Kim Jong Il
19-giu-07	KN-01	Missile da crociera	1	Kim Jong Il
giu-07	KN-02	SRBM	3	Kim Jong Il
mar-08	KN-01	Missile da crociera	3	Kim Jong Il
mag-08	KN-01	Missile da crociera	3	Kim Jong Il
05-apr-09	Taepodong-2/ Unha-3	Satellite	1	Kim Jong Il
25-mag-09	KN-02	SRBM	3	Kim Jong Il
lug-09	Nodong		2	Kim Jong Il
lug-09	Scud-ER	MRBM	4	Kim Jong Il

Tabella 5.1. I test missilistici condotti dalla Corea del Nord.

Data	Missile	Tipologia	Tot.	Leader
12-ott-09	KN-02	SRBM	5	Kim Jong Il
11-gen-12	KN-02	SRBM	2	Kim Jong Un
apr-12	Taepodong-2/ Unha-3	Satellite	1	Kim Jong Un
12-dic-12	Taepodong-2/ Unha-3	Satellite	1	Kim Jong Un
mar-13	KN-02	SRBM	2	Kim Jong Un
18-mag-13		SRBM	3	Kim Jong Un
19-20 mag-13		SRBM	3	Kim Jong Un
27-feb-14	Variante di Scud	SRBM	4	Kim Jong Un
03-mar-14	Variante di Scud	SRBM	2	Kim Jong Un
25-mar-14	Nodong		2	Kim Jong Un
09-lug-14	Variante di Scud	SRBM	2	Kim Jong Un
13-lug-14	Variante di Scud	SRBM	2	Kim Jong Un
26-lug-14	Variante di Scud	SRBM	1	Kim Jong Un
01-set-14	KN-02	SRBM	1	Kim Jong Un
06-set-14	KN-02	SRBM	3	Kim Jong Un
07-feb-15	Kumsong-3	Missile da crociera	1	Kim Jong Un
08-feb-15	KN-02	SRBM	5	Kim Jong Un
02-mar-15	Variante di Scud	SRBM	2	Kim Jong Un
03-apr-15	KN-02	SRBM	4	Kim Jong Un
09-mag-15	KN-11	SLBM	1	Kim Jong Un
14-giu-15	KN-01	Missile da crociera	3	Kim Jong Un
28-nov-15	KN-11	SLBM	1	Kim Jong Un
21-dic-15	KN-11	SLBM	1	Kim Jong Un
07-feb-16	Taepodong-2/ Unha-3	Satellite	1	Kim Jong Un
09-mar-16	Variante di Scud	SRBM	2	Kim Jong Un
15-apr-16	Musudan		1	Kim Jong Un
23-apr-16	KN-11	SLBM	1	Kim Jong Un
28-apr-16	Musudan		1	Kim Jong Un

Tabella 5.2. I test missilistici condotti dalla Corea del Nord.

Data	Missile	Tipologia	Tot.	Leader
31-mag-16	Musudan		1	Kim Jong Un
22-giu-16	Musudan		2	Kim Jong Un
09-lug-16	KN-11	SLBM	1	Kim Jong Un
18-lug-16	Variante di Scud	SRBM	3	Kim Jong Un
03-ago-16	Nodong		1	Kim Jong Un
24-ago-16	KN-11	SLBM	1	Kim Jong Un
05-set-16	Nodong		3	Kim Jong Un
15-ott-16	Musudan		1	Kim Jong Un
19-ott-16	Musudan		1	Kim Jong Un
12-feb-17	KN-15 (Pukkusong-2)	IRBM	1	Kim Jong Un
06-mar-17	Scud-ER	MRBM	4	Kim Jong Un
22-mar-17			1	Kim Jong Un
05-apr-17	Hwasong-12	IRBM	1	Kim Jong Un
16-apr-17	Hwasong-12	IRBM	1	Kim Jong Un
29-apr-17	Hwasong-12	IRBM	1	Kim Jong Un
14-mag-17	Hwasong-12	IRBM	1	Kim Jong Un
21-mag-17	KN-15	MRBM	1	Kim Jong Un
28-mag-17	KN-18	SRBM	1	Kim Jong Un
07-giu-17	Kumsong-3	ASCM	4	Kim Jong Un
04-lug-17	Hwasong-14	ICBM	1	Kim Jong Un
28-lug-17	Hwasong-14	ICBM	1	Kim Jong Un
26-ago-17	KN-21	IRBM	3	Kim Jong Un
28-ago-17	Hwasong-12	IRBM	1	Kim Jong Un
14-set-17	Hwasong-12	IRBM	1	Kim Jong Un
28-nov-17	Hwasong-15	ICBM	1	Kim Jong Un

ICBM, Intercontinental Ballistic Missile, 'missile balistico intercontinentale'
SRBM, Short-Range Ballistic Missiles, 'missile balistico a corto raggio'
SLBM, Submarine-Launched Ballistic Missile, 'missile balistico da sottomarino'
MRBM, Medium Range Ballistc Missile, 'missile balistico a medio raggio'
IRBM, Intermediate Range Ballistic Missile, 'missile balistico a raggio intermedio'

Tabella 5.3. I test missilistici condotti dalla Corea del Nord.

Missile	Tipologia	Gittata (in km)	Testata (kg)	Base di lancio	In servizio dal:	Dimensioni	Quantità stimata	Altri Paesi
KN-02	Stadio singolo, prop. solido	120-170 (SRBM)	250 o 485	Rampa mobile	2006	6,4 m 2.010 kg	100	
Hwasong-5	Stadio singolo, prop. liquido	300 (SRBM)	985	Rampa mobile	1986	10,94 m 5.860 kg	600	Libia, Iran, Siria, Yemen, Vietnam, Egitto
Hwasong-6	Stadio singolo, prop. liquido	500 (SRBM)	700-770	Rampa mobile	1992	10,94 m 6.095 kg		
Scud ER	Stadio singolo, prop. liquido	800-1.000 (SRBM)	500	Rampa mobile	1994	13,5 m 6.400 kg		Siria
Taepodong-2 (Paektu-san-2) (Unha-3)	Tre stadi, prop. liquido	4-1.000 a due stadi >10.000 a tre stadi (SLV)	1.000-1.500	Rampa fissa	2012	32 m 64.300 kg	5-10	
Taepodong-1 (Paektu-san-1)	Due stadi, prop. liquido	2.000 a due stadi 5.000 a tre stadi (SLV)	750	Rampa fissa	1990-1998	25,5-32 m 20.700 kg	20-30	
KN-11	Due stadi, prop. solido	1200 (SLBM)		Sottomarino	2017	9 m		
KN-15	Due stadi, prop. solido	1.200-2000 (MRBM)		Rampa mobile	2017	9-12 m		
Nodong 1	Stadio singolo, prop. liquido	1.200-1.500 (MRBM)	1.200	Rampa mobile	1994	16,2 m 26.500 kg	300	
Musudan BM-25	Stadio singolo o doppio, prop. liquido	2.500-4.000 (IRBM)	500-1.200	Rampa mobile o fissa	In fase di sviluppo	12-19 m 19-26.000 kg	50	Iran
KN-18	Stadio singolo, prop. liquida	>450 (SRBM)			In fase di sviluppo			
KN-08	Tre stadi, prop. liquido	5,5-11.500 (ICBM)		Rampa mobile	In fase di sviluppo	17,5-19,75 m		
KN-14	Stadio singolo, prop. liquido	8-1.000 (ICBM)		Rampa mobile	In fase di sviluppo	17 m		
Hwasong-12	Stadio singolo, prop. liquido	4.500		Rampa mobile e fissa	In fase di sviluppo	16,5 m 25-26.000 kg		
Hwasong-13	Tre stadi, prop. liquido	8.000 (ICBM)		Rampa mobile	In fase di sviluppo	18 m		
Hwasong-14	Due stadi, prop. liquido	>10.000 (ICBM)		Rampa mobile e fissa	In fase di sviluppo	19,8 m 33-34.000 kg		
Hwasong-15	Due stadi, prop. liquido	8,5-13.000 (ICBM)	1.000	Rampa mobile	In fase di sviluppo	21-22,5 m		

Tabella 6. I missili della Corea del Nord

Eppur si muove

Il primo gennaio 2017 Kim Jong Un avvertì il mondo che la Corea del Nord si stava preparando a entrare nello stadio finale di preparazione per testare missili balistici intercontinentali. Nonostante le critiche di Stati Uniti e Corea del Sud, l'11 febbraio iniziò la lunga serie di test missilistici; pochi giorni prima Seoul e Washington avevano espresso l'intenzione di espandere e sviluppare il sistema missilistico THAAD.

1. Il caso Kim Jong Nam

Il 13 febbraio, all'aeroporto di Kuala Lumpur, in Malesia, il fratellastro di Kim Jong Un, Kim Jong Nam, venne assassinato da due donne che spruzzarono una sostanza nervina VX sul suo viso.

Kim Jong Nam era nato il 10 maggio 1971 ed era il primogenito di Kim Jong Il e di Song Hye Rim, un'attrice molto popolare negli anni Sessanta. Appassionato di film, come il padre, aveva con esso molti caratteri comuni tranne il fatto che non era interessato ad assumere la carica di leader della Corea del Nord. Frequentò, come il fratellastro Kim Jong Un, ma in periodi diversi, una scuola in Svizzera. Nonostante la sua indole poco incline ad assumersi cariche di responsabilità, dal 1998 Kim Jong Il lo fece formare presso il potente ministero della Pubblica Sicurezza, dove ricoprì una delle cariche più importanti, per poi assegnarlo a un incarico più consono alle sue capacità: lo sviluppo della nascente industria informatica nordcoreana. Sotto questa veste nel gennaio 2001 Jong Nam accompagnò Kim Jong Il in una visita ufficiale in Cina.

Il nuovo ufficio a cui il rampollo della famiglia Kim era stato chiamato, trovava l'assoluta corrispondenza alle sue ambizioni che trovavano radici nel felice periodo trascorso in Svizzera: riformare l'economia della Corea del Nord e, in seguito, la stessa società per adeguarla alle nuove esigenze di mercato. In questa sua idea Kim Jong Nam trovava l'appoggio di Pechino e della fazione filocinese guidata da Jang Song Taek, nuova stella nascente del panorama nordcoreano. Jang sognava per il suo Paese un futuro dettato da tappe simili a quelle che avevano portato la Cina del dopo Mao a diventare una delle economie più potenti della Terra. Cominciò a istituire le Zone ad Economia Speciale, a intavolare nuovi accordi economici con imprenditori cinesi e in Corea del Nord iniziò a far nascere un primo abbozzo di mercato protocapitalista. Sembrava che la strada del potere per il primogenito della famiglia Kim fosse ormai spianata, ma il padre, il cui potere era legato a doppio filo con i potenti generali, cominciò ad avere dubbi sulla visione 2.0 del figlio. Nel maggio 2001 una visita sotto copertura a Disneyland Tokyo segnò la fine per il successore designato: le autorità giapponesi dell'aeroporto di Narita scoprirono la vera identità di Kim Jong Nam, il quale viaggiava assieme a due donne e suo figlio di quattro anni, con un passaporto falso della Repubblica Dominicana. Probabilmente, più che la causa diretta, la disavventura giapponese fu il pretesto utilizzato dalla fazione rivale a Jang Song Taek per allontanare Kim Jong Nam dalle sfere di potere.

Comunque l'imbarazzo che ne seguì per la famiglia Kim, convinse l'allora Grande Leader a rivolgere le sue attenzioni verso uno dei figli minori, Kim Jong Chul o Kim Jong Un. Fu in quel periodo che Kim Jong Il avviò un tentativo di riabilitare il nome di Ko Yong Hee, la madre dei suoi nuovi rampolli. Da parte sua, Kim Jong Nam venne convinto a lasciare la Corea del Nord e cominciò a vivere tra Macao, Pechino e Singapore. Nello stesso periodo Jang Song Taek, tutore di Kim Jong Nam in patria, venne emarginato dal potere. Non riacquistò influenza che alla fine della prima decade del XXI secolo per una nuova folgorante, quanto breve, carriera politica terminata tragicamente nel dicembre 2013.

Jong Nam iniziò anche a parlare con giornalisti, in particolare con il giapponese Yoji Gomi, criticando il regime del padre e insinuando che il fratellastro Jong Un aveva ideato un piano per ucciderlo. Delle numerose interviste rilasciate a Gomi, nel 2012 venne pubblicato anche un libro, *My Father, Kim Jong Il and Me* in cui traspariva chiaramente l'astio nei confronti di Kim Jong Un. Il timore per la sua vita non gli impedì di tornare a Pyongyang alla morte del padre, pur non presenziando ai suoi funerali.

Kim Jong Nam non aveva alcuna possibilità di insidiare il potere del fratellastro: dedito al gioco d'azzardo e attirato dalla vita mondana viveva in un mondo completamente isolato dalla politica. Inoltre dopo l'uscita di scena di Jang Song Taek, anche la stessa Cina, suo principale sponsor negli anni in cui era l'erede designato, lo aveva abbandonato. Un eventuale macchinoso complotto da molti attribuito alla Corea del Nord per uccidere Kim Jong Nam al fine di privare Pechino di un potenziale successore a Kim Jong Un nel caso questi fosse stato vittima di un putsch appoggiato da Pechino, non sarebbe stato credibile. Le forti critiche espresse da Jong Nam verso il regime nordcoreano, vennero riprese, con ancora maggior virulenza, dal figlio Kim Han Sol, il quale espresse rammarico verso il popolo della Corea del Nord e criticò il governo di Kim Jong Un. Han Sol, dopo aver frequentato l'United World College di Mostar, in Bosnia Herzegovina, completò gli studi di scienze politiche all'Institut d'études politiques de Paris (Sciences Po) di Le Havre, in Francia entrando nel Gruppo di Difesa Civile *Cheollima*, un gruppo che si batte per la difesa dei diritti civili in Corea del Nord e dal 2017 cominciò a vivere sotto protezione.

Il 13 febbraio 2017 Kim Jong Nam, dopo aver trascorso una settimana di vacanza nell'isola di Langkawi, arrivò all'aeroporto di Kuala Lumpur, in Malesia. Nel suo zainetto aveva centomila dollari in contanti e quattro falsi passaporti nordcoreani, tutti a nome di Kim Chol, sotto il cui pseudonimo viaggiava per non essere riconosciuto dalla autorità aeroportuali. Qui, mentre aspettava il proprio volo per Macao, alle nove del mattino venne avvicinato da due donne, una delle quali gli spruzzò del liquido sul volto mentre l'altra lo copriva con un fazzoletto. Immediatamente Kim si rivolse a un impiegato aeroportuale denunciando l'accaduto. Trasportato al Menara Medical Clinic dell'aeroporto, fu accolto e accudito dal dottor Nik Mohd Adzerul Ariff Raja Azlan che gli iniettò un milligrammo di atropina e adrenalina. Le condizioni del paziente furono considerate subito disperate; Kim Jong Nam morì sull'ambulanza che lo stata trasferendo all'ospedale Putrajaya della capitale malese.

Le indagini successive e la visione dei filmati registrati dalle telecamere dell'aeroporto condussero all'arresto di due donne, Siti Aisyah, venticinque anni, indonesiana, e Doan Thi Huong, ventotto anni, vietnamita.

Siti Aisyah, la più giovane di tre sorelle, era cresciuta in un villaggio di contadini a est di Giacarta. Nel 2012, dopo aver divorziato dal marito, acconsentì a lasciare il figlio di neonato in affidamento alla famiglia del marito allontanandosi dal proprio villaggio natio tornandovi però regolarmente per trovare il figlio e la propria madre. Dopo essere stata contattata da alcuni malesi che lavoravano per agenti nordcoreani, le venne offerto un nuovo lavoro come massaggiatrice; il 2 febbraio arrivò in Malesia andando ad abitare con il nuovo fidanzato, Muhammad Farid bin Jalaluddin, un malese di ventisei anni.

Doan Thi Huong era la figlia minore di una famiglia di contadini proveniente dal villaggio di Nghia Binh. A diciotto anni se ne andò ad Hanoi per studiare medicina. Secondo il quotidiano giapponese «Yomiuri Shimbun» Doan sarebbe stata sedotta nel dicembre 2016 da un funzionario nordcoreano di trentatré anni, Ri Ji Hyon, figlio di Ri Hong, un ex ambasciatore nordcoreano ad Hanoi, che si era fatto passare per un facoltoso uomo d'affari sudcoreano. Proprio in Vietnam Ji Hyon avrebbe vissuto per dieci anni imparando perfettamente la lingua e lavorando, tra il 2009 e il 2010, presso la stessa ambasciata nordcoreana come interprete. Secondo la polizia malese sarebbe stato Ri Ji Hyon la mente che pianificò e organizzò l'omicidio di Kim Jong Nam riuscendo a fuggire, assieme ad altri tre sospettati nordcoreani (Hong Song Hac, trentaquattro anni, O Jong Gil, cinquantacinque anni e Ri Jae Nam, cinquantasette anni) a Pyongyang il 17 febbraio transitando negli aeroporti di Giacarta, Dubai e Vladivostok.

Secondo la difesa, una volta in Malesia i quattro nordcoreani avrebbero avvicinato Doan Thi Huong e Siti Aisyah offrendo loro delle parti come attrici in un programma di scherzi televisivi: per addestrarle nella loro parte, Siti Aisyah avrebbe preso parte a una decina di scherzi per poi essere inviata a Phnom Penh dove, dietro compenso di duecento dollari, le venne chiesto di agire per tre volte, mentre Doan Thi Huong sarebbe stata utilizzata quattro volte in differenti luoghi di Kuala Lumpur.

Quando vennero ritenute pronte, alle due donne venne chiesto di effettuare un altro scherzo dietro compenso di cento dollari all'aeroporto internazionale di Kuala Lumpur.

Lo "scherzo" si rivelò un drammatico assassinio e secondo le autorità malesi il tutto venne organizzato in concerto con agenzie di spionaggio nordcoreane. Vennero incriminati, assieme alle due autrici riprese dalle telecamere, otto nordcoreani: i quattro che il 17 febbraio arrivarono a Pyongyang e altri quattro, Ri Jong Chol, Ri Ji U, Kim Uk Il, un impiegato della compagnia aerea nazionale Air Koryo e Hyon Kwang Song, secondo segretario dell'ambasciata nordcoreana a Kuala Lumpur. A parte le due donne e Ri Jong Chol, tutti gli altri sospettati riuscirono a trovare rifugio presso l'ambasciata nordcoreana prima che la polizia raggiungesse le loro abitazioni malesi. Solo Ri Jong Chol, identificato come l'autista che favorì la fuga del quartetto guidato da Ri Ji Hyon, venne trattenuto fino al 3 marzo, quando fu rilasciato per mancanza di prove e imbarcato per Pyongyang. Ri Jong Chol, quarantasette anni, era un chimico che aveva lavorato in un centro di ricerca a Kolkata, in India, fino al 2011 e poi si era trasferito in Malesia come direttore del reparto di sviluppo tecnologico della Tombo Enterprises, una ditta che produceva medicine tradizionali. Gli altri tre nordcoreani rifugiatisi nell'ambasciata nordcoreana vennero alla fine scagionati il successivo 30 marzo lasciando che le accuse ricadessero solo su Doan Thi Huong e Siti Aisyah.

Il processo iniziò il 2 ottobre 2017, ma la comunità internazionale, più che sull'udienza vera e propria, cominciò a preoccuparsi sulla possibilità che la Corea del Nord, nel caso di fosse rivelata coinvolta, possedesse armi chimiche, come il VX, un composto proibito dalla Convenzione sulle Armi Chimiche del 1993, a cui Pyongyang non aveva mai aderito.

Il VX (le iniziali stanno per 'agente velenoso X') è un liquido inodore e insapore, quindi facile da trasportare in quanto, bollendo a 298 gradi centigradi, può essere contenuto in una semplice bottiglietta di vetro. Al fine di proteggere gli agenti che spruzzano il liquido alla propria vittima, non viene utilizzato l'elemento nervino direttamente, ma due composti separati che, una volta in contatto tra loro, reagiscono producendo il VX. La tattica utilizzata da Doan e Siti ricalcherebbe questa ipotesi: un primo composto sarebbe stato spruzzato con uno spray dalla ragazza vietnamita sul viso di Kim Jong Nam e il secondo reagente sarebbe stato somministrato dalla ragazza indonesiana quando coprì la faccia della vittima con un fazzoletto umidificato. Le due sostanze, venute a contatto tra loro sulla pelle del malcapitato, avrebbero formato l'agente nervino VX.

La presenza di agenti nervini nelle mani di Pyongyang impensierì ulteriormente le diplomazie sudcoreane, giapponese e statunitensi. Anche se il governo nordcoreano affermava di non possedere armi chimiche e batteriologiche, l'Istituto Coreano di Ricerca di Tecnologia Chimica di Seoul stimava che almeno quattro basi militari a ridosso della Zona Demilitarizzata erano dotate di armi chimiche prodotte in undici stabilimenti sparsi nel Paese supportati da tredici centri di ricerca e sviluppo. Secondo il ministero della Difesa Nazionale sudcoreano negli arsenali delle Forze armate erano custoditi tra le duemilacinquecento e le cinquemila tonnellate di armi chimiche. Queste cifre, però, non ebbero alcuna conferma effettiva e, come avevano dimostrato le notizie preguerra architettate ad hoc al fine giustificare un attacco militare da parte dell'Occidente all'Iraq, i dati inerenti a questo tema rimanevano ambigui. Vero è che un'industria chimica abbastanza avanzata come quella nordcoreana non avrebbe fatto alcuna fatica a procurarsi materie prime e produrre agenti chimici pronti ad essere utilizzati in un eventuale conflitto. Inoltre, anche se Kim Jong Un avesse aderito alla Convenzione delle Armi Chimiche, nulla avrebbe vietato di produrre agenti chimici considerati potenzialmente offensivi per scopi militari se questi non superavano una quantità pari a cento grammi annui (la quantità considerata letale per un uomo sui settanta chilogrammi si aggira sui dieci milligrammi).

2. *La svolta della Corea del Sud*

Poche settimane dopo la crisi tra Corea del Nord e Malesia sul caso Kim Jong Nam, la Corea del Sud fu protagonista della svolta che determinò un nuovo sviluppo della crisi coreana. Il 9 maggio 2017 13.423.800 elettori sudcoreani elessero come proprio Presidente Moon Jae-in che, con il 41,08% delle preferenze surclassò Hong Junpyo, candidato del Partito della Libertà (ex Saenuri Party) che ottenne il 24,03% dei voti e Ahn Choel-soo, leader e fondatore del Partito Popolare che si accaparrò la fiducia del 21,41% dell'elettorato.

Il Paese era appena uscito dalla devastante quanto rovinosa esperienza presidenziale di Park Geun-hye, la quale aveva intrapreso una politica di scontro con il Nord giungendo a installare il THAAD e a chiudere la Kaesong Industrial Complex. La salita di Moon fu, quindi, salutata con entusiasmo da tutti i principali attori della regione a partire dallo stesso popolo sudcoreano, per comprendere il Giappone e la Cina, la quale vedeva nel nuovo Presidente il ritratto dell'onestà e della distensione.

Più cauta, invece, la reazione di Pyongyang che preferì attendere le prime mosse del neopresidente, come del resto era sempre stata solita fare.

E la nuova politica che Moon Jae-in voleva imprimere al proprio Paese non si fece attendere: il 19 giugno 2017, durante la chiusura del reattore numero 1 della centrale nucleare di Kori, venne annunciato che il suo programma energetico prevedeva la graduale uscita dalla fissione per concentrarsi sul gas naturale in funzione tampone per una definitiva produzione elettrica generata da fonti rinnovabili. Un piano ambizioso, dato che il 30,3% dell'energia consumata nel Paese proveniva dal nucleare e che le compagnie sudcoreane erano impegnate nella costruzione di altri undici impianti nel pianeta (di cui tre in Corea del Sud).

L'idea che la nuova amministrazione di Seoul voleva dare era quella di lanciare un messaggio verso Pyongyang: la decisione di non procedere a nuove installazioni atomiche sul proprio territorio era il segnale che la Casa Blu cambiava direzione rispetto alle precedenti amministrazioni; una sorta di congelamento del programma nucleare, seppur civile, da parte del nuovo inquilino presidenziale. Inoltre l'intenzione di Moon di acquisire gas naturale dalla Russia individuava nella Corea del Nord un interlocutore di primo piano, visto che il gasdotto che avrebbe portato il combustibile fossile avrebbe dovuto passare lungo tutto il territorio a nord del 38° parallelo. In pratica Moon Jae-in offriva a Kim Jong Un la cooperazione energetica e la denuclearizzazione su un piatto d'argento. Non solo, ma chiedendo alla Russia la fornitura di gas naturale concedeva a Kim piena fiducia perché dava al collega la valvola di intercettazione del gasdotto.

Il 7 giugno 2017 Moon sospese lo schieramento di altri THAAD sul territorio sudcoreano. Il 28 luglio, però, a seguito del secondo test con il missile *Hwasong*-14 effettuato dalle Forze armate nordcoreane (il primo era stato lanciato il 4 luglio), il Presidente sudcoreano richiese e ottenne il posizionamento di altre quattro unità THAAD che avrebbero dovuto essere coadiuvate da un sistema antimissilistico sviluppato e prodotto dalle stesse forze sudcoreane.

La situazione sembrava dovesse precipitare, ma Moon aveva aperto un canale di stretto dialogo anche con Donald Trump e la sua amministrazione riuscendo a mediare e smussare intelligentemente gli spigoli che andavano a crearsi tra il dialogo Washington-Pyongyang.

Nel maggio 2017 Trump cominciò a dirsi disposto di incontrare Kim Jong Un, ma al tempo stesso ottenne che le Nazioni Unite allungassero la lista delle sanzioni verso Pyongyang, includendo il 90% dei beni e delle materie prime che garantivano alla Corea del Nord l'entrata di valuta forte. Sebbene la Cina fosse stata sempre contraria all'embargo per non indebolire il governo di un Paese il cui collasso avrebbe rischiato di far cadere nel caos l'intera penisola coreana, aderì alla richiesta statunitense, con la speranza che Kim Jong Un si ravvedesse e acconsentisse a interrompere la campagna nucleare. Ma Xi Jinping sapeva che il vicino non si sarebbe lasciato intimidire così facilmente: dopotutto l'arma del nucleare era vista come l'unico salvavita che avrebbe permesso alla famiglia regnante di continuare a governare.

Le tensioni tra Stati Uniti e Nord Corea sembrava dovessero salire continuamente, in realtà l'amministrazione Trump continuava a monitorare attentamente la situazione escludendo sin da principio ogni possibile intervento militare. L'opinione pubblica americana non avrebbe accettato l'apertura di un nuovo fronte in Asia e negli ambienti militari si guardava con preoccupazione ogni tipo di azione che, sia con l'uso o meno delle armi nucleari, avrebbe obbligato il Pentagono a organizzare un'invasione da terra che avrebbe mietuto centinaia di migliaia di vite umane tra gli alleati. La stessa flebile voce dei falchi all'interno della Casa Bianca fu immediatamente bloccata dal Congresso quando si sparse la voce dell'intenzione di chiedere l'autorizzazione per l'uso della forza in un eventuale risoluzione del conflitto nordcoreano. Nonostante i titoli a tutta pagina dei vari media, nella realtà non vi fu mai alcuna volontà da parte delle due parti di ingaggiare una guerra.

Nell'impossibilità di condurre un intervento militare, Trump riuscì comunque a far approvare misure sempre più restrittive da parte delle Nazioni Unite in protesta ai continui test missilistici e nucleari condotti da Pyongyang. Non era quindi sbagliato nell'ottica nordcoreana, considerare le risoluzioni Onu di giugno, settembre e dicembre 2017 come un'alternativa alle dichiarazioni di guerra mancate da parte di Washington.

Le undici risoluzioni approvate dalle Nazioni Unite, la prima il 15 luglio 2006, l'ultima il 22 dicembre 2017, atte a far desistere la Corea del Nord dalla corsa missilistica e nucleare, in realtà non ebbero mai pieno successo. Centosedici stati membri dell'Onu (di cui quarantatré africani), non presentarono mai piani che delineassero il loro impegno nell'attuare le risoluzioni contro Pyongyang; anzi molti di questi continuarono a trattenere impegni commerciali con attività nordcoreane semplicemente perché non ritenevano i programmi nucleari e missilistici nordcoreani un pericolo per la loro stabilità e quella internazionale. Neppure il boicottaggio e il forzato congelamento di beni e conti bancari esteri appartenenti a compagnie della Corea del Nord riuscirono a bloccare le attività di Pyongyang. Nei dodici anni in cui l'Onu impose vari embarghi i diplomatici e gli economisti nordcoreani riuscirono a ideare tecniche di raggiro utilizzando società compiacenti, intermediari, banche e cargo battenti bandiere straniere tramite cui inviare e ricevere denaro, materiale, informazioni da e verso tutto il mondo. La stessa Cina, sebbene, come scritto in precedenza, avesse aderito in ritardo e con riottosità alle richieste delle Nazioni Unite, lasciò comunque sempre una porta aperta per il commercio con il Paese vicino affinché questo non crollasse portando con sé disastrose conseguenze politiche ed economiche.

3. Un Paese in trasformazione

Con la politica del *byungjin* la nazione asiatica riuscì comunque a risalire la china economica nonostante i contrasti con la comunità internazionale e dal 2011 la trasformazione economica e sociale fu sempre più evidente, anche nelle stesse istituzioni nordcoreane.

Sin dall'ottobre 2010, ad esempio, era operativa sul territorio la Pyongyang University of Science and Technology (PUST), un istituto universitario privato costruito e gestito in gran parte con fondi della Chiesa Evangelica sudcoreana. Qui un centinaio di professori, tutti a titolo volontario e provenienti principalmente da Stati Uniti e Regno Unito, insegnavano a cinquecento studenti nordcoreani materie scientifiche e economiche in lingua inglese. Nelle facoltà del PUST si sarebbe formata la nuova classe dirigente nordcoreana, in particolare economisti in grado di interagire con le nuove regole del mercato finanziario ed economico, ma anche nuovi agronomi, biologi, dottori, ingeneri, scienziati.

Kim Jong Un dimostrava di credere nel mercato rivoluzionando un governo gerontocratico e anchilosato dai militari, mettendo al loro posto tecnocrati ed economisti.

Ed i risultati non si fecero attendere, a cominciare dalle città, oggetto di un drastico riassetto urbanistico caratterizzato da un boom immobiliare. Strano a dirsi, in un regime a mercato socialista, la compravendita di immobili cominciò a divenire uno dei maggiori giri d'affari del Paese tanto che a Pyongyang (ma non solo) vennero innalzati nuovi quartieri residenziali i cui prezzi schizzarono talmente alle stelle che uno di questi venne soprannominato Pyonghattan. Qui, lungo la Changjon Street, joint venture sino-nordcoreane dopo il 2013 cominciarono a costruire appartamenti utilizzando nuove strutture, nuovi materiali, nuovi spazi che avrebbero dovuti essere riprodotti negli altri centri urbani nordcoreani. Case insonorizzate, vetrate più ampie per dare luminosità alle stanze, colori vivaci, coibentazione per risparmio energetico diventarono le residenze dei *donju*, letteralmente "i signori dei soldi", i nuovi ricchi della Corea del Nord, coloro che, grazie a conoscenze o parentele all'estero, riuscirono, durante gli anni Novanta e la prima decade del Duemila, a creare redditizie attività commerciali (si stima che i soli diecimila nordcoreani oggi residenti e impiegati in Sud Corea – su trentamila totali – inviino al Nord tra i dieci e i quindici milioni di dollari annui).

Fu in questo nuovo contesto sociale che cominciarono a operare le fiorenti transizioni immobiliari nordcoreane; mediatori contattavano funzionari dei vari dipartimenti regionali di assegnazione degli alloggi i quali, con una "commissione" che andava dal 10 al 30%, riservavano a chi ne faceva richiesta i migliori appartamenti. Un affare da trilioni di won, vista la crescita esponenziale dei prezzi degli immobili dal 2004 a oggi. Un appartamento di cento metri quadrati sulla Changjon situato sui "piani reali" (alloggi situati fino al terzo o quarto piano di un edificio e così chiamati perché più accessibili senza l'ausilio di ascensori spesso fermi per mancanza di energia elettrica) poteva costare l'equivalente di centosettantamila euro. In centro a Pyongyang i prezzi medi si aggiravano sui mille euro al metro quadrato, mentre a Chongjin, una città in piena fase di sviluppo sulla costa settentrionale ci si accontentava di ottocento euro al metro quadrato. Se si pensa che nel 2004, quando iniziarono a funzionare le prime transizioni immobiliari, un intero appartamento a Pyongyang costava meno di duemila euro, si può capire quanto fosse consistente il movimento di denaro che interessava il mercato immobiliare. Le transizioni avvenivano tra famiglie consenzienti: pur non esistendo proprietà privata, in Corea del Nord i singoli amministratori di quartiere potevano acconsentire a che una famiglia si trasferisse in un'altra zona cittadina a patto che l'appartamento libero venisse occupato da un altro nucleo. I mediatori servivano proprio a trovare famiglie che, in cambio di denaro o di favori, acconsentissero a lasciare le loro abitazioni per trasferirsi in altri alloggi. Accanto allo scambio di alloggi nacque una fiorente industria di operai specializzati in ristrutturazioni, rifacimenti elettrici e idraulici, nuovi sanitari, cucine e, naturalmente, rivendite di elettrodomestici provenienti dalla Cina, Giappone e Corea del Sud.

Il governo era naturalmente a conoscenza di tale commercio, così come di altre attività private quali ristorantini, pub, bar, discoteche, negozi che permettevano alla maggior parte delle famiglie nordcoreane di aumentare i loro introiti, ma faceva buon viso a cattivo gioco. Un funzionario statale guadagnava tra i tremila e i cinquemila won al mese, l'equivalente di quindici-trentatré euro al cambio ufficiale, che però si riducevano a trenta-sessanta centesimi di euro al cambio del mercato nero, dove un dollaro veniva cambiato a ottomila-ottomilacinquecento won: un'inezia anche per un Paese, come la Corea del Nord, dove, in teoria, ogni cittadino aveva diritto a ricevere cibo e generi di prima necessità gratuitamente da parte dello Stato. In realtà nel 2018 si stimava che per sopravvivere, una famiglia di quattro persone necessitava un'entrata mensile di centomila won. Molte famiglie guadagnavano ben più della cifra minima di sopravvivenza e l'80% delle entrate di un nucleo familiare proveniva dalle attività private, mentre si stimava che, nel 2013, il mercato privato contribuiva al 30-50% del Pil del Paese.

I prezzi non erano più determinati dallo Stato, ma dal mercato: nell'affollatissimo centro commerciale di Kwanbok si trovavano bottiglie di Chivas a duecentosettantaduemila won, mele a cinquemilacinquecento won al chilo, shampoo L'Oréal a quarantamila won, diverse marche di vino di produzione cinese a centomila won, un chilo di riso a cinquemila won, scarpe a duecentomila won, e poi lavatrici, frigoriferi, tablet, pc e, cosa sempre più popolare in una nazione in cui sono normali black out energetici, pannelli solari che costavano tra i cinquecentomila e i due milioni di won. Dal 2015 le strade di Pyongyang cominciarono ad essere percorse da un numero sempre maggiore di biciclette elettriche cinesi *Anqi*, vendute ai centri commerciali a 2.620.000 won, mentre cominciarono a fare la loro comparsa anche auto private e compagnie di taxi. Uno smartphone, che tremilioni e secicentomila milioni di nordcoreani possedevano, costava due milioni di won.

Il tutto poteva essere pagato sia in contanti che con due tipi di carte di credito valide, però, solo all'interno del circuito nordcoreano: la *Narae* e la *Chonsong*.

Si trovavano anche televisori a schermo piatto che avrebbero potuto far sorridere pensando che nel Paese trasmettevano solo tre canali dal palinsesto abbastanza scarno e ripetitivo, due dei quali diffondevano programmi solo nei giorni feriali per quattro o cinque ore al giorno. In realtà le tv erano i prodotti che andavano per la maggiore perché i nordcoreani adoravano guardare i dvd venduti al mercato nero delle serie televisive cinesi e, in particolare, sudcoreane (la più popolare di queste portava sullo schermo le gesta militari di *Taeyang-ui Huye,* 'I discendenti del Sole'). Piccole librerie private vendevano volumi ufficialmente proibiti nelle biblioteche pubbliche. Questi fenomeni divennero talmente virali che lo stesso Kim Jong Un ritenne suo dovere denunciarne la corrente: «È necessario contrastare l'ideologia imperialista, l'avvelenamento culturale per proteggere e preservare strettamente il nostro stile di vita e la nostra cultura socialista [...]. Dobbiamo stabilire una forte disciplina morale nella società. [...]. È necessario aumentare ulteriormente il potere dell'ideologia politica e militare».

Come già accennato nei capitoli precedenti, lontano dalle città, al posto dei supermercati e centri commerciali, c'erano i *golmokjang* (mercati contadini non autorizzati, ma tollerati), e i *jangmadang* (mercati contadini autorizzati).

Le "Misure del 30 maggio", il pacchetto di riforme avviate da Kim Jong Un nel 2014, consentiva ai contadini di trattenere tra il 30 e il 60% del raccolto per proprio consumo o per commercializzarlo, mentre ai dirigenti d'impresa venivano offerti forti incentivi sui profitti delle aziende statali. Questo permise all'economia nordcoreana di riprendere vigore, tanto che dall'inizio del 2017 in alcune contee, i *jangmadang* iniziarono a vendere anche piccoli animali d'allevamento, in particolare anatre, galline, maiali, conigli.

La caratteristica di questo stato di cose era che la nascente economia privata era controllata in gran parte da donne per quanto riguardava il settore agricolo e quello del piccolo commercio. Durante gli anni della carestia (anni Novanta) il governo, per evitare di perdere il controllo sulla forza lavoro ed evitare così possibili rivolte popolari, aveva obbligato operai e agricoltori, per la maggioranza uomini, a presidiare i posti di lavoro anche nel caso fabbriche e cooperative non funzionassero con la scusa di proteggere le proprietà statali e rimanere a disposizione per quando la produzione sarebbe ripresa. Le donne casalinghe furono quindi quelle che riuscirono a imbastire i primi abbozzi di attività commerciali, che fecero la loro prima apparizione alla metà degli anni Novanta. Furono loro ad aprire i primi ristorantini, bar, sartorie, persino piccole locande dove era possibile dormire e, non ultimo, cambiavalute e prestiti di denaro. Ufficialmente tutte queste attività appartenevano allo Stato, ma la gestione, compreso l'acquisto di macchinari e delle materie prime, il rinnovo dei locali, la scelta dei collaboratori veniva fatta dall'impresario, che intascava il ricavato pagando una piccola somma in forma di percentuale, alle autorità locali (a titolo di esempio, un pasto in un ristorante lussuoso di Pyongyang può costare tra i venticinque e i trenta dollari). La libertà di movimento, formalmente ancora ristretta (un cittadino doveva avere un permesso scritto sia dal suo dirigente di lavoro che dalle autorità locali), divenne più elastica e accanto ad essa si venne a creare un sistema di trasporti privati, per lo più bus, camion, auto comprati in Cina con capitali privati, ma ufficialmente registrati sotto imprese governative (unità militari, scuole, hotel, fabbriche, cooperative).

Tutto questo sottobosco di attività ufficialmente illegali, alimentarono una corruzione che sino alla fine degli anni Ottanta era sconosciuta nel Paese, anche perché, sino a quando l'economia era interamente controllata dallo Stato, la moneta era praticamente inutile.

Nelle campagne la terribile crisi degli anni Novanta era ormai solo un ricordo ma il problema alimentare perdurava, anche se la fame non era più una realtà. In compenso era la malnutrizione a debilitare il fisico dei nordcoreani e non si parlava di disponibilità, ma di accessibilità al cibo. Sebbene la produzione agricola nel 2017 fosse aumentata, per sfamare i 25 milioni di abitanti il Paese doveva importare ogni anno tra le quattrocentomila e le cinquecentomila tonnellate di cibo, circa il 10% della necessità alimentare, la maggior parte sotto forma di aiuti internazionali, il 75% dei quali giungevano rispettivamente da Cina, Sud Corea, Stati Uniti e Giappone. Nulla di strano, quindi, che le nazioni più ostili al governo nordcoreano fossero anche le più generose nell'elargire gli aiuti:

a nessuno, infatti, avrebbe giovato un crollo improvviso del regime, che avrebbe portato milioni di profughi a varcare il 38° parallelo per dirigersi a sud o a inondare le aree cinesi a ridosso della frontiera settentrionale.

Secondo Kelly Greenhill, professoressa alla Tufts University di Medford, Massachusetts, specializzata in politica dei flussi migratori un collasso improvviso del regime avrebbe portato nei mesi immediatamente successivi trecentomila profughi in Sud Corea e Cina, mentre nel primo anno la migrazione interesserebbe diversi milioni di nordcoreani. Una cifra che terrorizzava sia Cina, ma anche, anzi soprattutto, la Corea del Sud, già alle prese con grossi problemi di inserimento dei ventisettemila nordcoreani presenti sul suo territorio, molti dei quali devastati da problemi psicologici e dediti al crimine organizzato, all'alcolismo e alla droga.

Per fronteggiare un'eventuale migrazione di massa, Stati Uniti e Corea del Sud avevano preparato, sin dal 2008, il CONPLAN 5029. In caso di improvviso collasso del regime di Pyongyang il primo passo previsto dal CONPLAN sarebbe stato quello di acquisire il controllo e la messa in sicurezza delle armi di distruzione di massa nordcoreane, organizzare il flusso dei rifugiati, ripristinare la stabilità nel Paese e organizzare un'economia di mercato. Secondo le procedure del piano la Corea del Sud avrebbe già avuto infrastrutture per accogliere duecentomila profughi nei primi tre anni dal collasso del regime e tra i seicentomila e un milione di rifugiati nei successivi sei-dieci anni.

In Cina, però, la situazione era ancora peggiore: qui molti dei centomila rifugiati nordcoreani già presenti sul territorio erano visti come bassa manovalanza da sfruttare in lavori meno gratificanti; nel peggiore dei casi, alcune delle ragazze terminavano il loro viaggio in bordelli gestiti da bande sino-coreane.

La versione ufficiale della Corea del Nord nei confronti di questi cittadini fuggiti dal loro Paese è che fossero «terroristi che si oppongono al sistema sociale della Dprk, Paese in cui i cittadini godono di una vita genuina e felice».

Naturalmente ben pochi a nord del 38° parallelo erano ancora convinti di vivere in un paradiso, ma l'osmosi di notizie tra nord e sud aveva anche cambiato la visione del mondo di molti nordcoreani. I *talbukja*, letteralmente 'coloro che sono scappati dal Nord', nonostante le difficoltà rimanevano in contatto con le loro famiglie e questo permise di sfatare alcuni dei miti che rendevano Cina e Sud Corea delle mete incantate e ineffabili.

Questa disillusione, accompagnata anche dal sensibile miglioramento delle condizioni di vita registrato dai primi anni Duemila, fece sì che le fughe, oggi principalmente dovute a motivi economici più che politici, già dal 2014 si riducessero sensibilmente. Negli ultimi cinque anni di regime di Kim Jong Il, tra il 2007 e il 2011, scapparono nel Sud attraverso la Cina una media di 2.678 nordcoreani; negli anni immediatamente seguenti, quando Kim Jong Un prese il potere, la cifra crollò a 1.340 persone all'anno sino a scendere a 1.137 nel 2018.

Secondo il ministero dell'Unificazione della Corea del Sud, il 48,4% dei nordcoreani che nel 2014 si erano trasferiti al Sud erano disoccupati. Per arrestare questa emorragia di giovani lavoratori (il 58,2% dei quali aveva tra i venti e i trentanove anni) Pyongyang doveva trovare il modo di migliorare la propria economia e, soprattutto, modernizzare le proprie infrastrutture. Alle strade, porti, macchinari industriali fatiscenti e obsoleti si aggiungevano frequenti interruzioni di energia elettrica che mantenevano le compagnie straniere lontane dall'altrimenti allettante mercato nordcoreano.

Nel Paese alla fine del ventennio del XXI secolo operavano una trentina di aziende europee e, secondo un rapporto della Samsung Economic Research Institute, il governo aveva commissionato alla Cina la costruzione e la ristrutturazione di impianti e servizi per 6,5 miliardi di dollari. Gli investimenti stranieri, che nel 2010 ammontavano a un miliardo e 475 milioni di dollari, erano destinati ad aumentare, ma la volatilità e la volubilità delle leggi inerenti al lavoro mantenevano le industrie lontane da Pyongyang. Dopo l'esecuzione di Jang Song Taek e la purga della fazione "cinese", la Corea del Nord aveva cominciato a guardare con sempre maggiore interesse alla Russia come possibile partner commerciale e politico, non disdegnando, al tempo stesso, altri mercati come l'Iran o l'Africa. Il Mansudae Art Studio, il principale centro di produzione artistica nordcoreano, solo nel 2016 aveva costruito statue e monumenti in quindici paesi africani, mentre in Europa e in Asia il governo apriva ristoranti nordcoreani.

Alla ricerca continua di investitori, la Corea del Nord organizzava annualmente viaggi di affari per imprenditori europei interessati a credere nel mercato nordcoreano, ma senza destare grande interesse.

La Russia, che condivide con la Corea del Nord diciassette chilometri di confine attraversati da un solo ponte ferroviario, sembrava abbastanza restia ad entrare nel mercato coreano, e obiettivamente non poteva mai sperare di sostituirsi alla Cina. Dopo che, tra gli anni Sessanta e Ottanta del XIX secolo, l'Unione Sovietica rappresentava il principale partner commerciale della Corea del Nord, il commercio bilaterale tra le due economie nel 2015 era calato a soli 83,8 milioni di dollari (quasi interamente importazioni di prodotti russi) contro i 5,29 miliardi di dollari tra Pyongyang e Pechino. La prospettiva, scaturita da incontri diplomatici avvenuti nel 2015, di portare il commercio bilaterale tra Mosca e Pyongyang a 1 miliardo di dollari entro il 2020 sembra ormai di difficile realizzazione. Nel 2017 venne stato inaugurato il primo traghetto passeggeri che univa la Corea del Nord con Vladivostok. I rapporti tra le due nazioni migliorarono da quando, nel 2012, la Russia cancellò il 90% degli undici miliardi di dollari di debiti contratti da Pyongyang con l'ex Urss creando anche il Ministero dello Sviluppo dell'Estremo Oriente, che divenne il principale interlocutore di Mosca con il governo di Kim Jong Un. Al tempo stesso, sempre dal 2015, la Russia aveva alzato a cinquantamila la quota di permessi concessi a lavoratori nordcoreani nelle proprie industrie tessili, edili e di pesca nelle regioni di Amur, Khabarovsk e Primosky (per confronto, la Cina nello stesso periodo aveva emesso 933mila visti per lavoro a cittadini nordcoreani). Questi lavoratori, al pari dei transfughi in Corea del Sud, erano un'importantissima fonte di valuta pregiata per l'economia nordcoreana: nel 2015 tra i centoquindici e i centosettanta milioni di dollari entrarono nell'economia nordcoreana grazie a questi lavoratori emigrati e si pensa che la cifra potrebbe raddoppiare entro il 2020.

4. Sanità e diritti umani

Con l'economia, Kim Jong Un riformò anche il sistema sanitario nordcoreano che, dalla prima decade del XXI secolo, cominciava a dare segni di ripresa dopo il tracollo degli anni Novanta.

Dal 2013 le malattie che uccidevano maggiormente i nordcoreani non erano più quelle trasmissibili (malaria, TBC), tipiche dei Paesi in via di sviluppo, ma quelle cardiovascolari o tumori; un indicatore che, nonostante tutto, evidenziava i progressi ottenuti confermandosi che il sistema sanitario si stava riprendendo. Tra il 2001 e il 2011 i casi di malaria erano crollati da trecentomila a meno di venticinquemila, mentre i casi di TBC scesero da 150 per 100.000 abitanti nel biennio 1996/97 a 27 per 100.000 abitanti nel 2012.

Secondo i dati messi a disposizione dal World Health Organization, anche la mortalità infantile al primo anno di vita diminuì dal 57,81 per mille nel quinquennio 1995/2000 a 21,99 per mille nel quinquennio 2010/2015. Ancora alta, se comparata con i paesi dell'area (la Corea del Sud ha una mortalità infantile al primo anno di vita del 2,91 per mille, la Cina dell'11,65 e il Giappone del 2,2), ma inferiore a quelle di Cambogia, Myanmar, Pakistan, India, Indonesia. Anche la mortalità al di sotto dei primi cinque anni di vita si dimezzò: dal 47,6 per mille nel 2000 diminuì al 24,9.

Gli aiuti umanitari da parte delle agenzie internazionali si concentravano nelle zone di maggior densità abitativa e dove i permessi di accesso da parte delle autorità erano più facilmente ottenibili. Così le organizzazioni presenti nel Paese (UNDP, FAO, WHO, WFP, Unicef, International Federation of the Red Cross and Red Crescent, Swiss Agency for Development and Cooperation, Welthungerhilfe, Concern) si limitavano ad agire nella fascia compresa tra il 38° e il 40° parallelo, dove si concentrava la maggior parte della popolazione con una particolare attenzione nei diciotto *kuyok* (distretti) e nei due *kun* (contee) della municipalità di Pyongyang.

Nel 2015 nell'area di Samsok-gun, ad esempio, con una popolazione totale di sessantamila persone, lavoravano quindici agenzie umanitarie che gestivano progetti verso orfanatrofi, dispensari, centri di aiuto agricolo e programmi di vaccinazioni contro l'epatite B. Nell'area poco distante di Kangdong-kun, invece, i duecentoventimila abitanti non avevano garanzia di alcun aiuto perché le autorità del Paese non avevano rilasciato i premessi di accesso dato che le due contee erano divise dal centro residenziale di Kim Jong Un, il cui ingresso era vietato a chiunque.

E mentre la città di Nampo, centro di 840mila abitanti e meta anche dei giri riservati ai turisti stranieri, poteva contare sulla presenza di ben quattordici organizzazioni umanitarie, l'intera provincia di Jangang, all'estremo nord lungo il confine cinese, aveva un solo centro di aiuti, a Huichon, organizzato dalla Caritas tedesca, preposta a distribuire vaccini contro l'epatite B. La provincia di Hangyong Settentrionale, al confine con la Cina e la Russia, con un milione e mezzo di abitanti, aveva quindici centri gestiti da agenzie umanitarie, in particolare lungo le zone costiere, mentre nella provincia di Hangyong Meridionale, con due milioni di abitanti, i centri salivano a quarantaquattro.

In questo modo andava a mancare l'uniformità degli aiuti, in particolare in quelle zone a ridosso del confine cinese, dove le condizioni di vita erano più difficili da sostenere.

Alla situazione sanitaria fece il paio quella, estremamente dibattuta e spinosa, dei diritti umani. In mancanza di dati ufficiali, l'UNDP non inserì la Corea del Nord in alcuna classifica dell'indice di sviluppo umano mentre Amnesty International e Human Rights Watch continuavano a registrare abusi ai danni dei cittadini nordcoreani da parte del loro stesso governo.

A chi la accusava di violare i principi basilari dei diritti umani, Pyongyang replicava che «non ci sono diritti umani standard che ogni Paese può accettare» perché «gli standard dei diritti umani internazionali non devono copiare gli "standard" di particolari Paesi e neppure deve essere chiesto di seguire questi "standard"».

Nonostante che organizzazioni umanitarie e delle Nazioni Unite avessero più volte chiesto alla Corea del Nord il permesso di condurre inchieste e indagini in loco, Pyongyang negò alla maggior parte di loro l'accesso al Paese. L'ultimo Rapporto della commissione d'inchiesta sui diritti umani nella Dprk dell'Human Rights Council delle Nazioni Unite risaliva al 2013 e dovette basarsi sulla testimonianza di circa ottanta persone fuggite dalla Corea del Nord e rifugiatisi in Corea del Sud, Giappone, Regno Unito e Stati Uniti. Questo metodo, in un certo senso, falsificò il rapporto in quanto basato su testimonianze non completamente verificabili e prive di contraddittorio. Non per questo, però, le numerose prove, documentazioni e video oramai in possesso dalle organizzazioni internazionali lasciavano pochi dubbi sulla durezza con cui il regime soffocava ogni tentativo di opposizione interna. Il sistema *songbun*, che durante il periodo di Kim Il Sung e nel primo periodo dell'era Kim Jong Il era alla base della società nordcoreana dividendo i cittadini in classi sociali basate sulla fedeltà al regime decidendo il luogo dove la famiglia doveva vivere e a quale carriera scolastica e lavorativa potevano aspirare i suoi membri, divenne sempre meno discriminante. La crescente importanza del denaro soppiantò il *songbun*, mentre dalla prima decade del 2000 i reati commessi dalla singola persona non vennero più addebitati a cascata sulla famiglia e sul parentado. Questo significava che solo chi compiva una violazione veniva punito, a differenza di quanto accadeva nel passato, in cui la colpa veniva espiata in forma collettiva e, in caso di reati politici, l'intero nucleo familiare era spedito nei *kwanliso* (letteralmente 'aree controllate'), i campi di prigionia riservati agli oppositori del governo. Secondo l'Istituto Coreano per l'Unificazione Nazionale, nel 2013 vi erano tra le ottantamila e le centoventimila persone detenute in quattro *kwanliso* (un numero inferiore rispetto ai 150-200mila prigionieri che affollavano i capi e le prigioni all'inizio del XXI secolo), a cui si aggiungevano circa settantamila persone recluse in un numero indeterminato di *kyohwaso* (letteralmente 'Centri di riforma e educazione'), i campi per reati comuni e nei *rodongdanryundae* (letteralmente 'campi di addestramento al lavoro').

L'articolo 31 del Codice dei Crimini della Corea del Nord affermava che le prigioni all'interno del Paese erano istituzioni atte a riformare e riabilitare i prigionieri attraverso il lavoro. Secondo lo stesso codice, i prigionieri erano tenuti a prestare otto ore di lavoro giornaliero retribuito e a loro erano fornite condizioni di vita dignitose (camere e camerate equipaggiate con bagni, tv, sala lettura, infermerie, visite parenti, vitto adeguato, vestiari, ecc.).

Nei *kyohwaso* venivano rinchiusi coloro accusati di aver tentato di varcare illegalmente i confini con la Cina o con la Russia, ladri, assassini, rei di crimini comuni, economici o religiosi; tutte persone che avevano condanne più o meno lunghe, ma temporanee.

A differenza dei *kwanliso*, il sistema carcerario dei *kyohwaso* era meglio determinato e conosciuto. Il più grande complesso era il Campo di prigione ordinaria numero 12, situata a Jonggo-ri, nella provincia Nord Hamgyong. Qui tra i tremila e i quattromila reclusi, di cui un migliaio donne, per lo più rimpatriati dalla Cina e coloro che avevano avuto contatti con chiese cristiane, erano impiegati in lavori di miniera, falegnameria, agricoltura.

Il Campo di prigione ordinaria numero 1 di Kaechon aveva duemila prigionieri, sia donne che maschi che lavoravano in industrie tessili.

Il Campo di prigione ordinaria numero 4, a Samding-ri, nella contea di Kangdong, provincia di Sud Pyongan, aveva centri dislocati anche a Pyongyang di cui almeno uno, quello di Hyongsan, veniva saltuariamente mostrato alle rare delegazioni straniere che si occupavano di diritti umani a cui era stato permesso entrare nel Paese. Le celle del *kyohwaso* numero 4 ospitavano quattromila prigionieri (altre fonti parlavano di dodicimila carcerati), impiegati in diverse fabbriche e miniere di carbone.

Il Campo di prigione ordinaria numero 6, situato nella città di Sariwon, nella provincia di Nord Hwanghae, era formato da tre differenti siti tra cui quello di Dorim, anche questo aperto di tanto in tanto alle ispezioni di visitatori stranieri. I quattromila prigionieri lavoravano in diverse fabbriche tessili e calzaturifici.

Il Campo di prigione ordinaria numero 9 di Hamheung, nella provincia di Sud Hamgyong, ereditato dai colonizzatori giapponesi, ospitava millecinquecento uomini e cinquecento donne addetti alla produzione di macchine da cucire, ad accudire animali d'allevamento e a lavorare in miniere di carbone.

Il Campo di prigione ordinaria numero 11, a Cheungsan, nella provincia di Sud Pyongan, era un villaggio di case sparse in un'area agricola dove vivevano tra i tremila e i cinquemila detenuti dediti alla coltivazione di campi, allevamento e alla produzione di sale.

Il Campo di prigione ordinaria numero 22 di Oro, nella contea di Yongkwang, provincia di Sud Hamgyong, nel 2006 venne trasformato in *kyohwaso* dal *rodongdanryundae* che era in origine e i reclusi venivano utilizzati nei lavori agricoli.

Altri *kyohwaso* erano situati a Kanggye, nella provincia di Chagan (Campo di prigione ordinaria numero 7), a Sinuiju, al confine con la Cina nella provincia di Nord Pyongan (Campo di prigione ordinaria numero 3), nel villaggio di Chuksan nella città di Wonsan, nella provincia di Kangwon (Campo di prigione ordinaria numero 88), nella contea di Dongrim nella provincia di Nord Pyongan (Campo di prigione ordinaria numero 2), nella contea di Chonnae, provincia di Kangwon (Campo di prigione ordinaria numero di Yongdam) e nella contea di Chonma, provincia di Nord Pyongan (Campo di prigione ordinaria numero di Chonma).

Gli *ejumin* (letteralmente 'persone trasferite') che popolavano i *kwanliso*, erano sottoposti a regimi carcerari molto più severi rispetto a coloro rinchiusi nei *kyohwaso*. A differenza dei Campi di prigione ordinaria, nessuna delegazione straniera riuscì mai a visitare un Campo situato in un'area controllata.

Nel corso degli anni diversi campi di detenzione vennero chiusi, come il Campo numero 22, vicino alla città di Hoeryong, nella provincia di Nord Hamgyong, considerato troppo vicino al confine cinese che, all'atto della sua chiusura nel 2009 o nel 2010, conteneva tra i trentamila e i cinquantamila detenuti.

Anche il Campo numero 11, situato sul monte Kwanmo, nella provincia di Nord Hangyong e dove venivano custoditi prigionieri politici, sarebbe stato chiuso alla fine degli anni Ottanta perché la zona fu scelta da Kim Il Sung per costruirvi una residenza privata.

I Campi numero 12 e 13, nella contea Onsong, nella provincia Nord Hamgyong, furono tra i primi ad essere stati allestiti dopo la fondazione della Corea del Nord. Prima della loro chiusura, avvenuta negli anni Novanta, ospitava prigionieri e famiglie di collaborazionisti con il regime coloniale giapponese, proprietari terrieri e oppositori di Kim Il Sung.

Il Campo numero 26 di Sungho, vicino a Pyongyang, fu chiuso nel 1994, dopo che Amnesty International, a seguito delle testimonianze di diversi profughi fuggiti in Corea del Sud, ne denunciò l'esistenza.

Il Campo numero 17 a Toksong, nella provincia di Sud Hamgyong, fu smantellato negli anni Ottanta per essere poi temporaneamente riaperto alla fine degli anni Novanta a seguito dell'operazione *shimhwajo*, un censimento investigativo condotto nel 1997 dal ministero della Sicurezza Pubblica per identificare coloro che avevano celato aspetti della storia familiare che avrebbero potuto essere sospetti e che avrebbero potuto essere d'intralcio al consolidamento del potere di Kim Jong Il.

Il Campo numero 18 nella contea di Bukchang, provincia di Sud Pyongan, fu il primo campo di prigionia allestito dalla Repubblica Democratica Popolare di Corea. Inaugurato nel 1958 venne chiuso nel 2006 per trasformarsi in un campo per prigionieri a breve termine. Ai tempi della sua massima espansione, alla fine degli anni Novanta, quando circa nuovi ventimila prigionieri varcarono i suoi cancelli a seguito delle purghe dell'operazione *shimhwajo*, il campo contava circa cinquantamila prigionieri che vennero quasi tutti rilasciati perché accusati di colpe ideologicamente meno gravi. Coloro che, invece, continuarono la loro pena detentiva vennero trasferiti in un nuovo campo di prigionia nei pressi di Chomabong che confinava con il Campo di detenzione numero 14.

Il Campo numero 19 a Tanchon, nella provincia Sud Hangyong, terminò la sua esistenza negli anni Novanta e i suoi prigionieri rilasciati.

Il Campo numero 23, nella contea di Toksong, sempre nella provincia Sud Hangyong, venne trasformato in prigione ordinaria nel 1987.

Le immagini satellitari avrebbero confermato la presenza di tre *kwanliso* distinti secondo un numero che li codifica (non sarebbe chiaro il percorso di codificazione, giacché i numeri non seguono un criterio cronologico): i campi numero 14, 16 e 25. Un quarto campo, il numero 15, sarebbe stato chiuso nel 2014.

Il Campo numero 14 si troverebbe nella provincia di Sud Pyongan, vicino alla città di Kaechon. Allestito negli anni Sessanta, sarebbe poi stato trasferito negli anni Ottanta e ampliato dopo il 2005 sino a raggiungere i 155 chilometri quadrati di superficie in cui vivevano circa quindicimila prigionieri. Il Campo 14 divenne famoso grazie a Shin Dong Hyuk, un nordcoreano fuggito dalla prigionia e le cui esperienze furono raccolte nel libro *Fuga dal Campo 14: la straordinaria odissea di un uomo, dalla Corea del Nord all'Occidente*, pubblicato negli Stati Uniti nel 2012 e in Italia nel 2014. Il libro, diventato un best seller, descriveva la vita di Shin e, più in generale, le condizioni del *kwanliso* in cui egli era nato e cresciuto. Nel 2015, tre anni dopo la pubblicazione, Shin Dong Hyuk ammise che parte delle sue testimonianze erano state modificate. Ad esempio, a differenza di quanto raccontato nel volume, lui e la sua famiglia vennero trasferiti pochi anni dopo la sua nascita nel Campo 18, dove la vita era molto meno dura e da dove fuggì per due volte, nel 1999 e nel 2001. In particolare, durante la seconda evasione, visse in Cina per quattro mesi prima di essere rispedito in Corea del Nord dalla polizia locale. Nel libro, invece, Shin aveva affermato di non aver avuto alcuna conoscenza del mondo esterno prima della sua fuga nel 2005. Lo stesso padre, riconosciuto da Shin, apparve in un video rilasciato dalle autorità nordcoreane in cui accusava il figlio di falsità; secondo il genitore Shin non sarebbe stato cresciuto in un campo di prigionia, ma avrebbe lavorato in una miniera per poi fuggire dal Paese dopo esser stato accusato di aver violentato una ragazza di tredici anni.

Il Campo di detenzione numero 15, che si estendeva per 378 chilometri quadrati nella contea di Yodok, nella provincia di Sud Pyongan, era diviso in due parti: nel *jeontongjekyooeok*, zona a controllo totale, vivevano detenuti a vita considerati ideologicamente irrecuperabili dislocati nelle colonie penali di Pyongchang-ri e Yongpyong-ri, mentre nel *hyukmyunghwakooyeok*, zona in corso di rivoluzionamento, erano rinchiusi coloro che, provenendo da famiglie con un *songbun* "fedele" avevano commesso crimini meno gravi. La zona in corso di rivoluzionamento era suddivisa in tre campi di rieducazione, Ipsok-ri, Kuup-ri e Daesuk-ri. Nel 2014 il campo di Yodok, in seguito a precise accuse formulate da Amnesty International, venne chiuso dalle autorità nordcoreane e i prigionieri furono trasferiti nella miniera di Kowon, qualche chilometro a sud del campo.

Il Campo di detenzione numero 16, nella contea di Myonggan, nella provincia di Nord Hamgyong, copriva un'area di 549 chilometri quadrati nei pressi di Punggye-ri. Parte dei circa ventimila prigionieri vennero assoldati per allestire le infrastrutture del sito di test nucleari e la vicinanza con l'area rese pressoché impossibile la fuoriuscita di qualsiasi informazione su questo *kwanliso*.

Il Campo di detenzione numero 25, vicino alla città di Chongjin, nella provincia di Nord Hamgyong, sembrava essere il meno popolato, ma quello che strutturalmente era più simile a una prigione, con edifici che coprivano complessivamente un'area di 980 metri quadrati difesi da una cinta muraria.

Le condizioni di vita nei campi erano estremamente difficili. I prigionieri sarebbero divisi in unità di lavoro ognuna delle quali sarebbe guidata da un detenuto responsabile della produzione e della disciplina. All'interno dei campi, inoltre, le varie amministrazioni avrebbero l'aiuto di informatori tra gli stessi reclusi. Mentre queste spie godrebbero di trattamenti di favore, ogni violazione delle regole commesse dai loro compagni ricadrebbe sulla loro responsabilità con punizioni altrettanto severe.

Per scongiurare evasioni, i campi erano circondati completamente da recinzioni elettrificate e fili spinati, mentre i terreni circostanti erano disseminati di mine e ogni tentativo di fuga sarebbe stato punito severamente, con privazione di cibo, supplementi di orari di lavoro, internamento in celle di isolamento finanche esecuzioni pubbliche di fronte ai prigionieri.

La pena di morte, praticata in luoghi sia pubblici che segreti era sempre stata indirettamente confermata anche dalla stessa Corea del Nord attraverso l'Associazione per gli Studi sui Diritti Umani della Repubblica Popolare Democratica di Corea, la quale affermava che «le pene (per i crimini contro atti pericolosi che violano il potere dello Stato, il sistema socialista e la legge e l'ordine, nda) vanno dalla pena di morte, la riforma attraverso il lavoro per un periodo indefinito, la riforma attraverso il lavoro per un periodo definito e la disciplina attraverso il lavoro. Pene addizionali sono la privazione del diritto al voto, la confisca delle proprietà, multe, privazione o sospensione di una licenza». Il governo nordcoreano difendeva la scelta di imporre la pena capitale affermando che «La pena capitale non costituisce una violazione del diritto alla vita [...] Mantenere o abolire la pena di morte in un Paese non può essere un criterio in base al quale si possa giudicare se uno Stato protegge o meno i diritti umani».

5. Rapimenti di cittadini stranieri

La Corea del Nord veniva anche accusata di aver rapito circa duecento cinesi di origine coreana e venticinque cittadini di una decina di diverse nazionalità, senza contare i sudcoreani forzatamente trasferiti a nord del 38° parallelo durante la guerra (82.959 secondo l'Istituto coreano per l'unificazione nazionale) e i 3.824 (di cui 3.721 pescatori) sudcoreani rapiti nella Repubblica di Corea o arrestati in prossimità o all'interno delle acque territoriali nordcoreane.

La Corea del Nord continuò a sostenere di non aver rapito alcun cittadino straniero e che i sudcoreani presenti sul suo territorio erano fuggiti di loro spontanea volontà dal Sud per trovare rifugio al Nord anche se, nel periodo postbellico, la Croce Rossa Coreana e il governo di Seoul ottennero la restituzione di un totale di 3.309 cittadini sudcoreani. Rimarrebbero, quindi ancora circa 480 (di cui 427 pescatori) sudcoreani nel Nord della penisola.

Secondo altre testimonianze rilasciate da Samia Kabbra, Naima Kassir, Haifa Skaff e Siham Shraiteh, quattro donne libanesi sequestrate nel luglio 1978 e tornate nel loro Paese natale grazie all'intervento del governo di Beirut o dopo essersi rifugiate in ambasciate straniere mentre erano all'estero per conto del governo nordcoreano, a Pyongyang risiedevano una decina di straniere dell'Europa Occidentale, rapite da agenti nordcoreani: quattro donne francesi (di cui solo una è stata identificata in Chantal Sobkowicz), tre italiane e due olandesi. Si avevano altresì notizie sicure di altri stranieri rapiti o trattenuti con la forza in Corea del Nord, come Aliou Niane, arrivato a Wonsan nel 1982 per studiare tecnologia agricola e obbligato a restare fino al 1987 o come Doina Bumbea, un'artista romena rapita in Italia dove si era stabilita nel 1970 dopo aver sposato un italiano. Diplomata all'Accademia di Belle Arti di Roma, nel 1978 venne trasferita a forza in Corea del Nord dove sposò James Dresnok, un disertore statunitense che viveva nel Paese dal 1962. Doina Bumbea morì di cancro nel gennaio 1997. Altre due donne, Hong Leng-ieng e So Mio-chun, vennero rapite il 2 luglio 1978 a Macao; dopo essere riuscite a rifugiarsi in un'ambasciata indonesiana, venne loro negato l'asilo. Altre cinque donne, quattro malesi (Yeng Yoke-fun, Yap Me Leng, Seetoh Taih Thim, Margaret Ong G) e una singaporiana (Diana Ng Kum Yim), furono rapite tra il 1978 e il 1981 a Singapore in circostanze simili e trasferite in Corea del Nord. Infine Anocha Pajoy, una thailandese, venne sequestrata a Macao il 21 maggio 1978. Per anni di lei non si seppe nulla e solo nel 2004 Charles Robert Jenkins, un altro militare statunitense che aveva disertato in Corea del Nord nel 1965 per poi trasferirsi in Giappone appena le circostanze glielo permisero, rivelò che la ragazza era stata rapita da agenti del Paese sposando poi il disertore Larry Allen Abshier nello stesso anno del rapimento e rimanendo sua moglie fino al 1983, anno della morte di Abshier. Le ultime notizie sicure di Anocha Pajoy risalivano al 1989, poco prima che la ragazza sposasse in seconde nozze un uomo d'affari della Germania dell'Est.

Quello dei cittadini stranieri rapiti dai servizi segreti di Pyongyang, era un tema che segnò le relazioni con l'altro grande vicino: il Giappone.

Missili sul Giappone

Il 29 agosto 2017 le tensioni raggiunsero anche l'arcipelago giapponese con il sorvolo sull'isola settentrionale di Hokkaido di un missile a medio raggio *Hwasong*-12. In precedenza, il 6 marzo, il lancio di quattro missili a medio raggio *Hwasong*-6 aveva preoccupato il comando militare di Tokyo perché l'intercettazione di un così alto numero di razzi sarebbe risultata problematica per il sistema di difesa.

I due episodi indussero il premier giapponese Shinzo Abe a chiedere che, accanto alla denuclearizzazione e al bando dei missili intercontinentali, fosse chiesta alla Corea del Nord anche l'interdizione dei missili a corto e medio raggio, dei sottomarini in grado di lanciare missili e una verifica accurata delle potenzialità delle armi batteriologiche e chimiche possedute da Pyongyang. In particolare Tokyo chiedeva che, accanto alle visite dell'Agenzia Internazionale per l'Energia Atomica, fossero svolti accertamenti da parte dell'Organizzazione per la Proibizione delle Armi Chimiche.

Era però anche vero che la minaccia nucleare e missilistica nordcoreana fosse, in un certo senso, funzionale alla politica di riarmo voluta da Abe. Il primo ministro non ha mai nascosto la sua volontà di emendare l'Articolo 9 della costituzione, che vieta alla nazione di possedere un esercito vero e proprio (l'articolo in questione cita testualmente: «Aspirando sinceramente a una pace internazionale fondata sulla giustizia e sull'ordine, il popolo giapponese rinunzia per sempre alla guerra, quale diritto sovrano della Nazione, e alla minaccia o all'uso della forza, quale mezzo per risolvere le controversie internazionali. Per conseguire, l'obbiettivo proclamato nel comma precedente, non saranno mantenute Forze di terra, del mare e dell'aria, e nemmeno altri mezzi bellici. Il diritto di belligeranza dello Stato non sarà riconosciuto»).

La contrarietà dei giapponesi verso l'emendamento poteva essere scalfita dalla paura di un eventuale attacco missilistico nordcoreano dando così il via libera a una riforma richiesta sin dal 2007 con l'appoggio dei nazionalisti di destra, il cui sentimento xenofobo viveva ancora nell'animo dei giapponesi. La società nipponica assisteva alle sfilate di cortei che, sempre più frequentemente, riportavano in auge ideologie anteguerra fino a definire il ruolo di potenza colonialista ricoperto all'inizio del XX secolo, una missione civilizzatrice. La rivisitazione dell'articolo 9 terrorizzava anche per il senso di legittimazione che sarebbe stato concesso a questi movimenti nostalgici.

Sull'interpretazione dell'articolo 9 si erano spese battaglie politiche anche all'interno della sinistra giapponese. Il Partito Comunista, all'inizio appoggiato dai socialisti, contestava finanche la legittimità delle Forze di autodifesa reclamando che solo delle milizie popolari avrebbero garantito la neutralità e la non belligeranza della nazione. Negli anni Novanta, con il governo di coalizione tra Partito Socialista e Partito Liberal Democratico, la sinistra cominciò a spaccarsi sulla costituzionalità delle Forze di autodifesa, in seguito accettate dai socialisti e dal maggiore partito dell'opposizione, il Partito Democratico. Del resto, il Giappone aveva già da anni abbandonato la politica del non coinvolgimento militare. Il budget destinato alla difesa era ormai cresciuto sempre più, sino a raggiungere l'ottavo posto nel mondo e lo 0,9% del Pil e Abe aveva anche raddoppiato gli aiuti militari al Vietnam e alle Filippine in funzione anticinese.

Infine truppe giapponesi erano già state dispiegate in una quindicina di missioni di pace dell'Onu in Cambogia, Timor Est, Iraq, Afghanistan, Golan, Nepal, Cipro, Sudan e Sud Sudan. La neutralità era, quindi, un ricordo del passato.

I maggiori sponsor del cambiamento dell'articolo 9 erano proprio gli Stati Uniti, gli stessi cioè, che l'avevano imposto nel 1947. La crisi economica che costringeva il Pentagono ad effettuare tagli alla Difesa, aveva indotto le amministrazioni Bush e Obama a chiedere al Giappone un maggior impegno in campo internazionale partecipando alla difesa degli alleati contro la Cina e la Corea del Nord.

Un secondo motivo di interesse del Giappone verso il problema Corea del Nord era la questione, non ancora del tutto risolta, dei cittadini del Sol Levante rapiti in patria da agenti nordcoreani tra il 1977 e il 1983. Secondo il governo giapponese i sequestri sarebbero stati compiuti per coprire attività di agenti segreti nordcoreani, trasformare i cittadini rapiti in insegnanti di lingua, mostrare a future spie infiltrate nell'arcipelago stili di vista giapponese e per riformare il gruppo Yodo-go, la squadra di dirottatori della Lega comunista-Fazione Armata Rossa che il 31 marzo 1970 aveva dirottato il volo 351 della Japan Airlines diretto da Tokyo a Fukuoka.

Ufficialmente Tokyo riconosce il rapimento di diciassette cittadini, otto uomini e nove donne tra i tredici e i cinquantadue anni, ma la Commissione di Investigazione sui Giapponesi Scomparsi Probabilmente Collegati con la Corea del Nord (COJAN, 'Investigation Commission on Missing Japanese Probably Related to North Korea') ne elenca addirittura un centinaio a partire dal 1948 fino al 2003. Da parte sua la Corea del Nord sino al 2002 continuò a sostenere che nessun cittadino giapponese era mai stato rapito. L'atteggiamento del governo nordcoreano cambiò radicalmente durante la visita dell'allora premier Junichiro Koizumi a Pyongyang il quale, il 17 settembre 2002, riuscì a strappare la prima ammissione di responsabilità da parte Kim Jong Il. Il Grande Leader ammise che i rapimenti furono opera di agenti nordcoreani offrendo le sue scuse e il suo pentimento alle famiglie delle vittime per ciò che era accaduto.

Quella data segnò un evento epocale per il popolo giapponese, tanto da essere ricordata come "9/17". Improvvisamente la Kazokukai ('Associazione delle famiglie delle vittime rapite dalla Corea del Nord') e la Sukukai ('Associazione nazionale per il ritorno dei giapponesi rapiti dalla Corea del Nord'), le due associazioni dei parenti dei giapponesi rapiti dalla Corea del Nord fondate negli anni Novanta ma sino ad allora totalmente ignorate sia dalla politica che dai cittadini, divennero talmente popolari da dettare l'agenda diplomatica dei successivi governi nazionali verso Pyongyang.

A incattivire l'animo dei giapponesi verso la Corea del Nord, furono le rivelazioni che quest'ultima riconosceva la propria responsabilità solo di tredici rapimenti, aggiungendo che di questi otto erano già morti. Le circostanze di sette decessi su otto riportate dal governo di Kim Jong Il furono considerate per lo più inattendibili (due morti per scoppi di gas, due in incidenti automobilistici in un Paese dove il traffico negli anni Ottanta era pressoché inesistente, un suicidio, due morti per attacco di cuore mentre si stavano bagnando al mare).

I politici e i media giapponesi che per decenni avevano negato ogni coinvolgimento nordcoreano nella scomparsa dei diciassette cittadini, vennero sommersi da critiche e la destra nazionalista prese la palla al balzo affinché chiedessero pubblicamente scusa e cambiassero atteggiamento verso la Corea del Nord. Anche l'«Asahi Shimbun», il principale quotidiano giapponese considerato simpatizzante della sinistra moderata, si allineò immediatamente al nuovo vento: dopo aver pubblicato, tra il 1997 e il 2002 solo quattro articoli riguardanti i rapimenti, immediatamente dopo il "9/17" cominciò a definire i rapimenti come «atti inaccettabili simili agli atti di terrorismo». Nei successivi cinque anni l'«Asahi Shimbun» pubblicò circa ottocento articoli sull'argomento.

Sull'onda delle proteste popolari, i cinque giapponesi rapiti ancora in vita tornarono nel loro Paese natale accolti da una folla esultante. Per evitare ripercussioni interne ancora più gravi, Tokyo disattese gli accordi stipulati con Pyongyang rifiutando di rimandare in Corea del Nord i cinque cittadini, che peraltro avevano manifestato la chiara intenzione di rimanere in Giappone. Da quel momento il dialogo tra i due Paesi, che sembrava fino ad allora avviato alla distensione e alla comprensione, andò affievolendosi.

Ad aggravare la situazione contribuirono anche i numerosi attacchi personali e gli attentati (per fortuna falliti) verso membri e istituzioni del *Chongryon*, l'associazione dei nordcoreani residenti in Giappone che, inutile dirlo, anche lei sino al settembre 2002 aveva seguito la politica negazionista della Corea del Nord in fatto di rapimenti. A nulla valsero le scuse pubblicate sul giornale dell'associazione, il «Choson Sinbo».

Dal "9/17" quindi la politica giapponese verso Pyongyang dovette anteporre la questione dei rapimenti a ogni altro tema in agenda. La fobia dei nipponici verso il vicino si incancrenì nel febbraio 2009 quando le autorità di Pyongyang inviarono alla famiglia di Megumi Yokota quelle che, a loro dire, sarebbero state le ceneri della figlia, suicidatasi a ventinove anni. Gli esami del DNA, seppur non combacianti con quello di Megumi, non giunsero ad alcuna conclusione definitiva sulla reale appartenenza dei resti in quanto questi potevano essere stati contaminati. La stampa giapponese e l'ala politica contraria al dialogo con

Nome, sesso ed età all'atto del rapimento	Luogo del rapimento	Data del rapimento	Status
Yutaka Kume, maschio, 52 anni	Prefettura di Ishikawa	19-set-77	Nord Corea nega il rapimento
Kyoko Matsumoto, femmina, 29 anni	Prefettura di Tottori	21-ott-77	Nord Corea nega il rapimento
Megumi Yokota, femmina, 13 anni	Prefettura di Niigata	15-nov-77	Nord Corea sostiene che si sia suicidata
Minoru Tanaka, maschio, 28 anni	Europa, mentre era in viaggio	giu-78	Nord Corea nega il rapimento
Yaeko Taguci, femmina, 22 anni		giu-78	Nord Corea sostiene sia morta in un incidente automobilistico
Yasushi Chimura, maschio, 23 anni	Prefettura di Fukui	07-lug-78	Tornato in Giappone nell'ottobre 2002
Fukie Chimura, femmina, 23 anni	Prefettura di Fukui	07-lug-78	Tornata in Giappone nell'ottobre 2002
Kaoru Hasuike, maschio, 20 anni	Prefettura di Niigata	31-lug-78	Tornato in Giappone nell'ottobre 2002
Yukiko Hasuike, femmina, 22 anni	Prefettura di Niigata	31-lug-78	Tornata in Giappone nell'ottobre 2002
Shuichi Ichikawa, maschio, 23 anni	Prefettura di Kagoshima	12-ago-78	Nord Corea sostiene sia morto per attacco di cuore mentre nuotava
Rumiko Masumoto, femmina, 24 anni	Prefettura di Kagoshima	12-ago-78	Nord Corea sostiene sia morta per attacco di cuore mentre nuotava
Hitomi Soga, femmina, 19 anni	Prefettura di Niigata	12-ago-78	Tornata in Giappone nell'ottobre 2002
Miyoshi Soga, femmina, 46 anni	Prefettura di Niigata	12-ago-78	Nord Corea nega il rapimento
Toru Ishioka, maschio, 22 anni	Europa	mag-80	Nord Corea sostiene sia morto per esplosione di gas
Kaoru Matsuki, maschio, 26 anni	Europa	mag-80	Nord Corea sostiene sia morto in un incidente automobilistico
Tadaaki Hara, maschio, 43 anni	Prefettura di Miyazaki	giu-80	Nord Corea sostiene sia morto per cirrosi epatica
Keiko Arimoto, femmina, 23 anni	Europa	lug-83	Nord Corea sostiene sia morto per esplosione di gas

Tabella 7. Cittadini giapponesi rapiti secondo il ministero degli Esteri giapponese.

Pyongyang lasciò invece intendere che, per l'ennesima volta, la Corea del Nord aveva mentito sulla sorte di cittadini giapponesi. La collera aumentò quando si scoprì che Megumi, la quale nel frattempo aveva sposato un cittadino sudcoreano anch'esso rapito, aveva avuto una figlia, Kim Eun Gyong, senza che i nonni ne sapessero nulla e senza che potessero mai vederla. Solo tra il 10 e il 14 marzo 2014 riuscirono a incontrare la nipote per la prima volta in Mongolia con la loro pronipote di dieci mesi. A seguito dell'incontro Pyongyang promise di rivedere la questione dei rapiti in cambio di un rilassamento delle sanzioni economiche imposte da Tokyo verso la Corea del Nord. Nel maggio dello stesso anno il Giappone presentò a Pyongyang una lista di 470 persone scomparse che il COMJAN riteneva essere state rapite dai vari regimi nordcoreani susseguitisi dal 1948 a oggi (di questi 470 nominativi, solo 77 erano fortemente sospettati di essere stati effettivamente rapiti da agenti nordcoreani).

Shinzo Abe giocò con abilità la carta dei sequestri indicando che la soluzione del punto era una priorità nei rapporti con la Corea del Nord e organizzando incontri dei familiari della Kazokukai con i presidenti Bush e Obama e presentazioni al Congresso Usa. Nel 2006, durante il suo primo mandato, Abe ordinò ai media nazionali di intensificare le notizie riguardanti i rapiti, tanto che l'NHK, la principale emittente televisiva nazionale, concentrò il 30% delle notizie sulla Corea del Nord su quel tema. In più Shinzo Abe collegò abilmente la politica dei rapimenti con la sua proposta di emendare l'articolo 9 della costituzione: i sequestri effettuati da una nazione straniera sul territorio nazionale erano, secondo Abe, una chiara violazione della sovranità giapponese la quale, dopo la Seconda Guerra Mondiale, era stata demandata a un Paese straniero (gli Stati Uniti). Come i rapimenti dimostravano, il pacifismo che aveva permeato la politica nazionale impedendo al Giappone di creare una forza militare autonoma, aveva lasciato completamente sguarnito il Paese permettendo ad altre nazioni ostili come la Corea del Nord, di penetrare e agire indisturbate all'interno del territorio. Questa nuova percezione ribaltò anche il ruolo avuto dal Giappone nella storia del Novecento: la nazione da aggressore si trasformava in vittima e dal 2002 ogni qualvolta si riproponeva la questione dei crimini commessi dalla politica coloniale di Tokyo, una parte sempre maggiore dell'opinione pubblica si sentiva oltraggiata. A favorire questo atteggiamento, che favorì l'avanzata di movimenti ultranazionalistici di destra, contribuì anche la memoria storica: il colonialismo era un periodo storico ormai lontano, mentre i rapimenti rimanevano ancora vivi nella mente della maggioranza dei giapponesi.

Lo scioglimento del nodo dei rapimenti divenne, quindi, un elemento essenziale della politica di Abe, tanto da chiedere l'aiuto di Moon Jae-in come intermediario presso Kim Jong Un.

Al tempo stesso Tokyo si allineò con Trump nella sua politica favorevole all'embargo verso Pyongyang emanando leggi che ostacolavano l'invio di denaro da parte dei centocinquantamila membri del *Chongryon*, l'associazione dei nordcoreani residenti in Giappone.

Dopo la fine della Seconda Guerra Mondiale, la Corea, che dal 1910 fino al 1945 era stata colonizzata dal Giappone e integrata nel suo territorio, divenne un'entità ambigua retta da un governo il cui stato di provvisorietà sarebbe cessato dopo le elezioni previste entro cinque anni. Nel frattempo la penisola sarebbe stata divisa tra due autorità sotto l'amministrazione fiduciaria dell'Unione Sovietica a nord e degli Stati Uniti a sud e i seicentocinquantamila coreani residenti in Giappone sarebbero stati registrati sotto nazionalità *Joseon*, o *Chosen* in giapponese, il nome storico della Corea. Questo status quo fu alterato da Syngman Rhee con l'annuncio, fatto il 15 agosto 1948, della fondazione della Repubblica di Corea (Corea del Sud) che divideva, di fatto, la penisola coreana in due stati. Essendo la Corea del Sud l'unica entità nazionale riconosciuta dal Giappone, ai cittadini coreani residenti nell'arcipelago fu richiesto di registrarsi nel *Mindan*, l'organizzazione che faceva capo a Seoul. Non tutti lo fecero; coloro che erano orientati politicamente a sinistra si rifiutarono di aderire al *Mindan* e 93.340 di loro si trasferirono in Corea del Nord. Nel 1955 venne fondata la *Chongryon*, che fino agli anni Settanta era l'organizzazione più numerosa tra la comunità coreana in Giappone. Oggi l'organizzazione, dopo i dissesti finanziari e le polemiche ideologiche nate nella prima decade del XXI secolo, è in forte declino. Ciononostante, con la settantina di scuole di tutti i gradi (compresa la Korea University of Japan) e le otto banche gestite rappresenta ancora la più imponente associazione nordcoreana all'estero e uno dei principali canali di flusso di moneta forte per Pyongyang, una cifra valutata in circa seicento milioni di dollari annui. Era chiaro, dunque, che gli ostacoli frapposti da Tokyo rappresentavano per la Corea del Nord un grave danno, oltre che finanziario, anche d'immagine. Le rappresaglie non si fecero attendere, come il lancio di due missili nel 2017 che sorvolarono l'isola settentrionale di Hokkaido il cui impatto emotivo presso la popolazione giapponese venne abilmente utilizzato dal governo di Abe per riproporre la necessità del riarmo giapponese.

Riavvicinamento

Il 18 dicembre 2017 a Kunming, in Cina, alcuni incontri informali tra delegazioni della Corea del Nord e del Sud, portarono a un accordo sulla partecipazione della squadra nordcoreana ai giochi olimpici in programma a Pyeongchang tra il 9 e il 25 febbraio 2018. Nel discorso di inizio anno proclamato il primo gennaio 2018, Kim Jong Un, dopo aver salutato «il compimento [...] del perfezionamento delle forze nucleari nazionali» e aver avvertito gli Stati Uniti che «l'intero loro territorio continentale è nel mirino del nostro attacco nucleare e il bottone nucleare è sempre lì, sulla mia scrivania», ribadì il desiderio da parte di Pyongyang di partecipare ai giochi: «Non è il momento, adesso, per il Nord e il Sud, di voltare le spalle l'uno con l'altro [...]; è tempo che si siedano faccia a faccia con l'obiettivo di avere sincere discussioni (per migliorare le) relazioni intercoreane [...]. Quanto ai Giochi Olimpici Invernali che si terranno presto in Corea del Sud, saranno una buona occasione per dimostrare il prestigio della nostra nazione e noi ci auguriamo che i Giochi Olimpici abbiano successo. Da questo punto di vista siamo disponibili a inviare una nostra delegazione [...]; a questo proposito, le autorità del nord e del sud potrebbero incontrarsi presto».

Moon, da parte sua, rispose positivamente alla proposta del collega settentrionale. Il 9 gennaio iniziarono altri colloqui, seguiti il 15 e il 17 gennaio da altri meeting, che portarono alla definizione non solo della partecipazione del Nord a Pyeongchang, ma anche a un nuovo dialogo sugli scottanti temi militari tra delegazioni di alto livello dei due Paesi. In cambio di una moratoria sul nucleare da parte del Nord, il Sud, in collaborazione con gli Stati Uniti, interrompeva temporaneamente ogni tipo di esercitazione militare.

1. *L'ascesa di Kim Yo Jong*

L'apertura dei giochi olimpici fu seguita con trepidazione dai media internazionali, in particolare perché tra i membri della delegazione nordcoreana figurava l'ormai da tempo emergente Kim Yo Jong, sorella minore di Kim Jong Un la quale, oltre a conquistare la stampa con la sua figura minuta e graziosa, consegnò una lettera del fratello che invitava Moon Jae-in a un incontro bilaterale. La missiva era scritta a mano, un chiaro appello di Kim a mettere da parte le precedenti incomprensioni e iniziare a discutere personalmente, senza retorica, del futuro della penisola. Le parole redatte di proprio pugno avevano lo scopo di far capire a Moon che la preghiera era sincera e i tempi erano maturi per appianare le divergenze tra i due Paesi.

I giochi olimpici segnarono il definitivo ingresso nella politica internazionale di Kim Yo Jong.

Nata il 26 settembre 1987, Yo Jong era sorella di sangue di Kim Jong Un. Il legame tra i due fu sempre molto forte; come il fratello, Kim Yo Jong frequentò le scuole svizzere prendendo come pseudonimo di Kim Yong Sun. Rimase a Berna dalla primavera del 1996 fino a dicembre 2000 pressoché segregata nella villa appartenente al Partito dei Lavoratori. I pochi contatti col mondo esterno erano scanditi dalle recite scolastiche e dai rari momenti in cui aveva il permesso di giocare con i suoi compagni. Dopo la partenza del fratello maggiore Kim Jong Chol, Yo Jong rimase sola con Jong Un. Probabilmente fu in quei successivi due anni che tra i due si instaurò un profondo legame di stima e fiducia reciproca. Alla fine del 2000 rientrò a Pyongyang per frequentare le scuole superiori ed entrare nell'università Kim Il Sung. Alla morte della madre, avvenuta nel 2004, Kim Yo Jong si specializzò in Europa. A differenza del fratellastro Kim Jong Nam, Yo Jong fu sempre attratta dalla politica e il talento per la materia convinse il padre, Kim Jong Il, ad affiancarla a Kim Jong Un, specialmente dopo il primo attacco di cuore, avvenuto nel 2008. Tra il 2009 e il 2010, quando ormai il padre sentiva di essere sulla via del tramonto, ricoprì incarichi sempre più impegnativi, ma non si espose mai al pubblico, tanto che la prima foto ufficiale di cui si ebbe notizia in cui compariva Kim Yo Jong risaliva al settembre 2010. Nel dicembre 2011, alla morte di Kim Jong Il, Kim Yo Jong presenziò in forma semi privata ai funerali. Le telecamere la ritrassero mentre procedeva di tanto in tanto accanto al fratello durante la cerimonia funebre pur senza che il suo nome comparisse tra il Comitato dei funerali confermando che la consanguineità nella famiglia Kim era un elemento di primaria importanza. Un fotogramma la fissava nella piazza antistante il palazzo di Kumsusan, il luogo dove riposavano le spoglie imbalsamate di Kim Il Sung e dove sarebbe poi stato custodito anche Kim Jong Il, poco prima della partenza del corteo funebre verso piazza Kim Il Sung. Kim Yo Jong era l'unica donna e l'unico membro della famiglia Kim, oltre a Kim Jong Un, a salutare la bara del padre mentre veniva caricata sul carro mortuario. Accanto a lei c'erano Jon Pyong Ho, Choe Yong Rim, Kim Yong Nam e, un poco scostati, Kim Jong Un assieme ai vicemarescialli Ri Yong Ho e Kim Yong Chun. Sembrava che Kim Yo Jong stesse seguendo un copione accuratamente collaudato nel 1994; anche allora, in occasione dei funerali di Kim Il Sung, Kim Kyong Hui, zia di Yo Jong e sorella dell'erede designato, Kim Jong Il, partecipò alla parata restando in disparte per poi acquisire sempre maggior potere in seguito. Così fu anche per Kim Yo Jong.

Sembra che alla facoltà universitaria di informatica a Pyongyang abbia incontrato Kim Eun Gyong, la figlia di Megumi Yokota, una delle vittime giapponesi dei rapimenti effettuati da agenti nordcoreani, sequestrata a Niigata il 15 novembre 1977 e trasferita in Corea del Nord dove morì, presumibilmente suicida, nel 1994. Tra Kim Yo Jong e Kim Eun Gyong si sarebbe instaurata una profonda amicizia che avrebbe permesso ai genitori di Megumi – e nonni di Eun Gyong – di incontrare la nipote in Mongolia nel marzo 2014. Oltre ai legami personali, Kim Yo Jong capiva che la figura di Eun Gyong poteva giocare un ruolo fondamentale nel riavvicinamento tra Tokyo e Pyongyang, visto che sua madre, Megumi, era diventata un'icona del potente movimento Kazokukai. Nello stesso periodo, il 9 marzo, il giorno antecedente all'incontro tra Eun Gyong e i suoi nonni, Kim Yo Jong venne menzionata per la prima volta dai media di Stato e fu filmata mentre si recava ai seggi per il voto nelle elezioni per l'Assemblea Suprema del Popolo assieme al fratello, a Kim Kyong Ok, Choe Ryong Hae e Hwang Pyong So. La KCNA identificò la sorella di Jong Un come membro del Comitato Centrale del Partito dei Lavoratori.

Il 22 marzo 2014 assistette al concerto della Mornabong band assieme a Kim Jong Un e alla di lui moglie Ri Sol Ju.

Il 28 novembre 2014 iniziò la sua ascesa all'interno dei ranghi del partito con la nomina di vicedirettore del Dipartimento Propaganda e Mobilitazione (DPM) divenendone *de facto* direttrice il luglio successivo. L'organismo di cui era dirigente ricopriva la responsabilità per la pubblicazione e la censura di tutto il materiale circolante in Corea del Nord. Cooperava con il Dipartimento Organizzativo e Orientamento e il ministero della Cultura per coordinare le linee ideologiche del partito e controllare ogni tipo di materiale culturale, informativo prodotto nel Paese. Era il DPM che controllava ogni notizia pubblicata quotidianamente sui giornali, ogni filmato e ogni parola trasmessa nelle televisioni e nelle radio di Stato, ogni allestimento teatrale e musicale delle varie troupe artistiche sparse per il Paese.

Da esperta propagandista, Kim Yo Jong cominciò a curare nei minimi particolari la figura del fratello per farlo apparire più simile al nonno che al padre e avvicinarlo così al popolo. Dal luglio 2013 diventò la sua segretaria personale seguendolo nelle sue visite sia militari che civili e presenziando sempre più spesso alle adunate popolari.

Il 7 ottobre 2017 venne accolta come membro temporaneo del Politburo sostituendo la zia Kim Kyong Hui che, dopo essere stata tra le personalità più influenti del Paese, successivamente all'esecuzione del marito, Jang Song Taek, e anche a causa dei problemi di salute di cui era afflitta, perse lentamente il proprio peso politico.

2. *Diplomazia olimpica*

Finalmente, il 9 febbraio 2018, a Pyeongchang si aprirono i XXIII Giochi Olimpici invernali.

Il giorno prima la delegazione nordcoreana guidata da Kim Yong Nam, presidente del Presidium dell'Assemblea Suprema del Popolo, era giunta all'aeroporto di Incheon assieme a Choe Hwi, presidente del Comitato Nazionale per lo Sport, Ri Son Gwon, presidente del Comitato per la Pacifica Riunificazione della Madrepatria e Kim Yo Jong. Era la prima volta che un membro della famiglia al governo in Corea del Nord metteva piede nel Sud e, come era logico, tutte le attenzioni erano dirette verso la sorella di Kim Jong Un. Oltre ai delegati politici viaggiarono in Corea del Sud anche gli atleti che avrebbero partecipato alle varie competizioni nella squadra unificata e centotrentasette membri di troupe artistiche che si esibirono nel Paese.

Il 9 febbraio trentacinquemila spettatori assistettero alla cerimonia d'apertura chiamata, non a caso, «Peace in Motion» ('Pace in movimento') in cui cinque bambini vestiti con giacche a vento i cui colori rappresentavano i cinque elementi che componevano l'Universo, (blu legno, rosso fuoco, giallo terra, bianco o grigio metallo, nero acqua) viaggiavano dal passato al futuro per approdare al presente. Gli epigoni temporali erano ere in cui regnava l'armonia con la natura e la pace tra i popoli (un chiaro riferimento al passato mitologico della Corea e allo storico del regno di Koryo). I cinque protagonisti-elementi creavano il congiungimento naturale a cui sarebbe approdato il popolo coreano. A concludere e sintetizzare il forte simbolismo della cerimonia d'apertura sfilarono le due nazionali coreane vestite di un'unica divisa e unite sotto un'unica bandiera portata contemporaneamente dal bobbista sudcoreano Won Yun-jong e dalla giocatrice di hockey nordcoreana Hwang Chung Gum.

La cerimonia aveva colpito Kim Yo Jong per la sua forte simbologia e per la scenografia e lo stesso Kim Yong Nam, durante l'incontro tenuto il 10 febbraio alla Casa Blu con Moon Jae-in rivelò di essersi commosso alle lacrime per almeno tre volte.

Il principale evento che caratterizzò la visita di tre giorni, dall'8 al 10 febbraio, di Kim Yo Jong in Corea del Sud fu la stretta di mano con il Presidente sudcoreano Moon e la consegna della lettera scritta di proprio pugno da parte di Kim Jong Un in cui invitava Moon a Pyongyang.

La proposta dell'incontro tra i due leader coreani riuscì a far eclissare le critiche spese verso il vicepresidente statunitense Mike Pence che, dopo essersi rifiutato di salutare la delegazione nordcoreana, non rese omaggio alla squadra coreana unita al suo passaggio nello stadio. Il gesto di Pence, duramente criticato, impensierì non poco il mondo diplomatico perché, oltre a recare offesa alla stessa Corea del Sud (i cui atleti marciavano a fianco dei nordcoreani), fece ipotizzare un nuovo ostacolo alle relazioni tra Pyongyang e Washington.

Per fortuna i rapporti ormai consolidati tra Nord e Sud Corea e la figura, sempre più presente e importante di Moon Jae-in giocarono un ruolo fondamentale nel pacificare gli animi.

Neppure l'invio del generale Kim Yong Chol come capo delegazione nordcoreana alla cerimonia di chiusura dei giochi olimpici riuscì a scalfire il dialogo ormai già avviato tra Nord e Sud. Kim Yong Chol era considerato uno dei principali organizzatori dell'attacco e dell'affondamento della *Cheonan*, la nave sudcoreana affondata il 10 marzo 2010 con l'uccisione di 46 uomini dell'equipaggio. Di fronte alle dichiarazioni di Ki Sung-tae, leader del partito d'opposizione Libera Corea il quale esclamava di opporsi «alla visita nel Sud di Kim Yong Chol, il principale artefice dell'affondamento del *Cheonan*» invocando per il generale nordcoreano una «morte per percosse», il ministero dell'Unificazione sudcoreano rispondeva che «ci sono dei limiti nel giudicare chi sia il responsabile dell'incidente (del *Cheonan*, nda)».

3. Cambio di rotta

Il 6 marzo 2018 una delegazione sudcoreana guidata dal Consigliere per la Sicurezza Nazionale Chung Eui-yong venne ricevuta da Kim Jong Un, dalla sorella Yo Jong e da Kim Yong Chol, l'uomo di punta di Pyongyang nelle relazioni intercoreane. Il risultato di questi colloqui, sottostimati dai più, fu che l'8 marzo lo stesso Chung Eui-yong andò a Washington a informare la Casa Bianca dell'intenzione di Kim Jong Un di sospendere il programma nucleare e missilistico e di essere disposto a incontrare lo stesso Trump. Il Presidente statunitense, che, al di là delle parole ad effetto più volte lanciate in passato, aveva già lasciato intendere di essere disposto a vedere personalmente la controparte nordcoreana, accettò la proposta lasciando che fosse la stessa delegazione sudcoreana a dare lo storico annuncio.

Il 13 marzo 2018, appena cinque giorni dopo la notizia, Trump sostituì Rex Tillerson con Mike Pompeo come segretario di stato e H.R. McMaster venne sostituito da John Bolton nel ruolo di consigliere per la sicurezza nazionale. Furono mosse prese in previsione del futuro incontro con Kim. Pompeo, infatti, era un politico più navigato di Tillerson e come direttore della CIA aveva ottimi contatti con l'establishment nordcoreano; Bolton, da sempre favorevole all'opzione militare, avrebbe potuto agire da contrappeso alle aperture di Pompeo. Se Pompeo era un personaggio che poteva essere accettato dalla leadership nordcoreana, Bolton lo era molto meno. La Corea del Nord non si era certo scordata che fu proprio l'attuale consigliere per la sicurezza nazionale a sabotare il Quadro di accordo sul disarmo nucleare firmato nel 1994 al fine di innalzare il livello di scontro nella penisola coreana.

Via via che la data dell'incontro di Singapore si approssimava, la Cina si mostrava sempre più agitata: l'obiettivo primario a cui Pechino mirava non era, a differenza di Washington, la denuclearizzazione della penisola o della sola Corea del Nord, quanto la stabilizzazione dello status quo che vedeva un regime di Pyongyang stabile, anche in chiave di contrapposizione a Seoul e agli Stati Uniti. Certo, il governo cinese auspicava il ristabilimento delle relazioni diplomatiche tra Usa e Nord Corea, una diminuzione degli ordigni atomici negli arsenali delle Forze armate nordcoreane, ma temeva anche un'unificazione delle due Coree troppo repentina, che avrebbe creato un disequilibrio nelle forze economiche a tutto vantaggio degli Stati Uniti. Paventava, altresì, un accordo, seppur improbabile, che avrebbe portato Pyongyang ad essere più simpatetica con Washington, aprendo i propri confini non solo al mercato capitalista, ma anche al Pentagono permettendo lo stazionamento di truppe, se non statunitensi, sudcoreane lungo i 1.461 chilometri di confine che la Cina divide con la Corea.

L'imprevedibilità dei due protagonisti, la loro inesperienza nei meeting a livello internazionale, la scarsa conoscenza di Trump dell'area asiatica sia in termini politici che culturali erano incognite di un'equazione che avrebbe potuto risolversi in un enorme successo o, viceversa, in un completo drammatico fallimento.

Kim Jong Un, però, aveva in serbo un colpo di scena: tra il 25 e il 28 marzo 2018 si recò in Cina incontrando il Presidente Xi Jinping. Non era solo la prima volta che i due capi di stato si incontravano, ma anche la prima volta in assoluto per Kim ad avere colloqui privati con un leader straniero.

La visita servì alla Corea del Nord nel ristabilire quei rapporti che si erano incrinati pericolosamente nel dicembre 2013 dopo la morte di Jang Song Taek, ma diede alla dirigenza cinese l'opportunità di saggiare la preparazione del giovane Kim in previsione dei meeting di aprile con Moon Jae-in e di giugno con Donald Trump. A Xi Jinping, politico di lungo corso, premeva dare suggerimenti al collega sui temi che più stavano a cuore alla Cina: unificazione della penisola, trattato di pace, denuclearizzazione. In cambio di un comportamento accettabile e privo di colpi di testa, Pechino era disposta a offrire a Pyongyang aiuti economici e, soprattutto, cercare di allentare le sanzioni imposte dalle Nazioni Unite.

Panmunjom

Il 27 aprile 2018 Moon Jae-in e Kim Jong Un si incontrarono a Panmunjom. Era il terzo incontro tra i capi di stato delle due nazioni dopo quelli tenuti a Pyongyang tra Kim Jong Il e Kim Dae-jung tra il 13 e il 15 giugno 2000 e tra Kim Jong Il e Roh Moo-hyun, sempre nella capitale nordcoreana, tra il 2 e il 4 ottobre 2007.

Il meeting di aprile fu ricco di simbolismo, a partire dal passaggio di Kim Jong Un attraverso la linea che marcava il 38° parallelo. Kim era il primo leader nordcoreano a mettere piede in Sud Corea. Altri eventi segnarono vari passaggi della storica giornata, come la piantumazione di un piccolo albero di pino innaffiato con le acque dei fiumi Han e Taedong, i cui corsi attraversano rispettivamente Seoul e Pyongyang e piantumato con terra dei monti Paektu e Halla, le cime più alte a Nord e a Sud della linea d'armistizio.

I due leader si incontrarono per la prima volta proprio lungo il 38° parallelo ed ecco la trascrizione integrale delle prime parole che si scambiarono:

Kim Jong Un: «Sono contento di incontrala. Sono molto contento».
Moon Jae-in: «Ha trovato difficoltà a venire fin qui?».
KIM: «Assolutamente no!».
MOON: «Sono contento di incontrarla».
KIM : «Indubbiamente sono molto eccitato per questo incontro in questo luogo così storico. E sono commosso che lei abbia fatto tutta questa strada per ricevermi alla Linea di Demarcazione di Panmunjom».

MOON : «È stata la sua coraggiosa decisione che ci ha permesso di arrivare fin qui».
KIM : «No, no, assolutamente no».
MOON : «Abbiamo creato un momento storico».
KIM : «È un piacere incontrarla».
MOON : «Vorrebbe venire da questa parte?».

A questo punto Kim Jong Un fece il famoso passo che lo portò in Corea del Sud.

Fu Moon Jae-in a continuare il dialogo appena il collega varcò la linea di demarcazione:

MOON: «È venuto nel lato sud, quando potrò venire al Nord?».
KIM : «Probabilmente questo è il tempo giusto per lei ad entrare in territorio nordcoreano».

Dopo questo invito Moon varcò a sua volta la sottile striscia di cemento che segnava il confine tra Sud e Nord Corea entrando ufficialmente nella parte settentrionale della penisola.

La dichiarazione finale del summit, sebbene più articolata di quelle del 2000 e del 2007, rifletteva le stesse volontà espresse negli incontri precedenti: denuclearizzazione, volontà di trasformare l'armistizio del 1953 in trattato di pace, cooperazione economica, prospettive di riunificazione della penisola, continuazione dei colloqui tra Nord e Sud sia a livello diplomatico che a livello personale con ricongiungimenti familiari per i nuclei divisi dalla guerra. Sul piano politico, quindi, l'incontro intercoreano del 27 aprile non fu affatto né storico né epocale, ma fu importante perché costituiva il proscenio dell'incontro, quello sì storico ed epocale, tra Donald Trump e Kim Jong Un previsto per il successivo 12 giugno a Singapore. Dall'incontro di Panmunjom la diplomazia statunitense avrebbe potuto individuare la reale volontà di dialogo di Pyongyang. E non rimase delusa.

Ecco il testo integrale della dichiarazione rilasciata da Kim e Moon:

«Durante questo epocale periodo di trasformazione storica nella Penisola Coreana che riflette la costante aspirazione del popolo coreano

alla pace, alla prosperità e all'unificazione, il Presidente Moon Jae-in della Repubblica di Corea e il Presidente della Commissione per gli Affari Statali della Repubblica Democratica Popolare di Corea Kim Jong Un hanno tenuto un summit intercoreano presso la "Casa della Pace" a Panmunjom il 27 aprile 2018.
I due leader hanno solennemente dichiarato, di fronte a ottanta milioni di Coreani e al mondo intero, che non ci sarà mai più guerra nella Penisola Coreana inaugurando così una nuova era di pace.
I due leader, presso il sito storico di Panmunjom, condividendo il fermo impegno di porre rapidamente fine alle restanti reliquie della Guerra Fredda, della divisione e dello scontro di lunga durata e per affrontare con coraggio una nuova era di riconciliazione nazionale, pace e prosperità e migliorare e coltivare le relazioni intercoreane in modo attivo hanno dichiarato quanto segue:

1.
La Corea del Sud e la Corea del Nord ristabiliranno le relazioni di sangue della popolazione e porteranno avanti il futuro comune di prosperità e unificazione guidati dai coreani, facilitando un avanzamento completo e innovativo nelle relazioni intercoreane. Il miglioramento e il coltivare le relazioni intercoreane è il desiderio prevalente dell'intera nazione e al tempo stesso la chiamata dei tempi che non può essere rimandata.
1) La Corea del Sud e del Nord hanno affermato il principio di determinare il destino della nazione Coreana secondo la propria volontà e hanno convenuto di portare avanti questo momento al fine di perseguire il miglioramento delle relazioni inter-Coreane, dando piena attuazione a tutti gli accordi e alle dichiarazioni adottati finora tra le due parti.
2) La Corea del Sud e la Corea del Nord hanno convenuto di mantenere il dialogo e i negoziati in vari settori, compreso quelli di alto livello e di adottare le misure attive necessarie per l'attuazione degli accordi raggiunti al vertice.
3) La Corea del Sud e la Corea del Nord hanno convenuto di istituire un ufficio congiunto di collegamento con i rappresentanti residenti di entrambe le parti nella regione di Kaesong, al fine di facilitare la consultazione tra le autorità nonché di agevolare gli scambi e la cooperazione tra le persone.

4) Corea del Sud e Corea del Nord hanno convenuto di incoraggiare una più attiva cooperazione, gli scambi, le visite e i contatti a tutti i livelli al fine di rinnovare lo spirito di riconciliazione nazionale e dell'unità. Tra Sud e Nord, le due parti incoraggeranno l'atmosfera di amicizia e cooperazione organizzando attivamente vari eventi congiunti in occasione delle date che hanno un significato speciale sia per la Corea del Sud che del Nord, come il 15 giugno, in cui saranno coinvolti partecipanti di tutti i livelli, compresi i governi centrali e locali, i parlamenti, i partiti politici e le organizzazioni civili. Sul fronte internazionale, le due parti hanno accettato di dimostrare la loro saggezza collettiva, i loro talenti e la propria solidarietà partecipando congiuntamente a eventi sportivi internazionali come i Giochi asiatici del 2018.
5) La Corea del Sud e la Corea del Nord hanno deciso di sforzarsi di risolvere rapidamente le questioni umanitarie causate dalla divisione della nazione e di convocare una riunione della Croce Rossa Intercoreana per discutere e risolvere varie questioni, tra cui il ricongiungimento delle famiglie separate. In questo modo, Corea del Sud e Corea del Nord hanno accettato di procedere con programmi di ricongiungimento per le famiglie separate in occasione della Giornata della Liberazione Nazionale del 15 agosto di quest'anno.
6) La Corea del Sud e la Corea del Nord hanno convenuto di attuare attivamente i progetti precedentemente concordati nella Dichiarazione del 4 ottobre 2007, al fine di promuovere una crescita economica equilibrata e la prosperità comune della nazione. Come primo passo, le due parti hanno convenuto di adottare misure pratiche per il collegamento e la modernizzazione delle ferrovie e delle strade lungo il corridoio di trasporto orientale e tra Seoul e Sinuiju al fine del loro utilizzo.

2.
La Corea del Sud e la Corea del Nord compiranno sforzi congiunti per alleviare le acute tensioni militari ed eliminare il pericolo di guerre nella Penisola Coreana.
1) La Corea del Sud e la Corea del Nord hanno concordato di cessare completamente tutti gli atti ostili l'uno contro l'altro in tutti i campi, inclusi terra, aria e mare, che sono la fonte di tensione e conflitto mi-

litare. In questo spirito, le due parti hanno convenuto di trasformare la zona demilitarizzata in una zona di pace in senso genuino, cessando dal primo maggio di quest'anno tutti gli atti ostili e eliminando gli strumenti finora utilizzati, tra cui la trasmissione attraverso altoparlanti e la distribuzione di volantini nelle aree lungo la linea di demarcazione militare.

2) La Corea del Sud e la Corea del Nord hanno concordato di elaborare un piano pratico per trasformare le aree intorno al Linea Marittima del Mar Occidentale e, in una zona di pace marittima per prevenire accidentali scontri militari e garantire attività di pesca sicure.

3) La Corea del Sud e la Corea del Nord hanno accettato di adottare varie misure militari per garantire la cooperazione, gli scambi, le visite e contatti attivi. Le due parti hanno convenuto di tenere frequenti incontri tra le autorità militari, compresa la riunione tra i rispettivi Ministri della Difesa, per discutere e risolvere immediatamente le questioni militari che presenti. A questo proposito, le due parti hanno convenuto di convocare i primi colloqui militari tra il personale militare con il grado di generale a maggio.

3.

La Corea del Sud e del Nord collaboreranno attivamente per istituire un regime di pace permanente e stabile nella Penisola Coreana. Porre fine all'attuale stato innaturale dell'armistizio e istituire un solido regime di pace nella Penisola Coreana è una missione storica che non può essere rimandata ulteriormente.

1) La Corea del Sud e la Corea del Nord hanno ribadito l'accordo di non aggressione che preclude l'uso della forza di qualsiasi forma l'uno contro l'altro e hanno manifestato la volontà di attenersi strettamente al presente accordo.

2) La Corea del Sud e la Corea del Nord hanno accettato di portare avanti il disarmo in maniera graduale in modo da attenuale le tensioni militari e siano compiuti sostanziali progressi nella costruzione della fiducia militare.

3) Durante quest'anno che segna il 65esimo anniversario dell'Armistizio, Corea del Sud e Corea del Nord hanno convenuto di perseguire attivamente riunioni trilaterali che coinvolgono le due Coree e gli Stati Uniti, o incontri quadrilaterali che coinvolgono le due Coree, gli

Stati Uniti e la Cina con l'obiettivo di dichiarare la fine della guerra, trasformando l'armistizio in un trattato di pace e stabilire un regime di pace permanente e solido.
4) La Corea del Sud e la Corea del Nord hanno confermato l'obiettivo comune di realizzare, attraverso la completa denuclearizzazione, una penisola coreana priva di armi nucleari. La Corea del Sud e la Corea del Nord condividono l'idea che le misure avviate dalla Corea del Nord sono molto significative e cruciali per la denuclearizzazione della penisola coreana e hanno convenuto di rispettare i rispettivi ruoli e responsabilità a tale riguardo. Corea del Sud e Corea del Nord hanno convenuto di cercare attivamente il sostegno e la cooperazione della comunità internazionale per la denuclearizzazione della Penisola Coreana.

I due leader hanno concordato, attraverso incontri regolari e conversazioni telefoniche dirette, di tenere discussioni frequenti e sincere su questioni vitali per la nazione, rafforzare la fiducia reciproca e sforzarsi congiuntamente di rafforzare lo slancio positivo verso il progresso continuo delle relazioni intercoreane per la pace, prosperità e unificazione della penisola coreana.
In questo contesto, il Presidente Moon Jae-in ha accettato di visitare Pyongyang questo autunno.
27 Aprile 2018
Firmato in Panmunjom
Moon Jae-in – Presidente della Repubblica di Corea
Kim Jong Un – Presidente della Commissione Affari di Stato della Repubblica Popolare Democratica di Corea»

Corea del Nord		Corea del Sud	
Kim Jong Un		Moon Jae-in	
Kim Yong Nam	Presidente del Presidium dell'Assemblea Suprema del Popolo	Chung Eui-yong	Direttore dell'Ufficio per la Sicurezza Nazionale
Kim Yo Jong	Membro temporaneo del Politburo e vicedirettrice del Dipartimento Propaganda e Mobilitazione	Suh Hoon	Direttore dei Servizi Segreti Nazionali
Kim Yong Chol	Primo vicepresidente del Partito dei Lavoratori di Corea	Cho Myoung-gyon	Ministro dell'Unificazione
Choe Hwi	Secondo vicepresidente del Partito dei Lavoratori di Corea	Im Jong-seok	Capo della Segreteria del Presidente
Ri Son Gwon	Presidente del Comitato per la Riunificazione Pacifica della Madrepatria	Song Young-moo	Ministro della Difesa Nazionale
Ri Myong Su	Capo di Stato Maggiore delle Forze Armate Nordcoreane	Kang Kyung-wha	Ministro degli Esteri
Ri Yong Ho	Ministro degli Esteri	Jeong Kyeong-doo	Presidente dell'Ufficio dei Capi di Stato Maggiore
Ri Su Yong	Vicepresidente del Partito dei Lavoratori di Corea		
Pak Yong Sik	Ministro delle Forze Armate Popolari di Corea		

Tabella 8. Le delegazioni presenti a Panmunjom.

La preparazione al vertice di Singapore

Prima di ripartire per Pyongyang Kim annunciò a sorpresa che la Corea del Nord avrebbe chiuso definitivamente il sito di esperimenti nucleari di Punggye-ri, nella regione settentrionale della nazione, dove erano stati effettuati tutti i sei test nucleari sino ad allora condotti dalle Forze armate. Era una rivelazione sensazionale perché, oltre a dimostrare la volontà di Pyongyang ad attenersi alle promesse di denuclearizzazione, Punggye-ri era ritenuto uno dei posti più segreti del mondo nordcoreano. La data della dismissione non fu resa nota, ma il leader, in un'abile mossa propagandistica, fece sapere che sarebbero stati invitati giornalisti statunitensi, russi, cinesi e sudcoreani.

Kim Jong Un e Moon Jae-in si incontrarono ancora, a sorpresa e a porte chiuse, un mese dopo a Pyongyang, il 27 maggio 2018, per implementare i punti discussi a Panmunjom e fissare le date dei primi incontri. Moon si rivelò anche più accomodante di Trump nella denuclearizzazione: mentre gli Stati Uniti pretendevano una completa eliminazione dell'arsenale nucleare nordcoreano in tempi brevi, la Corea del Sud fece intendere che la sua visione era meno drastica. Secondo Seoul, Pyongyang avrebbe potuto mantenere il deterrente nucleare, ma con la prospettiva di uno smantellamento a lungo termine. Al tempo stesso l'inquilino della Casa Blu annunciò che la Kaesong Industrial Complex, la zona ad economia speciale più grande e redditizia della Corea del Nord, chiusa dal 2016 perché sospettata di finanziare il programma nucleare di Pyongyang, sarebbe stata presto riaperta.

Subito dopo l'incontro intercoreano, Kim volò a Dalian per relazionare a Xi Jinping la visita avuta con Moon Jae-in. Una mossa che indicava quanto Cina e Corea del Nord si fossero ormai avvicinate e che andò ripetuta dopo il summit di Singapore. Sembrava davvero che tra i due Paesi fosse rinata una sintonia perduta dopo la purga di Jang Song Taek.

Tra gli altri punti in programma, Xi espose a Kim le preoccupazioni cinesi per gli esperimenti nucleari condotti a Punggye-ri, che si trovava a soli settanta chilometri in linea d'aria dalla frontiera cinese. Il terremoto di scala 6.1 causato dall'ultimo test termonucleare era stato avvertito anche in Cina e la preoccupazione di un fall out radioattivo era vivida nella popolazione cinese che abitava nell'area. Subito dopo la notizia del test del 3 settembre 2017 i social cinesi si erano riempiti di proteste di cittadini che chiedevano assicurazioni al proprio governo circa eventuali radiazioni a cui avrebbero potuto essere sottoposti. Xi chiese a Kim assicurazioni sulla chiusura del sito in programma prima del meeting con Trump.

Il primo aprile 2018 Mike Pompeo si recò a Pyongyang incontrando Kim Jong Un. Una visita ripetuta il 9 maggio riuscì a risolvere la delicata questione di tre cittadini statunitensi detenuti nelle carceri nordcoreane: Kim Dong Chul, arrestato per spionaggio nell'ottobre 2015, Kim Sang-duk, arrestato il 21 aprile 2017 per atti ostili con l'intenzione di sovvertire il Paese e Kim Hak-song detenuto dal 7 maggio 2017 per atti ostili contro lo Stato. Pyongyang era oramai ansiosa di "liberarsi" degli ultimi tre cittadini statunitensi che tratteneva per non veder ripetere lo scandalo di Otto Warmbier, lo studente di Cincinnati bloccato il 2 gennaio 2016 mentre stava attendendo di imbarcarsi all'aeroporto di Pyongyang al termine di un tour di cinque giorni nel Paese. Warmbier, accusato di aver rubato un poster con l'effigie di Kim Jong Il all'hotel Yanggakdo, venne processato il 16 marzo 2016 e condannato a quindici anni di lavori forzati. Pochi giorni prima, esattamente il 2 marzo, il Consiglio di Sicurezza dell'Onu aveva approvato la Risoluzione 2270 in risposta al quarto test nucleare condotto dalla Corea del Nord il 6 gennaio 2016 e probabilmente Otto fu la vittima di una rappresaglia per queste nuove sanzioni. Il 6 giugno 2017, dopo diciotto mesi di detenzione, le autorità nordcoreane rivelarono a Joseph Yun, Rappresentante Speciale del Dipartimento di Stato Usa, che il detenuto era entrato in coma poco dopo il processo per aver mangiato cibo contaminato dal botulino. Fu lo stesso Yun a giungere a Pyongyang il successivo 12 giugno 2017 per prelevare il cittadino statunitense e trasportarlo, ormai in coma a Cincinnati, dove arrivò in stato di coma vegetativo. A nulla valsero le cure dell'University of Cincinnati Medical Center: Otto Warmbier morì il 19 giugno. Le autorità nordcoreane rifiutarono ogni responsabilità affermando di aver curato «in modo umano» il paziente, ma non spiegarono mai il loro comportamento per aver nascosto alla famiglia le condizioni sanitarie del figlio nonostante avessero loro stesse affermato che il prigioniero era entrato in coma sin dall'aprile 2016. Liberandolo prima della sua morte, Pyongyang evitò di trovarsi nell'imbarazzante situazione di dover chiarire e giustificare al mondo intero la sua posizione. Ufficialmente Otto Warmbier era stato regolarmente liberato ed era deceduto nella sua patria.

Oltre ad aver risolto la crisi dei prigionieri, Pompeo portò a casa un altro bottino: l'annuncio che la Corea del Nord aveva accettato di incontrare Trump e, nel caso si fosse giunti a un accordo sulla denuclearizzazione, gli Stati Uniti avrebbero concesso a Pyongyang ingenti aiuti economici.

Il successo delle visite di Pompeo rischiò di essere offuscato dalle dichiarazioni di Bolton, il falco dell'amministrazione Trump, che parlò di una *road map* per la denuclearizzazione nordcoreana simile a quella seguita con il modello libico. Memore della miserabile fine riservata a Gheddafi e allo stato di anarchia in cui venne condotta la Libia, il viceministro degli Esteri nordcoreano, Kim Kye Gwan protestò energeticamente contro lo sfortunato paragone del consigliere per la Sicurezza Nazionale Usa. In un maldestro tentativo di stemperare la situazione creatasi a pochi giorni dal vertice di Singapore, il vicepresidente Pence precisò che il modello libico sarebbe stato seguito solo nel caso in cui Kim Jong Un non avesse accettato un accordo sulla denuclearizzazione. Le parole di Pence aggravarono ancor più la tensione, la cui acidità aumentò quando iniziarono le periodiche esercitazioni militari congiunte statunitensi e sudcoreane che includevano i bombardieri nucleari B-52 e i caccia invisibili F-22. Alle proteste di Pyongyang, cui seguì la cancellazione degli incontri già programmati tra delegazioni nord e sudcoreane, Seoul rispose depennando dalle manovre l'intervento dei B-52.

1. La chiusura di Punggye-ri

Finalmente, il 24 maggio, dopo numerosi rinvii e incertezze, un gruppo di giornalisti partì dalla città portuale di Wonsan, sul Mar del Giappone, per affrontare un lungo viaggio che li portò a Punggye-ri. Il giorno tanto atteso in cui le autorità nordcoreane avrebbero mostrato al mondo la loro credibilità, era giunto.

Il sito si trovava incuneato all'interno del complesso montuoso di Mantap, la cui cima più elevata raggiungeva i 2.205 metri. Lungo le sue pendici meridionali si aprivano gli imbocchi di quattro tunnel di cui da uno di questi, il cosiddetto tunnel nord, si diramavano altre cinque gallerie. Tranne il tunnel est, dove nell'ottobre 2006 fu fatta esplodere la prima bomba nucleare nordcoreana da 0,7 chilotoni, tutti gli altri si trovavano l'uno vicino all'altro inoltrandosi per circa un chilometro all'interno della montagna ed erano ancora funzionanti.

Nelle cinque gallerie del tunnel settentrionale furono condotti i cinque test successivi a quello del 2006: nel maggio 2009 (il secondo test condotto da Pyongyang) fu fatta scoppiare la bomba da 5,4 chilotoni; nel febbraio 2013 il terzo test da quattrodici-diciassette chilotoni; il quarto da sette-dieci chilotoni nel gennaio 2016; il quinto nel settembre 2016 da vento-trenta chilotoni e il sesto, il test finale, che concludeva la serie di ricerche per allestire la bomba termonucleare, venne effettuato il 3 settembre 2017. Quest'ultimo test fu svolto in una camera a sette-ottocento metri sotto la verticale della superficie del monte Mantap e posta alla fine di un tunnel lungo circa un chilometro disegnato, come dai modelli pakistani, a uncino. Per contenere le radiazioni sprigionatisi dall'esplosione da centoventi-duecentocinquanta chilotoni, il tunnel era diviso in dieci segmenti separati da nove porte blindate. Le pareti erano in cemento misto a ghiaia e sabbia.

Immediatamente vennero ascoltati esperti e analisti e, in alcuni casi, fu messa in dubbio la buona fede di Kim: secondo un rapporto di un'equipe dell'Università di Scienza e Tecnologia di Cina, guidata dal geologo Wen Lianxing, il sito sarebbe stato reso inutilizzabile dall'ultima esplosione termonucleare la cui potenza (centoventi-duecentocinquanta chilotoni) sarebbe stata sufficientemente forte da causare la cosiddetta "sindrome della montagna stanca". Questo è l'effetto per cui, a causa di esplosioni nucleari, si creerebbero fratture all'interno della montagna generando lo smottamento di una parte del crinale proprio in corrispondenza della verticale della camera di scoppio. La tesi della squadra cinese si basava sull'evento sismico di 4.1 magnitudo avvenuto otto minuti e mezzo dopo l'esplosione. La chiusura di Punggye-ri, quindi, avrebbe potuto essere solo uno specchietto per le allodole, un'esca lanciata dalla Corea del Nord all'indirizzo di Trump e dei falchi della sua amministrazione atta a far credere che la denuclearizzazione fosse davvero iniziata.

Un altro lavoro, questa volta statunitense, negava la tesi cinese, rivalutando la reale volontà di smobilitazione annunciata da Pyongyang. Il terremoto di magnitudo 4.1 registrato 8,5 minuti dopo l'ignizione dell'ordigno potrebbe essere stato causato dal normale assestamento del materiale all'interno della cavità, un evento che avviene ogni qualvolta si esegue un test nucleare di una certa potenza. Il plasma liberato dall'esplosione termonucleare avrebbe fuso le rocce circostanti creando una cavità nel terreno sotto la superficie del Mantap. Si è calcolato che la cavità risultante da un'esplosione di duecentocinquanta chilotoni avrebbe un diametro di circa duecento metri. Attorno a questa cava si sarebbe formato un nucleo di rocce estremamente friabili dallo spessore sino a tre volte la grotta stessa che, pochi minuti dopo il test, sarebbe collassata, come del resto era previsto, creando la seconda ondata sismica registrata dai cinesi. A una profondità maggiore di cinquecento-seicento metri il collasso non si noterebbe in superficie in quanto le rocce al di sopra della cavità crollata avrebbero uno spessore tale da riuscire a resistere a un eventuale smottamento.

In entrambe i casi il sito, non sarebbe stato compromesso del tutto, ma vedrebbe solo mutata la sua funzione: la "capacità" del tunnel di contenere esplosioni nucleari non si sarebbe esaurita con la sindrome della montagna stanca: mediante calcoli matematici sarebbe possibile aggiustare le successive esplosioni in modo da evitare ulteriori collassi e rilasci di nubi radioattive.

La Corea del Nord utilizzò il modo più hollywoodiano possibile per mostrare al mondo (e in particolare agli statunitensi) l'addio a Punngye-ri: nel giro dell'intera giornata sei esplosioni (due in mattinata e quattro nel pomeriggio) distrussero tre tunnel (il quarto, quello posto ad est, era già inagibile).

Ma l'assenza di esperti nucleari che potessero verificare lo stato del sito pose serie ipoteche sull'attendibilità dell'operazione condotta dai militari. La preparazione e la successiva verifica delle azioni intraprese per constatare la definitiva dismissione di un'area adibita a test nucleari avrebbe dovuto richiedere diverse settimane. Affinché il sito di test nucleari potesse essere dichiarato inagibile non bastava un po' di esplosivo: occorreva disseminare l'area con sismografi e inserire radar in profondità in prossimità dei tunnel per monitorare in continuo eventuali attività all'interno delle gallerie. Nulla vietava e vieterà in futuro che i detriti che ostruiscono i tre tunnel possano essere facilmente rimossi; molto più professionale e convincente sarebbe stato eseguire un lavoro di riempimento dei trafori con calcestruzzo, sabbia, ghiaia in modo da renderli effettivamente inutilizzabili in futuro.

Queste obiezioni furono tra le cause che indussero Trump a inviare una lettera choc a Kim Jong Un proprio pochi minuti dopo che le esplosioni distrussero Punggye-ri, anche se il motivo principale furono le dure parole pronunciate il 24 maggio 2018 dal viceministro degli Esteri Choe Sun Hui. Questa aveva criticato il parallelismo fatto da Mike Pence della politica statunitense verso la Libia e la Corea del Nord, definendo il vicepresidente Usa uno «stupido politico» («political dummy»). Queste le dure parole espresse da Choe Sun Hui:

> Come persona coinvolta nelle relazioni con gli Stati Uniti, non posso ignorare la mia sorpresa di fronte a frasi così stupide e ignoranti scatenate dalla bocca del vicepresidente Usa. Se lui (Mike Pence, nda) è vicepresidente della «sola super potenza», come lui stesso ha detto, sarebbe bene che conoscesse almeno un poco della corrente situazione delle relazioni globali avendo l'accortezza di misurare le parole in un clima di distensione. Possiamo dedurre quale stupido politico sia quando ha cercato di paragonare la Dprk, uno stato nucleare, alla Libia, Stato che aveva semplicemente installato poche infrastrutture, prendendosi gioco di esso.

Parole che potevano essere condivisibili alla luce della storia recente, ma che risultavano chiaramente offensive non solo nei confronti di Pence, ma anche per Trump. La lettera del Presidente statunitense venne spedita proprio poche ore la chiusura di Punggye-ri e lo stesso Trump spiegava i motivi per cui cancellava unilateralmente i colloqui di Singapore:

> Caro signor Presidente,
> Noi apprezziamo il tempo, la sua pazienza e gli sforzi da lei dedicati ai nostri recenti negoziati e discussioni relativi a un summit a lungo aspettato da entrambe le parti che era in programma a Singapore il 12 giugno. Eravamo stati informati che il meeting era stato richiesto dalla Corea del Nord, ma questo è irrilevante per noi. Ero molto ansioso di essere presente accanto a lei. Purtroppo, sulla base delle tremende frasi e dell'aperta ostilità mostrata nelle sue più recenti dichiarazioni, considero inappropriato, per il momento, procedere con il previsto incontro. Di conseguenza, questa lettera vuole informare che il summit di Singapore, per il bene delle due parti, ma in danno al mondo intero, non avrà luogo. Lei ha parlato alle sue potenzialità nucleari, ma le nostre sono così più potenti e numerose che prego Dio di non doverle mai usare.
> Credevo che si stava costruendo un bel dialogo tra lei e me, e questa è la sola cosa che conta. Spero un giorno di poterla incontrare. Nel frattempo la voglio ringraziare per il rilascio degli ostaggi che ora sono a casa con le loro famiglie. È stato un bel gesto ed è stato molto apprezzato.
> Se dovesse cambiare idea riguardo l'importante summit, la prego di chiamarmi o scrivermi. Il mondo e la Corea del Nord in particolare, ha perso una grande opportunità per ottenere la pace, un maggior benessere e prosperità. Questa opportunità persa è veramente un triste momento per la storia.

La lettera, come si può leggere, era più un ammonimento che un rifiuto alla partecipazione al summit di Singapore. Pur lamentandosi dei toni duri mostrati da Pyongyang nelle «tremende frasi e dell'aperta ostilità mostrata nelle sue più recenti dichiarazioni», le parole contenevano aperture che lasciavano intendere che il Presidente Usa non si sarebbe arroccato sulle posizioni di chiusura che potevano a prima vista trasparire dalla missiva. La rivelazione dell'essere «molto ansioso di essere presente accanto a lei», del «bel dialogo» che si stava costruendo «tra lei e me» che era «la sola cosa che conta» e il ringraziamento «per il rilascio degli ostaggi che ora sono a casa con le loro famiglie», erano tutti segnali, neanche troppo celati, che il dialogo sarebbe comunque andato avanti per la sua strada. Il tono, a un certo punto colloquiale e di stima personale (il «bel dialogo tra lei e me») faceva prevedere che quella speranza «di poterla incontrare», non era poi così remota. L'ultima frase diretta a Kim Jong Un, prima del commiato formale, il «bel gesto ed è stato molto apprezzato» denotava ammirazione e considerazione verso quel «Presidente» che pochi mesi prima aveva etichettato come «un pazzo con armi nucleari».

Il 31 maggio il summit venne definitivamente confermato dall'amministrazione Trump.

Il summit di Singapore

La preparazione del summit fu un complicato e accurato gioco di squadra tra i governi di Singapore, Corea del Nord e Stati Uniti.

Venne scelto come luogo dei colloqui il Capella Hotel, situato nell'isola di Sentosa, la propaggine più meridionale di Singapore e, come recitava anche un cartello posto sul ponte tibetano a Palawan Beach, il punto più meridionale dell'Asia continentale.

Un luogo anomalo e particolare per questo tipo di incontri: Sentosa aveva una storia dal passato drammatico. Durante l'occupazione giapponese aveva ospitato un campo di prigionia di soldati britannici e australiani, costretti, a un certo punto, a scavare le fosse per seppellire trecento patrioti cinesi massacrati dai colonialisti dell'Impero del Sol Levante. Dopo la Seconda Guerra Mondiale, Londra concesse l'indipendenza alla città stato che, nel 1963, si unì alla Malesia. Fu un matrimonio breve perché la comunità cinese di Singapore si sentiva seriamente minacciata da quella malay la quale, a sua volta, temeva che la forza economica di Singapore minacciasse il proprio dominio politico. Il divorzio fu sanguinoso e repentino: il 9 agosto 1965 la 'città del leone' (questo il significato di Singapore) divenne indipendente iniziando un folgorante percorso di sviluppo economico e sociale.

Sentosa era un po' l'emblema del traguardo raggiunto; un'isola che nel 1972 abbandonò il toponimo originario Pulau Blakang Mati, 'isola della morte', per assumerne quello meno raccapricciante di 'pace e tranquillità'. Un nome che delineava il futuro già programmato per l'isola perché da allora il Sentosa Development Corporation, un'emanazione del ministero del Commercio e dell'Industria, investì 635 milioni di euro per trasformare l'isola in un Paese dei balocchi con spiagge la cui sabbia è stata importata dalla Malesia e dall'Indonesia, un acquario tra i più spettacolari dell'Asia, musei, hotels, studi cinematografici, parchi tematici. E mentre tutto questo veniva costruito e l'isoletta cominciava ad essere invasa da turisti, il fisico Chia Thye Poh, membro del Fronte Socialista e attivista dei diritti umani, veniva esiliato proprio qui, dopo aver passato ventitré anni di prigione senza essere formalmente accusato di nulla e senza subire alcun processo. Solo nel 1992 poté lasciare Sentosa, ma la sua definitiva liberazione avvenne solo il 27 novembre 1998.

Nel 2018, quando il summit ebbe luogo, quasi nessuno ricordava Sentosa per quello che rappresentava storicamente e politicamente. Il governo di Singapore, soprattutto dopo la morte di Lee Kuan Yew, l'autoritario primo ministro e artefice dello sviluppo economico della città stato, era riuscito a trasformare l'anonima e dimenticata propaggine della penisola in un'isola dei divertimenti.

Delegazioni di entrambe i Paesi avevano stabilito una fitta scaletta e tutti si aspettavano che le discussioni potessero cambiare il corso della storia. I nordcoreani, però, reduci da una serie di decisioni politiche e militari che avevano già sorpreso il mondo (il doppio incontro Kim-Moon, la chiusura di Punggye-ri), non si aspettavano che nel Capella Hotel si raggiungessero intese definitive.

Il meeting, secondo l'ottica di Pyongyang sarebbe più che altro servito a saggiare le reali intenzioni dell'Amministrazione Trump con l'augurio di trasformarsi in trampolino di lancio per una successiva serie di colloqui che, in modo graduale, avrebbero assicurato il passaggio verso una maggiore stabilità regionale.

Il fulcro attorno a cui Pyongyang cercava di far leva su Washington era la promessa della trasformazione dell'armistizio che pose in stand-by la guerra di Corea nel 1953, in un definitivo trattato di pace. Dato che tra gli attori dell'armistizio era inclusa anche la Cina, non ci si poteva essere alcuna firma il 12 giugno, ma l'impegno di Trump avrebbe potuto garantire alla Corea del Nord, oltre al ristabilimento delle relazioni diplomatiche con gli Usa, anche l'accesso, almeno temporaneo, ai mercati occidentali, compreso quello europeo e giapponese.

Kim Jong Un avrebbe inoltre chiesto l'annullamento (pur sapendo che al massimo avrebbe ottenuto un alleggerimento) delle sanzioni imposte, oltre che dagli Stati Uniti, anche da Cina, Sud Corea, Giappone,

Australia, Comunità Europea e Nazioni Unite. A questo proposito Seoul aveva già mostrato la sua intenzione di appoggiare Pyongyang inviando una delegazione nella zona ad economia speciale di Kaesong, chiusa dal 2016 per iniziativa del Sud per protesta contro il test nucleare di giugno di quell'anno.

La delegazione nordcoreana arrivò a Singapore calando la carta del congelamento del programma nucleare e missilistico e dell'avviata denuclearizzazione con la chiusura del sito di test nucleari di Punggye-ri. Con un'abile mossa Pyongyang aveva lasciato che la chiusura dell'area potesse, almeno teoricamente, essere reversibile per avere un asso nella manica da scoprire nel caso i colloqui avessero avuto esito negativo o anche nel caso Trump avesse chiesto un maggiore impegno sull'abbandono del progetto nucleare: Kim, allora, avrebbe acconsentito all'invio di esperti internazionali a cui sarebbe stato consentito di monitorare costantemente il sito installando sensori, sismografi, radiometri e contatori Geiger.

Ma era proprio sul diverso significato che Usa e Corea davano al concetto di denuclearizzazione il principale ostacolo che Pyongyang prevedeva di incontrare il 12 giugno. La chiusura del programma nucleare al Nord avrebbe dovuto, secondo Kim Jong Un, essere accompagnata da un parallelo abbandono del Sud da parte dei ventottomila soldati statunitensi mentre la Cina premeva su Pyongyang affinché richiedesse anche lo smantellamento del sistema antimissilistico THAAD.

Il governo nordcoreano sapeva che il Pentagono non avrebbe mai accettato di abbandonare il territorio a sud del 38° parallelo, ma, con i passi già intrapresi, avrebbero mostrato al mondo, più che a Washington, che la sua disponibilità nel disarmo della penisola era quanto mai reale.

Il giovane Grande Leader aveva tutta la convenienza nel lasciare Singapore con un accordo; sarebbe stato accolto in patria come un secondo Kim Il Sung acquisendo un ascendente anche presso il governo cinese, con cui di recente aveva avviato un riavvicinamento dopo quasi cinque anni di freddi rapporti.

Comunque fosse andata il processo avviato, difficilmente si sarebbe potuto arrestare: i falchi sia a Pyongyang che a Washington erano stati emarginati, anche grazie alla politica nucleare perseguita da Kim Jong Un. E assieme ai due principali attori e al Paese ospite, la nazione che più avrebbe beneficiato del vertice sarebbe stata la Corea del Sud e in particolare Moon Jae-in, vero co-protagonista che dalla sua buca del suggeritore aveva condotto un lavoro encomiabile nel dirigere i giochi sulla ribalta. La speranza di Moon era che dal 12 giugno ci si fosse accordati su tempi e modi da seguire per giungere alla firma del trattato di pace che avrebbe concluso la guerra di Corea. Sarebbe stata anche l'occasione per la Cina, terzo firmatario dell'armistizio del 1953, per rientrare in un gioco da cui sembrava esser stata esclusa. L'incubo di Pechino sarebbe una penisola coreana unita in cui truppe statunitensi sarebbero stazionate sul territorio, anche solo a sud del 38° parallelo, eliminando la funzione di stato cuscinetto a cui aveva relegato la Corea del Nord.

1. Il ruolo di Singapore

Per quasi una settimana la vita di migliaia di cittadini di Singapore fu stravolta da misure di sicurezza, aree off-limit e controlli. Se, però, i disagi di trasporto e di movimento vennero accettati remissivamente (anche grazie a una capillare informazione su percorsi alternativi), furono molti più i cittadini che si lamentarono dei costi sostenuti dal governo di Singapore per ospitare il meeting: venti milioni di dollari di Singapore (dodici milioni e mezzo di euro) più della metà dei quali spesi per garantire la sicurezza alle delegazioni statunitensi e nordcoreane.

Nella roccaforte del Worker Party, il principale partito di opposizione, nel quartiere arabo e indiano di Aljunied, le critiche sulla decisione del governo di contribuire di tasca propria alle spese del summit si sommarono alla sensazione di isolamento "punitivo" verso un quartiere abbandonato a se stesso. Durante una visita al centro stampa, il primo ministro Lee Hsien Loong, figlio ed erede di Lee Kwan Yew, aveva però evidenziato che il meeting avrebbe garantito alla città-stato pubblicità e introiti per molti anni a venire. In effetti Singapore durante il summit mostrò al mondo intero proprio quello che governi, CEO, o semplici turisti desideravano: capacità organizzative e imprenditoriali, facilità di raggiungere la città con un sistema di trasporti pubblici all'avanguardia, sicurezza, efficienza e pulizia.

Inoltre Sentosa mostrò al mondo non solo il suo volto ridanciano, ma anche la posizione strategica che, con soli due accessi e la sua superficie ridotta, la rendeva uno dei posti più sicuri al mondo per organizzare meeting così delicati. Il vertice tra Kim e Trump fu certamente la migliore pubblicità che il marchio Singapore potesse aspirare.

Sebbene molto vicino agli Stati Uniti, Singapore aveva sempre esaltato la sua neutralità che lo aveva portato ad essere riconosciuto dalla Corea del Nord fin dal 1967 sino a diventare il quarto partner commerciale di Pyongyang dopo Russia, Cina e Malesia. Il buon esito dei colloqui tra Kim e Trump sarebbe andato a vantaggio delle imprese della piccola nazione del Sud Est Asiatico, molte delle quali possedevano già uffici commerciali a Pyongyang.

2. La dichiarazione di Singapore

Il 12 giugno 2018 a Singapore Kim Jong Un e Donald Trump si incontrarono. Nel pomeriggio venne rilasciata la dichiarazione che riassumeva, forse in modo troppo succinto, i risultati dei colloqui:

> Donald J. Trump, Presidente degli Stati Uniti d'America, e Kim Jong Un, Presidente della Commissione degli Affari di Stato della Repubblica Democratica Popolare di Corea, hanno tenuto un primo, storico summit a Singapore il 12 giugno 2018.
> Il Presidente Trump e il Presidente Kim Jong Un hanno condotto un complessivo, approfondito e sincero scambio di opinioni sulle questioni relative alla creazione di nuove relazioni tra Stati Uniti e Repubblica Democratica Popolare di Corea e alla costruzione di una duratura e solida pace sulla penisola coreana. Il Presidente Trump si è impegnato a fornire garanzie di sicurezza alla Corea e il Presidente Kim Jong Un ha ribadito il fermo e incrollabile impegno per la completa denuclearizzazione della penisola coreana.
> Con la convinzione che l'avvio di nuove relazioni tra Stati Uniti e Repubblica Democratica Popolare di Corea contribuiranno alla pace e alla prosperità della penisola coreana e del mondo e riconoscendo che la costruzione di fiducia reciproca può promuovere la denuclearizzazione della penisola coreana, il Presidente Trump e il Presidente Kim Jong Un dichiarano quanto segue:
> – Gli Stati Uniti d'America e la Repubblica Democratica Popolare di Corea si impegnano a stabilire nuove relazioni Usa-Nord Corea in ac-

cordo con il desiderio dei popoli dei due Paesi per pace e prosperità;
– Gli Stati Uniti e la Repubblica Democratica Popolare di Corea uniranno gli sforzi per costruire un solido e stabile regime di pace nella penisola coreana;
– Ribadendo la validità della dichiarazione di Panmunjom del 27 aprile 2018, la Repubblica Democratica Popolare di Corea si impegna a lavorare per la completa denuclearizzazione della penisola coreana;
– Gli Stati Uniti e la Repubblica Democratica Popolare di Corea si impegnano a recuperare i resti di prigionieri di guerra e dei soldati dispersi in guerra, compreso l'immediato rimpatrio di quelli già identificati;
Avendo riconosciuto che il summit tra Stati Uniti e Repubblica Democratica Popolare di Corea, il primo nella storia, è stato un evento epocale di grande significato nel superare decenni di tensioni e ostilità tra i due Paesi e per l'apertura di un nuovo futuro, il Presidente Trump e il Presidente Kim Jong Un si impegnano a implementare totalmente e rapidamente le disposizioni contenute in questa dichiarazione congiunta.
Gli Stati Uniti e la Repubblica Democratica Popolare di Corea si impegnano a tenere ulteriori negoziazioni, condotte dal segretario di stato americano Mike Pompeo e da un rilevante rappresentante della Repubblica Democratica Popolare di Corea il più presto possibile, per attuare le conclusioni del summit tra Stati Uniti e Repubblica Democratica Popolare di Corea.
Il Presidente degli Stati Uniti d'America, Donald J. Trump, e il Presidente della Commissione degli Affari di Stato della Repubblica Democratica Popolare di Corea, Kim Jong Un, si sono impegnati a collaborare per lo sviluppo delle nuove relazioni tra Stati Uniti e Repubblica Democratica Popolare di Corea e per la promozione di pace, prosperità e sicurezza della penisola coreana e del mondo».

Corea del Nord		Stati Uniti	
Kim Jong Un		Donald Trump	
Ri Yong Ho	Ministro degli Esteri	Mike Pompeo	Segretario di Stato
Kim Yong Chol	Primo vicepresidente del PLC	John F. Kelly	Capo dell'Ufficio della Casa Bianca
Ri Su Yong	Vicepresidente del PLC	John R. Bolton	Consigliere per la Sicurezza di Stato
No Kwang Chol	Ministro delle Forze Armate Popolari di Corea	Randall Schriver	Assistente Segretario alla Difesa per l'Asia e il Pacifico
Choe Sun Hui	Viceministro degli Esteri	Sarah Huchabee Sanders	Segreteria di Stampa della Casa Bianca
Kim Yo Jong	Membro temporaneo del Politburo e vicedirettrice del Dip. Propaganda e Mobilitazione	Stephen Miller	Consigliere del Presidente
		Mira Ricardel	Viceconsigliere alla Sicurezza Nazionale
		Sarah Tinsley	Dir. per le Comunicazioni Strategiche del Consiglio di Sicurezza
		Matthew Pottinger	Direttore per l'Asia del Consiglio di Sicurezza Nazionale
		Brenan Richards	Direttore per il Sud Est Asiatico del Consiglio di Sicurezza Nazionale
		Allison Hooker	Membro del Consiglio di Sicurezza Nazionale
		Andrew Kim	Direttore dell'Ufficio Corea della CIA
		Sung Kim	Ambasciatore USA nelle Filippine
		P. Michael McKinley	Ambasciatore USA in Brasile
		S. Syptak-Ramnath	Ambasciatrice USA a Singapore
		Melissa Brown	Consigliere Politico e Economico dell'ambasciata USA a Singapore

Tabella 9. Le delegazioni presenti a Singapore.

3. *L'interpretazione del summit in chiave nordcoreana*

La breve e scarna dichiarazione congiunta rilasciata da Kim Jong Un e Donald Trump al termine del vertice tenuto al Capella Hotel di Sentosa era, come ci si aspettava, più un proclama di intenti che un accordo. Da quel momento sarebbe stato compito delle varie delegazioni continuare il lavoro sulla linea tracciata dai due leader.

Nonostante Kim abbia stretto la mano a Trump dicendo che "vecchi pregiudizi e ostacoli sono stati superati", non era ben chiaro come i quattro punti programmatici sarebbero stati esauditi. Entrambe i protagonisti del summit erano famosi per le loro repentine giravolte politiche e la fiducia reciproca ora diventava una *condicio sine qua non* per continuare il dialogo con la mediazione di Corea del Sud e Cina.

A un baldanzoso e spaccone Trump aveva fatto da contraltare un Kim visibilmente teso ed emozionato, che lasciò il vertice prima del suo collega dopo aver fatto sapere che le intese raggiunte, oltre che essere «storiche», avrebbero fatto vedere al «mondo drastici cambiamenti».

Come previsto nessun accenno diretto fu fatto a un futuro trattato di pace, ma l'affermazione del primo punto che «Gli Stati Uniti e la Dprk s'impegnano a stabilire nuove relazioni» ribadita nel secondo con gli «sforzi per costruire un regime di pace duratura e stabile nella penisola coreana» implicavano che il tema era stato sollevato e trattato. Kim era riuscito così a raggiungere il principale obiettivo per cui era venuto a Singapore. L'eventuale trasformazione dell'armistizio in un trattato di pace era vista con favore da Seoul, ma con una certa preoccupazione da Pechino che avrebbe potuto trovarsi una penisola federata o, peggio, unita, simpatetica a Washington.

A rassicurare, seppur in modo parziale, la Cina, era il fatto che nel primo anno di presidenza Moon, la Corea del Sud si era sempre più slegata dalla politica della Casa Bianca. Ma questo avrebbe potuto rappresentare un grattacapo, oltre che per gli Usa anche per la Cina in quanto Pyongyang avrebbe potuto avvicinarsi alla nuova linea sudcoreana trovando una terza via per riaffermare la propria indipendenza dalle due superpotenze.

Il terzo punto, che auspicava la «completa denuclearizzazione della penisola coreana» mostrava tutta l'ambiguità del documento firmato da Trump e Kim. La denuclearizzazione è il comun denominatore che aveva accompagnato tutti i protocolli d'intesa siglati dalla Corea del Nord con il Sud e con le potenze partecipanti ai Colloqui a Sei. E regolarmente, fu il punto costantemente disatteso.

Ma il rimando alla Dichiarazione di aprile di Panmunjom era stato un altro colpo di mano di Kim, il quale coinvolgeva così nel processo anche la Corea del Sud. Non si trattava, quindi, solo di eliminare le testate nucleari del Nord, ma anche di prevenire possibili interventi nucleari di potenze straniere a fianco del Sud. Nell'ottica di Pyongyang, quindi, il disarmo avrebbe dovuto per forza di cose coinvolgere anche le truppe statunitensi dislocate a sud del 38° parallelo. Il preambolo, in cui si affermava che «il Presidente Trump s'è impegnato a fornire garanzie di sicurezza alla Dprk» era visto dalla Corea del Nord come un'esplicita dichiarazione di volontà di demilitarizzare il Sud, cosa forse non troppo chiara (comunque sicuramente non condivisa) dal Pentagono.

L'ultimo tema trattato, quello della restituzione dei corpi dei militari statunitensi caduti durante la Guerra di Corea (1950-1953), oltre a rafforzare la volontà di conclusione ufficiale del conflitto, apriva le porte anche a una possibile futura discussione sui diritti umani all'interno del Paese, argomento talmente delicato da non essere trattato per evitare di arenare il dialogo prima ancora che partisse.

Il summit di Singapore era stato un successo per Kim Jong Un, il quale aveva mostrato al proprio popolo che la nazione nordcoreana poteva ormai sedersi fianco a fianco con la prima potenza mondiale e trattare da pari con essa. Kim Jong Un poteva così essere paragonato al nonno Kim Il Sung.

Un trionfo personale a cui, nel 2011, nessuno credeva.

4. Il summit in due foto

Il Summit di Singapore si sarebbe potuto riassumere in due foto particolarmente emblematiche: la prima è il selfie che il ministro degli Esteri, Vivian Balakrishnan scattò assieme al ministro della Pubblica Istruzione Ong Ye Kung che mostrava un Kim Jong Un sorridente in mezzo ai due ministri singaporiani. La foto, fatta con un cellulare, era in assoluto il primo selfie del leader nordcoreano e fu stata scattata nel Gardens by the Bay durante il tour che aveva portato Kim e l'ormai inseparabile sorella Kim Yo Jong allo Sky Park del Marina Bay Sands. Il ritratto mostrava, forse più di ogni altra immagine, il nuovo corso che il Grande Leader voleva imprimere alla Corea del Nord. Non più immagini costruite e stereotipate come quelle che per anni avevano contraddistinto il padre e il nonno; per la prima volta questo selfie mostrò il Kim quotidiano, genuino, perfettamente a suo agio in un ambiente a lui estraneo, ma che sentiva come amico. L'estemporaneità della postura era perfettamente in linea con la nuova politica intrapresa dal leader nordcoreano sin dai primi giorni del suo governo. Una politica che lo aveva portato, a differenza del padre, a stretto contatto con il popolo: le apparizioni del Grande Leader, rare durante il periodo di Kim Jong Il, si erano fatte sempre più frequenti e alla severità del padre si era sostituito il sorriso del figlio, sicuramente impresso nel suo carattere, ma dettato anche dal nuovo stile costruito dalla sorella, non per nulla vicedirettrice del Dipartimento di Propaganda e che esprimeva un senso di sicurezza e fiducia a una nazione stremata da anni di chiusura e di embarghi politici e economici.

Di Singapore e del suo soggiorno Kim Jong Un apprezzò la pulizia e l'architettura degli edifici, «che ricordano la storia e il passato» aggiungendo di «aver imparato molto dall'esperienza fatta nella città-stato e che sarà utile per il futuro» del suo Paese. Il panorama notturno che Kim ebbe occasione di osservare dallo Sky Park del Marina Bay Sands lo impressionò a tal punto da auspicare una trasformazione simile anche per la sua Pyongyang.

La seconda fotografia che racchiudeva la sintesi del summit ritraeva Kim Jong Un e Donald Trump di spalle a tre quarti che camminavano lungo il porticato che si affacciava sul giardino del Capella Hotel. Kim era intento a parlare a Trump sorridendo mentre la mano destra appoggiata all'altezza del gomito del braccio sinistro di Trump, accompagnava il Presidente Usa. L'immagine era emblematica perché racchiudeva la sintesi dei colloqui tra i due capi di stato. Kim aveva ormai avuto il sopravvento su un Trump che, pur continuando a ricoprire la figura del borioso e dello spaccone, si lasciava guidare dal collega nordcoreano sottomettendosi, almeno in parte, alle sue volontà. I due sembravano prendere confidenza l'uno con l'altro prima di avanzare verso un futuro che appariva luminoso con le palme sullo sfondo. E tra loro era Kim Jong Un che guidava il percorso e incoraggiava il collega. Un ribaltamento di ogni prevedibile situazione: a Singapore non furono gli Usa a condurre i giochi, bensì la Corea del Nord. Seguendo Kim nel suo tour a Singapore, il bagno di folla e le inaspettate ovazioni a lui riservate mostrarono che, almeno in questa città, il leader nordcoreano era visto in modo diametralmente opposto rispetto a come fu stato descritto in Occidente. Per contro il Presidente statunitense fu snobbato dai singaporiani ed era chiaro che si sentisse un pesce fuor d'acqua al di là dal contesto mediatico del Capella Hotel.

Sicuramente questo modo di vedere aveva a che fare con gli storici legami politici e economici che Singapore intesseva con la Corea del Nord a cui si aggiunsero le simpatie personali tra Lee Kuan Yew e con Kim Il Sung, fondatori, padri-padroni autoritari dei rispettivi stati. Lee Kuan Yew e Kim Il Sung condividevano l'assolutismo, il rigore e una visione differente dei diritti umani, basati su una "visione asiatica" che prediligeva il diritto sociale a quello individuale.

L'invito di Kim Jong Un al Papa

Tra il 18 e il 20 settembre 2018 Moon Jae-in ricambiò la visita in Corea del Sud fatta ad aprile da Kim Jong Un recandosi a Pyongyang.

Nel luglio 2018 i nordcoreani, ottemperando alla Dichiarazione di Singapore, avevano iniziato a smantellare la rampa della stazione di lancio di Sohae, uno dei siti chiave del programma missilistico di Kim Jong Un. Oltre alla rampa, Pyongyang smantellò l'edificio in cui venivano assemblati i componenti missilistici, comprese le strutture su cui si effettuavano i test per razzi a propellente liquido, una mossa che avrebbe dovuto convincere anche i più scettici della volontà di Kim di rispettare i patti firmati con Trump e pavimentare nuove strade di consenso internazionale. Sohae, infatti, non era solo la più importante base di lancio missilistica nordcoreana, ma anche quella da cui venivano fatti lanciare i vettori che portavano i satelliti in orbita e, quindi, il sito da cui sarebbero potuti partire anche i missili balistici intercontinentali ICBM.

La finale e completa dismissione di Sohae (chiamata anche Dongchang-ri) alla presenza di osservatori internazionali fu inserita nel documento finale di settembre, così come venne ribadita la volontà da parte di Pyongyang, di smantellare il centro di ricerca di Yongbyon «appena gli Stati Uniti rispetteranno le clausole in accordo allo spirito della Dichiarazione congiunta Usa-Dprk del 12 giugno».

Nella dichiarazione di Pyongyang del 20 settembre, oltre ai punti che ribadivano la validità e la necessità di implementare gli accordi presi a Panmunjom pochi mesi prima, i due leader coreani raggiunsero importanti consensi in campo economico, in particolare la volontà di riaprire la zona ad economia speciale del Kaesong Industrial Complex, chiusa dal 2016 e di riattivare i collegamenti ferroviari merci tra Nord e Sud, cosa particolarmente gradita sia a Cina che alla Russia in quanto la decisione avrebbe consentito ai due Paesi di raggiungere direttamente con poco dispendio di energia e denaro un mercato sudcoreano già collaudato e, al tempo stesso, di partecipare allo sviluppo dell'ambita piazza nordcoreana e dei suoi venticinque milioni di potenziali acquirenti, affamati delle novità provenienti da società poste al di là delle loro frontiere.

In campo culturale e sportivo Kim e Moon convennero nell'inviare un'unica delegazione sportiva ai Giochi Olimpici estivi del 2020 di Tokyo e di candidarsi per organizzare congiuntamente le Olimpiadi del 2032.

Ma le decisioni più importanti vennero prese durante le "scampagnate". L'ultimo giorno della visita, le due delegazioni si recarono a Paektu, la montagna da cui, secondo la mitologia, sarebbe nata la prima dinastia coreana e le cui pendici sono divise tra Corea del Nord e Cina. Non era solo una gita rilassante e gradevole: Moon Jae-in era il primo sudcoreano, da quando la penisola era stata divisa nel 1948, a poter salire sulla sommità del vulcano. La foto di rito lo ritraeva, mano nella mano, trionfante e sorridente con Kim Jong Un e le rispettive consorti con alle loro spalle il lago vulcanico in una splendida giornata di sole.

A differenza di molti suoi connazionali, Moon si era sempre rifiutato di visitare il monte Paektu salendo dal versante cinese sperando di poterlo fare dalla parte coreana. Un desiderio, a detta di molti, impossibile e, come ebbe a dire Moon proprio quel memorabile 20 settembre, «io stesso mi chiedevo se avessi mai avuto l'occasione di visitare il monte Paektu, ma il mio desiderio oggi si è avverato». Da parte sua anche Kim Jong Un volle ricordare l'evento con parole più solenni: «Una nuova storia può scorrere da questo lago. Dovremmo bagnarci nella storia e lasciare che fluisca per sempre e non si prosciughi».

Come spesso accade, dagli incontri informali scaturiscono le situazioni più imprevedibili. E fu proprio durante la gita sul monte Paektu che si andò plasmando l'idea di invitare Papa Francesco in Corea del Nord.

Kim Jong Un si fermò a parlare con monsignor Hyginus Kim Hee-jong, arcivescovo di Gwangju, presidente della Conferenza Episcopale Coreana e membro della delegazione sudcoreana in qualità di rappresentante della Chiesa cattolica coreana. Hyginus Kim era stato invitato per intavolare un dialogo tra le due Chiese. Il prelato aveva trovato spunti favorevoli per poter sviluppare una proficua e reciproca collaborazione e aveva espresso questa sensazione al leader nordcoreano: «Corea del Nord e Corea del Sud stanno andando verso la pace della penisola. Io» disse Hyginus a Kim, «trasmetterò questa notizia alla Santa Sede». Kim Jong Un rispose: «Per favore, lo faccia».

Il proposito, anziché arenarsi come aveva fatto nel 2000, quando Kim Jong Il aveva invitato Papa Giovanni Paolo II a visitare la Corea del Nord (anche allora tramite un Presidente sudcoreano cattolico, Kim Dae Jung), fu accolto da Moon Jae-in che, nella sua visita in Vaticano del 18 ottobre 2018 portò ufficialmente il messaggio al Pontefice: «Se il Papa visiterà Pyongyang, gli darò il benvenuto con una calorosa accoglienza» erano le parole del leader nordcoreano trasmesse da Moon Jae-in.

I tempi, a differenza del 2000, erano ora maturi affinché la Santa Sede accettasse l'invito. La chiave che aveva permesso di aprire uno spiraglio di intesa con la Corea del Nord era stata consegnata a Papa Francesco poche settimane prima, il 22 settembre, quando il sottosegretario per i Rapporti della Santa Sede, monsignor Antoine Camilleri e il viceministro degli Affari Esteri della Repubblica Popolare Cinese, Wang Chao, avevano firmato un accordo sulla «nomina dei Vescovi, questione di grande rilievo per la vita della Chiesa, e crea le condizioni per una più ampia collaborazione a livello bilaterale».

Non si trattava del ristabilimento dei rapporti diplomatici tra Vaticano e Pechino, bensì di redimere l'intricato problema della nomina dei vescovi, sino ad allora nominati dall'Associazione patriottica, ma non riconosciuti dalla Santa Sede. Il comunicato del 22 settembre recitava che:

> Al fine di sostenere l'annuncio del Vangelo in Cina, il Santo Padre Francesco ha deciso di riammettere nella piena comunione ecclesiale i rimanenti Vescovi "ufficiali" ordinati senza Mandato Pontificio: S.E. Mons. Giuseppe Guo Jincai, S.E. Mons. Giuseppe Huang Bingzhang, S.E. Mons. Paolo Lei Shiyin, S.E. Mons. Giuseppe Liu Xinhong, S.E. Mons. Giuseppe Ma Yinglin, S.E. Mons. Giuseppe Yue Fusheng, S.E. Mons. Vincenzo Zhan Silu e S.E. Mons. Antonio Tu Shihua, O.F.M. (deceduto il 4 gennaio 2017, che prima di morire aveva espresso il desiderio di essere riconciliato con la Sede Apostolica).

La soluzione trovata dava all'Associazione patriottica, emanazione del governo cinese, la possibilità di designare i vescovi e alla Santa Sede di accettare o rifiutare la nomina che, in ogni caso, doveva venire accettata da Pechino (oltre alla Cina, ci sono altri Paesi che oggi hanno questo diritto: Vietnam, Polonia, Principato di Monaco, Perù, Argentina, Bolivia, Ecuador, Haiti, Francia, il Baden e la Baviera tedeschi e la stessa Italia).

L'accordo con la Cina sbloccava quindi anche lo stallo nordcoreano.

Prima della guerra in Corea del Nord esistevano 1.500 chiese frequentate da 170mila fedeli, di cui 57mila cattolici.

Si stima che oggi i cattolici in Nord Corea siano circa tre-quattromila, la maggior parte dei quali a Pyongyang. Per diversi decenni lo Stato aveva ostacolato ogni tipo di religione, ma dalla fine degli anni Ottanta qualcosa cominciò a cambiare. Nel 1988 venne inaugurata la prima chiesa cattolica a Pyongyang (la cattedrale di Changchung) alla presenza di un rappresentante del Vaticano dove, di tanto in tanto, venivano e vengono tuttora celebrate messe officiate da preti stranieri in visita nel Paese. Per diversi anni ci sono stati anche preti cattolici che operavano in istituzioni sociali e in ospedali.

Sempre nel 1988 veniva inaugurata una chiesa protestante (la chiesa di Pongsu) e venne fondata un'associazione di cattolici inserita all'interno della Federazione Cristiana Coreana, l'organo ufficiale nord coreano che si occupa degli affari religiosi. Nel 2006 si officiò l'inaugurazione di una chiesa ortodossa russa.

Oggi a Pyongyang, oltre alla chiesa cattolica, ci sono tre chiese protestanti, un seminario sempre protestante, una chiesa ortodossa e una moschea nel compound dell'ambasciata iraniana.

Sempre secondo la Federazione Cristiana Coreana, vi sarebbero tra i duecento e i cinquecento spazi privati, messi a disposizione da cittadini, dove i cattolici si possono riunire per leggere e commentare la Bibbia.

Negli ultimi anni nel Paese si sono aperti spiragli di libertà religiosa anche grazie a interventi di organizzazioni umanitarie legate a istituzioni religiose, le quali hanno avviato programmi di sviluppo in diverse provincie del Paese.

Le chiese evangeliche e protestanti sudcoreane hanno rapporti più stretti con lo Stato e le visite di pastori cristiani protestanti sono ormai frequenti. L'unica università privata esistente in Corea del Nord, dove professori statunitensi, sudcoreani, britannici, canadesi insegnano materie come economia di mercato e finanza internazionale, è stata costruita ed è co-gestita dalla Chiesa protestante sudcoreana.

Verso il buddismo lo Stato mostra un atteggiamento più tollerante: oltre a un seminario nel Paese sono presenti una sessantina di templi e recentemente sono stati pubblicati anche testi sacri del *Tripitaka*.

Tutte queste circostanze internazionali e interne sembra abbiano portato una nuova ventata di ottimismo nelle relazioni con Pyongyang.

Da parte sua, la Corea del Nord ha sempre mostrato interesse verso la Santa Sede per diversi motivi: avere un filo diretto con le stanze del Vaticano potrebbe facilitare i rapporti con gli Stati dell'Unione Europea (e non solo). Inoltre, mentre le Chiese evangeliche e protestanti sono una galassia di entità separate le une con le altre e, dunque, è difficile per il governo di Pyongyang trovare un interlocutore unico, la Chiesa cattolica si coalizza attorno a un'unica figura, quella del Pontefice, rendendo più facili e chiari i rapporti con le istituzioni.

Infine Pyongyang è preoccupata e irritata verso l'anarchia e la prevaricazione attuata dalle singole Chiese e sette cristiane sudcoreane e statunitensi che, violando le leggi di uno Stato sovrano, continuano a inviare e a introdurre illegalmente al Nord testi proibiti, con il risultato di irritare il governo nordcoreano e rischiando di impantanare il dialogo anche con le Chiese ufficiali (sia cristiane che non). A differenze di queste, invece, la Santa Sede passa sempre attraverso i canali diplomatici per intervenire in questioni interne di singoli Paesi.

Il dialogo religioso, come abbiamo visto in Cina, a Cuba o in Vietnam è solo una delle ultime fasi di un lungo processo di apertura di un Paese che passa attraverso la libertà sociale, lo sviluppo economico e politico, la libertà di espressione.

Un dialogo che deve essere mediato da personaggi intelligenti e non intransigenti.

Ed è proprio sulla questa linea che il 12 febbraio 2019 una nuova delegazione di duecentocinquanta tra religiosi buddisti, cristiani, rappresentanti di confessioni locali, sindacalisti, educatori, studenti sudcoreani guidati dall'Arcivescovo monsignor Hyginus Kim Hee-jong, si sono recati per due giorni sul monte Kumgang, una rinomata località turistica situata appena a nord del 38° parallelo, per una serie di colloqui con rappresentanti del governo nordcoreano e per compiere attività condivise con comunità della Corea del Nord.

Come ebbe a testimoniare a l'«Osservatore Romano», lo stesso monsignor Hyginus Kim indicò la finalità dell'incontro come un'occasione per «Instaurare rapporti di reciproca fiducia, base di ogni relazione pacifica, rispettosa, libera e civile (al fine di, nda) avviare nuovi e diversi progetti di cooperazione in vari ambiti, come il turismo, la cultura, la religione, l'istruzione, lo sport, l'arte».

Durante gli incontri a Kumgang, l'Arcivescovo espresse alle autorità nordcoreane il desiderio dei vescovi della Chiesa cattolica sudcoreana di poter visitare le comunità cristiane nel Nord.

Il clima di collaborazione tra Pyongyang e Santa Sede non era nato improvvisamente: delegazioni del Vaticano si erano già recate in Corea del Nord nei decenni passati, anche quando il Paese era considerato blindato e ogni contatto con l'esterno sembrava fosse impossibile. Inoltre la rivista dei Gesuiti, «Civiltà Cattolica», aveva iniziato, dal febbraio 2018, a pubblicare la traduzione del periodico in coreano dedicando alla stessa Corea il primo instantbook della nuova collana Accènti.

Insomma, l'invito fatto a Papa Francesco da parte di Kim Jong Un non fu certo un lampo a ciel sereno, ma solo la conseguenza di un ciclo di confronti e relazioni iniziate ben prima dell'arrivo dell'attuale leader nordcoreano al potere.

La defezione di Jo Song Gil

Il 10 novembre 2018 il quarantottenne ambasciatore nordcoreano a Roma, Jo Song Gil, sparì assieme alla moglie. Jo, il cui incarico diplomatico in Italia avrebbe dovuto terminare alla fine del 2018, era stato nominato capo dell'ufficio diplomatico nordcoreano in Italia nell'ottobre 2017, dopo che Roma aveva espulso l'allora ambasciatore Mun Jong Nam, oggi in Siria, per protestare contro il test nucleare e missilistici effettuati da Pyongyang.

L'Italia, oltre ad essere stato il primo Paese della Comunità Europea ad allacciare rapporti con la Corea del Nord (nel gennaio 2000 con il governo D'Alema e Lamberto Dini ministro degli Esteri), rappresenta un importante ufficio diplomatico per il governo di Pyongyang perché la sua ambasciata gestisce i rapporti con la FAO, l'organizzazione delle Nazioni Unite per l'alimentazione e l'agricoltura, uno degli organismi più importanti e generosi per gli aiuti alimentari verso il Paese asiatico.

I rapporti tra Roma e Pyongyang vennero allacciati con il beneplacito di Washington, quando alla Casa Bianca si era installato Bill Clinton coadiuvato con la segretaria di Stato Madeleline Albright. L'amministrazione Clinton, grazie soprattutto alla politica estera dell'Albright, aveva avviato un processo di avvicinamento verso Pyongyang il cui fine ultimo era quello di concludere in modo positivo gli accordi sulla denuclearizzazione firmati nel 1994.

Il dialogo si interruppe improvvisamente nel 2002, quando il nuovo corso voluto da George Bush confinò la Corea del Nord tra gli «Stati canaglia» generando le proteste di Pyongyang che, vedendo nell'Unione Europea l'unico ente internazionale in grado di competere con gli

Stati Uniti, spostò la sua attenzione verso Bruxelles e le capitali del Vecchio Continente.

Ben presto, però, anche l'UE si adeguò alla politica statunitense e l'Italia, che guidava l'ormai nutrito fronte di Stati che avevano allacciato rapporti con la Corea del Nord, si dovette adeguare alle nuove direttive del Parlamento Europeo abbandonando molti dei progetti avviati nella nazione asiatica.

Rimasero solo poche iniziative private, come quelle dell'ex senatore Antonio Razzi o la visita di Matteo Salvini nel 2014, mostrate, un po' troppo pomposamente, da Pyongyang come delegazioni ufficiali.

Jo Song Gil rappresentava, quindi, un importante nodo di connessione tra il suo governo, l'Europa e la FAO e la sua defezione, sebbene fosse l'ultima di una serie iniziata in Urss nel 1956 dall'allora ambasciatore Yi Sang Jo, fu un duro colpo per Kim Jong Un.

Al mistero della sua scomparsa si aggiunse quella della figlia diciasettenne Jo Yu Jong. Secondo le informazioni avute dalla stessa ambasciata nordcoreana a Roma, la ragazza avrebbe fatto richiesta di essere rimpatriata in Corea del Nord, dove abitano i nonni, il 14 novembre 2018.

La gravità della situazione e il caos diplomatico generato dalla sparizione della famiglia dell'ambasciatore indusse il primo consigliere dell'ambasciata nordcoreana a Roma a inviare una lettera al quotidiano «la Repubblica» in cui si accusava Jo Song Gil di aver lui stesso abbandonato la figlia: «L'ex segretario Jo Song Gil aveva lasciato l'ambasciata la sera del 10 novembre 2018, dopo un litigio familiare con la moglie Ri Kwan Sun avente per oggetto i disturbi mentali che affliggono la figlia Jo Yu Jong. Insieme alla moglie, la mattina dell'11 novembre si è allontanato dalla sede dell'Ambasciata, ove risiedeva con la famiglia, senza farvi più ritorno e facendo perdere le proprie tracce. Ritengo che la coppia non abbia alcun motivo politico per scomparire e anche per questo abbiamo atteso il loro rientro in Ambasciata, ove peraltro era rimasta la figlia. Quest'ultima odiava e rimproverava i suoi genitori che l'avevano abbandonata. Stando a casa da sola soffriva di solitudine. Per questo motivo, ha insistito affinché potesse rientrare a Pyongyang dove l'attendevano i nonni. (La figlia di Jo Song Gil, nda) aveva già interrotto gli studi liceali dal marzo del 2018, in vista della conclusione del mandato del padre. Per questo, lo scorso 14 novembre 2018, è rientrata tranquillamente in Corea accompagnata da personale femminile (tra cui la moglie di un membro dell'ambasciata) con un volo dall'aeroporto di Fiumicino. Lei era molto contenta di tornare dai nonni. Lo abbiamo potuto scorgere dal suo volto in aeroporto. Ho ricevuto un messaggio da un membro della famiglia di Jo: adesso sua figlia sta bene e momentaneamente è sotto cure mediche».

La vicenda si ingarbugliava ulteriormente con le dichiarazioni di un altro diplomatico disertore, il viceambasciatore nordcoreano a Londra Thae Yong Ho rifugiatosi nel 2016 in Corea del Sud. Secondo Thae la figlia di Jo Song Gil sarebbe invece stata rapita dai Servizi Segreti nordcoreani che le avrebbero impedito di fuggire con la famiglia. Stando a quanto affermava Thae Yong Ho, il governo di Pyongyang avrebbe rapito Jo Yu Jong per punire l'affronto di Jo e per evitare che rivelasse notizie compromettenti su eventuali affari illeciti della famiglia Kim in Europa e documenti su piani nucleari.

Da parte italiana, invece, la Farnesina rilasciava uno scarno comunicato il 20 febbraio 2019 in cui si affermava che:

> A seguito delle domande di chiarimento sulla vicenda dell'ex Incaricato d'Affari nordcoreano in Italia, Jo Song Gil, la Farnesina precisa quanto segue. Il 3 gennaio scorso la Farnesina aveva già reso noto di aver ricevuto per via diplomatica dall'Ambasciata della Corea del Nord a Roma la comunicazione relativa all'avvicendamento del funzionario presso l'Ambasciata stessa. La Farnesina ha ricevuto due note formali al riguardo. La prima, datata 20 novembre 2018, con la quale veniva data notizia dell'assunzione delle funzioni di Incaricato d'Affari a Roma da parte del Signor Kim Chon. La seconda, datata 5 dicembre 2018, con la quale si informava che l'ex Incaricato d'Affari Jo Song Gil e la moglie avevano lasciato l'Ambasciata il 10 novembre e che la figlia, avendo richiesto di rientrare nel suo Paese dai nonni, vi aveva fatto rientro, il 14 novembre 2018, accompagnata da personale femminile dell'Ambasciata.
> La Farnesina non dispone di alcuna altra informazione sulla vicenda.

Nel frattempo Jo Song Gil e sua moglie Ri Kwan Sun avrebbero chiesto asilo politico in un Paese diverso dalla Corea del Sud.

Verso Hanoi

1. Il discorso di Capodanno

Nel tradizionale discoro di Capodanno 2019, Kim Jong Un, accanto ai successi ottenuti sul piano internazionale sia con la Corea del Sud che con gli Stati Uniti, abbozzò alcune criticità dell'economia nordcoreana. A differenza di quanto fatto nel passato da Kim Il Sung e Kim Jong Il, che tendevano a negare deviazioni etiche e difficoltà esistenti nella società, Kim Jong Un evidenziò preoccupanti mancanze in questo senso. Ammise le difficoltà di approvvigionamento elettrico soffermandosi però sullo sviluppo delle fonti fossili (il carbone) spiegando che:

> Uno dei più importanti e urgenti obiettivi che quest'anno dobbiamo raggiungere nella creazione dell'economia socialista è incrementare notevolmente la produzione di elettricità. Per ora possiamo aumentare la produzione di energia elettrica al massimo concentrando gli investimenti statali verso quelle industrie che producono energia elettrica al fine di mantenere e rafforzare ciò che già abbiamo a disposizione sfruttando al massimo la potenzialità e rinnovando e modernizzando uno per uno i progetti e i settori che più ne hanno bisogno. Dobbiamo affrontare il problema e risolvere la carenza di elettricità intensificando la costruzione di centrali idroelettriche come quelle di Orangchon e Tanchon, creare fonti di energia generate dalle maree, dal vento e dall'atomo. Le singole provincie, città, contee dovrebbero sviluppare e utilizzare varie strade per sfruttare fonti di energia disponibili a livello locale. L'industria mineraria di carbone è

> un fronte primario per permettere di sviluppare un'economia autosufficiente. Solo quando il carbone è prodotto in quantità elevate potremo risolvere il problema dell'elettricità e soddisfare la domanda di carburante e elettricità dei diversi settori dell'economia nazionale, inclusa l'industria metallurgica.

La corruzione, ormai dilagante, all'interno dell'economia nordcoreana fu un altro aspetto di preoccupazione sollevato da Kim: «Gli organi di partito, di governo e le organizzazioni dei lavoratori [...] dovrebbero intensificare la lotta per sradicare [...] abusi di potere, la burocrazia e la corruzione che potrebbero incrinare l'armonia del Partito, delle masse e del sistema socialista».

Passando all'*anno mirabilis* appena passato, il Grande Leader esaltò gli incontri e gli accordi redatti con la Corea del Sud in campo militare «che riflettono la determinazione e la volontà di inaugurare un'era di pace in cui la guerra non esista più nella penisola coreana». Le dichiarazioni di Panmunjom e di Pyongyang concluse con Moon Jae-in venivano illustrate come una «dichiarazione di non aggressione virtuale in cui Nord e Sud si sono accordate nel terminare la guerra fratricida basata sulla forza delle armi». Kim si reputava «molto soddisfatto» con i risultati raggiunti definiti «inimmaginabili in passato». La «volontà di sradicare le ostilità militari tra Nord e Sud per trasformare la penisola coreana in una zona di pace stabile e duratura» si collegava anche alla «volontà di riaprire il Parco Industriale di Kaesong e la zona turistica del Monte Kumgang senza precondizioni e senza pretendere nulla in cambio». Kim Jong Un, però, ribaltava la realtà delle cose giustificando questo impegno come una concessione fatta dal governo nordcoreano al Sud e illustrandola come un aiuto dato dall'economia di Pyongyang a Seoul «in considerazione delle difficoltà delle compagnie del Sud».

Infine il discorso terminava con l'atteso sviluppo delle relazioni con gli Stati Uniti, il cui «primo e storico incontro [...] e colloqui hanno portato a una svolta radicale nelle relazioni bilaterali trasformando i rapporti più ostili sulla Terra a un grande contributo per assicurare la pace e la sicurezza nella penisola coreana e nella regione. È mia ferma volontà e dello stesso Partito e del governo della nostra Repubblica stabilire relazioni diplomatiche bilaterali». Kim ribadiva che la Corea del Nord «non farà mai più test nucleari e neppure produrrà e userà armi nucleari così come abbiamo dichiarato sia internamente che all'estero» aggiungendo di «aver adottato varie misure pratiche» per rispettare gli accordi. Quali siano queste «varie misure pratiche» il leader non le specificava, ma aggiungeva che «Se gli Stati Uniti rispondono ai nostri precedenti sforzi con misure affidabili e corrispondenti azioni pratiche, le relazioni bilaterali potrebbero svilupparsi in modo meraviglioso e velocemente prendendo misure ancora più definitive e epocali».

Kim concludeva il discorso lanciando un *assist* al Presidente Trump, ma al tempo stesso avvertendolo (o per meglio dire, avvertendo i falchi della sua amministrazione) che non avrebbe accettato prese in giro da parte sua: «Sono pronto a incontrare il Presidente Usa in qualsiasi data per compiere gli sforzi di ottenere risultati che possono essere accolti dalla comunità internazionale con ottimismo, ma se gli Stati Uniti non mantengono le promesse fatte di fronte al mondo e per un loro errore di calcolo abuseranno troppo la pazienza del nostro popolo tentando di imporci unilateralmente qualcosa e persistendo nell'imporci sanzioni e pressioni contro la nostra Repubblica, noi potremmo essere costretti a trovare nuove strade per difendere la nostra sovranità e i supremi interessi dello Stato per raggiungere la pace e la stabilità della penisola coreana».

2. *La situazione prima del summit di Hanoi*

Nel luglio 2018 Mike Pompeo andò a Pyongyang portando con sé una road map per la denuclearizzazione, ma Kim Jong Un decise di non riceverlo, visto che da parte statunitense non era stata fatta alcuna concessione rispetto alle richieste nordcoreane, sia per trasformare l'armistizio del 1953 in un trattato di pace, sia per allentare le misure di stretta economica imposte dagli Stati Uniti tramite le Nazioni Unite. La politica del segretario di Stato Usa era chiara secondo le analisi fatte a Pyongyang: Pompeo aveva ricoperto il ruolo di capo della CIA dal 2017 al marzo 2018 e durante quel periodo aveva potuto spulciare ogni fascicolo segreto sulla situazione nucleare e missilistica nordcoreana, arrivando a conoscere ogni minimo particolare dell'arsenale di Pyongyang, dei suoi programmi e progetti. Kim preferiva, dunque, interloquire direttamente con il Presidente, meno informato e, quindi, più flessibile verso un accordo.

La situazione di stallo creatasi dopo il meeting di Singapore indusse i due leader a organizzare un altro incontro. Fu il consigliere della Sicurezza Nazionale John Bolton a informare la stampa che si rendeva necessario una seconda serie di colloqui ad alto livello, ma imputò la responsabilità totalmente alla Corea del Nord per «non essersi attenuta ai patti».

3. Dove?

Una volta accordatisi sulla necessità di un secondo incontro, Stati Uniti e Corea del Nord dovevano scegliere il luogo. Il Vietnam rappresentava una scelta ottimale per entrambe le parti: la nazione del Sud-Est Asiatico era raggiungibile via treno da Pyongyang senza dover passare attraverso Paesi potenzialmente ostili o problematici, mentre per Washington era il simbolo di una possibile riconciliazione dopo un lungo periodo di ostilità. Inoltre Pyongyang e Hanoi avevano instaurato relazioni diplomatiche sin dal 1950 e i due capi di Stato di allora, Kim Il Sung e Ho Chi Minh, si erano incontrati più volte nelle rispettive capitali scambiandosi anche aiuti reciproci prima durante la Guerra del Sud-Est Asiatico e poi inviando studenti vietnamiti nelle università nordcoreane.

Per Kim Jong Un, inoltre, il Vietnam poteva essere l'esempio di uno sviluppo economico alternativo a quello cinese.

Tra le città papabili per ospitare l'incontro venne scelta Hanoi perché, oltre ad essere la capitale del Paese, era relativamente più vicina rispetto a Ho Chi Minh Ville, l'altra candidata più probabile.

I colloqui si sarebbero tenuti presso il Sofitel Legend Metropole Hotel, lo storico hotel di Hanoi aperto nel 1901 che ospitò, tra gli altri Jane Fonda quando si recò in Vietnam nel 1972.

4. Il meeting

L'incontro tra Kim e Trump iniziò alle 18.33 di mercoledì 27 febbraio. Prima della cena i due protagonisti si intrattennero con la stampa in un clima che rifletteva una discreta serenità:

KIM JONG UN: «Sono esattamente 261 giorni che ci siamo incontrati l'ultima volta a Singapore, nel giugno dello scorso anno».
DONALD TRUMP: «Sì».
KIM : «Penso che questo grande e aspettato incontro che stiamo avendo oggi sia stato possibile grazie alla coraggiosa e politica decisione che la sua squadra ha raggiunto, signor Presidente. Durante questi 261 giorni da quando ci siamo incontrati ci sono stati dei fraintendimenti. Ci sono stati molti nel mondo che hanno frainteso la situazione. Ci sono ostilità che rimangono aperte dal passato».
TRUMP : «Esatto».
KIM : «Comunque noi abbiamo superato tutti gli ostacoli e siamo qui oggi, dopo 261 giorni, ad Hanoi. Penso che questi 261 giorni sono stati giorni in cui era necessario avere molto buonsenso e pazienza. Ma siamo qui, oggi, seduti l'uno di fronte all'altro e questo ci dà la speranza di poter avere successo col tempo. E io farò di tutto affinché questo avvenga».
TRUMP : «Grazie molte. È molto bello. Io voglio solo dire che è un onore essere qui con il Presidente Kim. È un onore essere insieme in una Paese, il Vietnam, dove ci hanno accolto col tappeto rosso e che sono molto onorati di ospitarci. Ed è magnifico essere qui con Lei. Abbiamo avuto un primo incontro molto proficuo. Io l'ho considerate un vero successo e alcuni vorrebbero vedere dei progressi procedure più velocemente. Io sono soddisfatto, Lei è soddisfatto. Vogliamo essere soddisfatti di quello che stiamo facendo. Ma penso che il primo incontro è stato un grande successo. E spero che anche questo avrà lo stesso successo, o addirittura maggiore, del primo. Abbiamo fatto molti progressi e penso che il maggiore progresso è stata la nostra relazione, che è molto buona. Come ho detto più volte, come ho detto alla stampa e come dico a tutti coloro che voglio sentire: penso che il Suo Paese ha un potenziale economico immenso. Incredibile. Illimitato. Penso che Lei ha un bellissimo futuro con il Suo Paese. Lei è un grande leader. E io agirò affinché questo accada e aiuterò affinché accada. Noi aiuteremo affinché accada. Grazie a tutti. Noi apprezziamo. Ora andiamo a cenare, dopodiché avremo importanti incontri previsti per domani».

La cena che seguì trovò Kim e Trump seduti a fianco attorniati dal segretario di Stato americano Mike Pompeo, il capo del personale della Casa

Bianca Mick Mulvaney, il vicepresidente del Partito dei Lavoratori di Corea Kim Yong Chol e il ministro degli Esteri nordcoreano Ri Yong Ho.

Il giorno dopo, prima che le porte si chiudessero per permettere ai due leader di iniziare il dialogo, in una delle primissime conferenze stampa a cui si sottopose con la stampa straniera, alla domanda di David Nakamura se fosse fiducioso circa un accordo on la controparte statunitense Kim Jong Un rispose (tramite interprete): «È troppo presto per dirlo, ma non sono pessimista. Per ora ho fiducia che arriveremo a buoni risultati».

Sempre alla conferenza stampa, un giornalista chiese a Kim se fosse disposto a denuclearizzare il Paese ricevendo come risposta quella che Trump disse essere «la migliore risposta che potrebbe sentire»: il leader nordcoreano, infatti rispose «Se non fossi disposto a denuclearizzare, ora non sai qui» dimostrando non solo di avere grandi doti diplomatiche, ma anche di saper dare risposte sintetiche chiare ed estremamente efficaci, dote sempre più rara nei politici.

Trump, però, su consiglio dello stesso Pompeo, aveva proposto che la Corea del Nord smantellasse tutto il suo arsenale nucleare in cambio di una revoca delle sanzioni imposte dalle Nazioni Unite richieste e appoggiate dagli Stati Uniti. Era chiaro che le condizioni suggerite dalla Casa Bianca fossero inaccettabili. Pyongyang aveva sempre rifiutato ogni proposta di disarmo totale e Trump era già stato avvertito dai suoi consiglieri meno intransigenti che un accordo a queste condizioni sarebbe stato impossibile. Sia Kim Jong Il che Kim Jong Un avevano sempre affermato di non essere preventivamente contrari a una denuclearizzazione purché questa fosse graduale e avesse come contropartita un allentamento dei numerosi embarghi voluti da Washington. Da parte sua Kim aveva rilanciato l'offerta nordcoreana di un smantellamento completo del solo centro di ricerca nucleare di Yongbyon in cambio della cancellazione delle sanzioni imposte nel 2016, quelle che più danneggiano l'economia del Paese asiatico (e non, come aveva spiegato Trump in conferenza stampa, tutte le sanzioni dell'Onu). A questa proposta, comunque, il segretario di Stato Mike Pompeo si opponeva decisamente in quanto Yongbyon era solo la punta dell'iceberg del programma nucleare nordcoreano, mentre veniva lasciato intatto il programma missilistico e le testate nucleari custodite negli arsenali di Kim Jong Un.

Infine, e questo sembra abbia sorpreso non poco i nordcoreani, ad Hanoi gli Stati Uniti rivelarono di essere a conoscenza che gli scienziati e i tecnici di Pyongyang avevano almeno altri due centri di arricchimento di uranio e, quindi, Yongbyon era sacrificabile, ma non decisiva per l'interruzione del programma.

Alla conferenza stampa finale Trump annunciò la fine anticipata dell'incontro di Hanoi:

> Ci siamo appena lasciati con il Presidente Kim. Abbiamo passato delle ore assieme molto produttive, ma ho pensato, io con il segretario Pompeo, che fosse necessario non firmare alcun documento. [...] Abbiamo passato buona parte del giorno con Kim Jong Un che è un uomo di carattere. Le nostre relazioni sono molto unite. Oggi abbiamo avuto alcune opzioni, ma abbiamo deciso di non intraprendere nessuno di queste opzioni. Vedremo cosa porterà tutto questo. Sono comunque stati due giorni molto interessanti e produttivi, ma qualche volta occorre camminare, aspettare, e questa è una di quelle volte.

Mike Pompeo, nella stessa conferenza stampa aggiunse che:

> Abbiamo chiesto (a Kim Jong Un, nda) di fare di più, ma non era preparato a questo [...]. Abbiamo detto sin dall'inizio che ci sarebbe voluto del tempo. Dobbiamo conoscerci meglio. Sappiamo quali sono i limiti e che ci sono delle sfide da superare. Penso che continueremo a lavorare in questo senso nei prossimi giorni e nelle prossime settimane. Possiamo fare dei progressi per raggiungere finalmente quello che il mondo vuole: la denuclearizzazione della Corea del Nord per ridurre il rischio per il popolo americano e i popoli di tutto il mondo.

A una precisa domanda di un giornalista, su cosa il meeting si fosse incagliato, il Presidente Trump rispose che i nordcoreani «volevano che tutte le sanzioni fossero sospese, cosa che non possiamo concedere. Loro erano pronti a denuclearizzare una grande porzione delle aree a cui eravamo interessati, ma non potevamo levare tutte le sanzioni per quello».

Naturalmente la domanda successiva fu come colmare la diversità di vedute, di intese e di obiettivi così distanti tra loro. Trump spiegò che «Con il tempo riusciremo a creare un ponte tra noi e loro. Attualmente c'è una forte diversità di vedute. Abbiamo delle sanzioni e al tempo stesso vogliamo denuclearizzare, ma lui (il Presidente Kim, nda) lo vuole fare solo nelle aree che per noi sono meno importanti di quelle che invece vorremmo. Conosciamo il Paese (la Corea del Nord, nda) molto bene, ci crediate o no. Conosciamo ogni pollice di quel Paese e noi dobbiamo ottenere quello che vogliamo ottenere». Trump indicò anche alcune note positive degli incontri di Hanoi: «Noi abbiamo riavuto gli ostaggi indietro. Non ci sono stati più test (nucleari, nda). E una cosa, molto importante, il Presidente Kim Jong Un mi ha promesso la scorsa notte che non ordinerà più alcun test missilistico e nucleare. [...] Voi sapete che ho fiducia in lui e gli credo sulla parola. Spero che sia stato sincero».

Un corrispondente del New York Times entrò più nello specifico: dopo aver avuto la conferma che Kim Jong Un era disposto a smantellare l'intero sito di Yongbyon (cosa richiesta espressamente dagli Usa) e che il meeting era stato sospeso perché gli Stati Uniti non erano disposti a cancellare le sanzioni, chiese se oltre a Yongyon ci fosse qualche altra struttura nucleare in grado di impensierire gli Stati Uniti. Fu lo stesso Trump a rispondere confermando l'esistenza di almeno un altro impianto di arricchimento di uranio: «Abbiamo portato sul tavolo delle trattative altri punti che mi sembra fossero sopresi che fossero di nostra conoscenza». Mike Pompeo spiegò più in dettaglio che «Anche smantellando Yongbyon, che è pur sempre importante, lascerebbe comunque i missili, gli ordigni e il sistema di armamenti. Ci sono molti altri elementi di cui discutere [...]. Compresa una dichiarazione che elenchi tutte queste cose».

Kim avrebbe anche concesso agli Stati Uniti di ispezionare i centri di ricerca nucleari, come confermò lo stesso Trump: «Sarà possibile per noi ispezionare i siti nucleari molto facilmente. Abbiamo già raggiunto un accordo. Le ispezioni in Corea del Nord verranno fatte e abbiamo un programma che è molto promettente. Noi sappiamo che ci sono siti di cui la gente non è a conoscenza, ma che noi sappiamo esserci».

Nonostante ad Hanoi non ci fu nessuna storica firma come quella di otto mesi prima a Singapore, i due leader non intrapresero azioni di ritorsione: la Corea del Nord non ritornò ai suoi test nucleari e missilistici a lungo raggio e gli Stati Uniti non parteciparono alle esercitazioni militari annuali con la Corea del Sud.

Trump si mostrava comunque ottimista e, oltre a non invocare ulteriori sanzioni in ritorsione al fallimento del summit, espresse la volontà di continuare il dialogo con Pyongyang.

Inoltre il meeting era giunto troppo presto, appena otto mesi dopo quello di Singapore e i due leader dovevano ancora convincere gli scettici di ambo le parti che le promesse fatte il 12 giugno 2018 potevano essere mantenute. Il fatto è che un disarmo nucleare non può essere iniziato senza ulteriori accordi e sessantacinque anni di confronti duri e accesi non possono essere cancellati in poche sedute, seppur importanti.

Come ebbe a commentare il portavoce del ministero degli Esteri cinese, Lu Kang: «Non si possono risolvere problemi in una sola notte».

5. Il ritorno a Pyongyang

Al ritorno da Hanoi, Kim Jong Un fu accolto da una folla entusiasta e il 6 marzo la televisione di Stato trasmise sui canali nazionali un documentario di circa ottanta minuti intitolato *Il compagno Kim Jong Un, Leader supremo del nostro Partito e delle Forze armate ha effettuato una visita ufficiale nella Repubblica Socialista del Vietnam – 23 febbraio – 5 marzo Juche 108 (2019)*.

Il documentario dedicava solo undici minuti all'incontro avuto con Trump e, pur dipingendo il meeting in toni positivi, tralasciava numerose battute scambiate tra i due leader già pubblicate dal «Rodong Sinmun» nei giorni precedenti. Cambiava però la versione finale del commiato attribuendo al solo Trump la volontà di incontrare in futuro ancora Kim Jong Un, mostrando quindi una superiorità del Grande Leader e della Corea del Nord sugli Stati Uniti e il loro Presidente. Il fatto che solo Trump, secondo il filmato, abbia espresso l'ansioso proposito di intavolare nuovi dialoghi con Kim, era chiaramente costruito per indurre il telespettatore a pensare che la Corea del Nord non abbia alcuna fretta né interesse a dialogare con Washington e che ogni trattativa e concordato sia una concessione graziosamente accordata da Pyongyang verso la controparte. Nella lunga illustrazione dei rapporti tra Corea del Nord e Vietnam la tv coreana mostrò anche alcuni spezzoni dell'incontro avuto nel novembre 1964 tra Kim Il Sung e Ho Chi Minh a Hanoi. Le immagini mostravano i due leader sorridenti, ma ciò che il documentario voleva enfatizzare maggiormente non era tanto il ricordo storico, quanto mostrare a tutti i coreani la straordinaria somiglianza fisica tra Kim Il Sung e il nipote Kim Jong Un.

6. Aggiustamenti di tiro

Il fallimento dell'incontro di Hanoi rivelò quello che già in molti sospettavano: una profonda divergenza di vedute all'interno dell'amministrazione Trump in cui falchi e colombe si fronteggiavano sul terreno nordcoreano. Da una parte il consigliere alla Sicurezza Nazionale John Bolton cercava di mantenere una linea dura verso Pyongyang, mentre dalla parte opposta Trump era più incline a continuare il dialogo con Kim Jong Un. Alla fine fu lo stesso John Bolton a consegnare al leader nordcoreano una lettera in cui venivano finalmente indicati i termini entro cui Washington avrebbe accettato un accordo. Oltre alla completa denuclearizzazione gli Usa includevano ora la completa rimozione delle armi biologiche e chimiche nonché le armi di distruzioni di massa, punti che, secondo lo stesso Bolton, erano stati inclusi sin dall'inizio delle discussioni, ma della cui presenza si ebbe notizia solo dopo i negoziati di Hanoi.

L'aggiunta di nuove richieste da parte di Washington non giocò certo a favore di und distensione tra i due Paesi: come avrebbe potuto Pyongyang avere fiducia delle parole di un negoziatore che, una volta aperte le trattative, cambiava le carte in tavola? E se le cambiava una volta, che assicurazione avrebbe avuto la Corea del Nord che non lo avrebbe fatto una seconda, una terza volta aumentando continuamente la posta in palio?

Dopo Hanoi

1. Le elezioni parlamentari del 10 marzo 2019

Il trionfo di Singapore e dei successivi incontri con Moon Jae-in era stato parzialmente offuscato dal mezzo passo falso compiuto ad Hanoi. Gli ottimi rapporti personali tra Kim Jong Un e Donald Trump non bastavano più e sia Corea del Nord che Stati Uniti dovevano ora fare i conti con la difficile realtà della diplomazia. Le amministrazioni dei due Paesi avevano le loro colombe e i loro falchi e se a Singapore erano prevalse le prime, ad Hanoi i secondi erano riusciti, se non a dirottare, a rallentare il treno degli accordi. Washington e Pyongyang dovevano quindi trovare il modo per allontanare questi falchi se non si voleva far tornare i due Paesi ai ferri corti.

Il trionfale ritorno in patria di Kim Jong Un dal vertice di Hanoi era una cortina fumogena atta a nascondere nubi che si stavano addensando all'orizzonte. Le elezioni parlamentari del 10 marzo 2019 erano alle porte e il Grande Leader aveva contato sul successo del vertice ad Hanoi per eliminare gli ultimi residui di resistenza alla sua politica ancora presenti nel Partito e nell'Assemblea del Popolo. Per l'intera settimana i giornali e la tv di Stato pubblicarono e trasmisero articoli e documentari atti a propagandare la figura di Kim e dei suoi diplomatici più fedeli.

Il 10 marzo il 99,99% degli elettori con diritto al voto si recarono alle urne eleggendo i 687 nuovi deputati che avrebbero rappresentato la 14esima Assemblea Suprema del Popolo. Il Partito dei Lavoratori Coreano conquistò 607 seggi, il Partito Social Democratico 50, il Partito

Chondoista 22, due seggi andarono a candidati indipendenti e sei seggi vennero occupati dai candidati del *Chongryon*, l'organizzazione che rappresenta i nordcoreani residenti in Giappone.

Kim Jong Un, eletto per la prima volta nell'Assemblea nel 1982, non si presentò a questa tornata elettorale avviando una serie di interrogativi. Diversi analisti arrivarono alla conclusione che l'assenza di Kim Jong Un avrebbe indicato la volontà del Grande Leader nell'accelerare il cammino di passaggio verso una maggiore democrazia all'interno del Paese imitando numerose legislazioni occidentali, in cui i leader non sono eletti direttamente dal popolo e non hanno un seggio nei parlamenti.

Le elezioni del 10 marzo furono comunque forieri di importanti cambiamenti all'interno della camera legislativa: la squadra di elementi fedeli alla *byungjin* e a Kim Jong Un uscì vittoriosa e rafforzata. Molti seggi vennero occupati da deputati che entravano nell'Assemblea per la prima volta. La figura di maggior spicco era, naturalmente, Kim Yo Jong, la sorella del Grande Leader, ma accanto ad ella accedettero a rafforzare la linea di Kim Jong Un anche il ministro degli Esteri Ri Yong Ho, il suo vice Choe Son Hui, il vicepresidente del Partito dei Lavoratori Kim Yong Chol, i vicepresidenti del Comitato Centrale Ri Su Yong e Kim Song Nam e il membro della Commissione degli Affari di Stato Kim Chang Son. Tutti facevano parte delle delegazioni nordcoreane che seguirono il leader sia a Singapore che ad Hanoi.

2. Rimpasti e consolidamento

L'11 aprile 2019 Donald Trump disse di essere disposto ad organizzare per un terzo incontro con Kim Jong Un aprendo le porte ad un possibile allentamento di alcune sanzioni imposte al Paese in cambio di un segno di denuclearizzazione. Accanto al presidente USA vi era un Moon Jae-in sorridente in visita alla Casa Bianca.

Qualche migliaio di chilometri più ad ovest, a Pyongyang nelle stesse ore si stava svolgendo la prima riunione della nuova Assemblea Suprema del Popolo preceduta, nei giorni precedenti, da una serie di riunioni degli organi più importanti del Partito, tra cui il Politburo e un Plenum del PLC. Questi meeting, avvenuti prima della riunione dei deputati parlamentari confermavano ancora una volta la supremazia del Partito e della Commissione di Affari di Stato su ogni altra organizzazione politica nordcoreana.

Accanto a queste decisioni, l'Assemblea del Popolo si concentrava su un rimpasto di cariche economiche e politiche: il primo ministro Pak Pong Ju, oramai ottantenne e artefice delle riforme economiche che caratterizzarono l'economia nordcoreana fu rimpiazzato dal più giovane Kim Jae Ryong che avrebbe dato la possibilità a Kim Jong Un di sollecitare con più vigore le riforme necessarie per lo sviluppo del Paese. Sul piano prettamente politico, invece, il novantunenne Kim Yong Nam lasciò, dopo vent'anni, la carica di presidente dell'Assemblea Suprema del Popolo a favore di Choe Ryong Hae il quale divenne titolare *de facto* della carica di Capo di Stato, *de jure* ricoperta a vita da Kim Il Sung. Fu proprio Choe Ryong Hae a dare un forte segnale a Stati Uniti e Corea del Sud designando Kim Jong Un come «rappresentante supremo di tutti i coreani». L'inclusione dei 50 milioni di coreani a sud del 38° parallelo nel discorso di Choe Ryong Hae sembrava segnare una svolta nelle relazioni internazionali da parte del Grande Leader. Kim Jong Un era già apparso nel discorso televisivo di inizio anno il 1 gennaio 2019 in abiti occidentali (giacca e cravatta) abbandonando la tradizionale casacca rivoluzionaria: un segno di volontà di cambiamenti nel futuro della Corea del Nord, ma anche il proposito di presentarsi come politico inserito in un contesto internazionale. Le parole del nuovo presidente del parlamento (il cui incarico prevede anche ricevere delegazioni internazionali e le credenziali degli ambasciatori residenti a Pyongyang), allargavano gli orizzonti del leader nordcoreano ad una visione di una penisola unita. Per la prima volta un leader coreano si proponeva come capo dell'intera popolazione coreana. A differenza di Moon Jae-in, Kim Jong Un è ancora abbastanza giovane per poter sperare di vedere una penisola unificata.

Il rimpasto più significativo fu quello che interessò la Commissione degli Affari di Stato: dopo aver avuto la riconferma della sua posizione di presidente della più importante organizzazione del Paese da parte dell'Assemblea del Popolo, Kim rivoluzionò le gerarchie di potere modellando una commissione più fedele ai suoi ideali e programmi. Choe Ryong Hae venne promosso e nominato primo vicepresidente mentre ebbero la riconferma membri come Pak Pong Ju, Ri Su Yong, Kim Yong Chol, Thae Jong Su, Ri Yong Ho, Jong Kyong Thaek e Choe Pu

Il. Nuovi arrivati furono il neo primo ministro Kim Jae Ryong, Ri Man Gon, i generali Kim Su Gil e No Kwang Chol e, soprattutto, Choe Son Hui, il membro più giovane, classe 1964, viceministro degli Esteri che entrò anche per la prima volta a far parte del Comitato Centrale del Partito dei Lavoratori. Scomparvero dalla lista Kim Ki Nam, e i generali Pak Yong Sik e Kim Jong Gak.

3. L'incontro con Putin

La risposta all'intenzione di Trump di organizzare un terzo incontro con Kim arrivò dallo stesso leader nordcoreano il 12 aprile il quale, peraltro, precisò che il vertice sarebbe stato possibile solo se Washington avesse cambiato atteggiamento verso l'implementazione delle sanzioni imposte dalle Nazioni Unite. In caso contrario il terzo vertice sarebbe stata una copia di quello di Hanoi e, ad ogni modo, «non saremo più ossessionati dall'abolizione delle sanzioni imposte da una forza ostile, ma ci apriremo da soli nuove strade per la prosperità economica».

Questa frase ebbe la sua spiegazione il 25 aprile 2019 quando Kim Jong Un incontrò il presidente russo Putin a Vladivostok.

L'invito per un dialogo tra i due leader era giunto da Putin stesso quasi un anno prima, ma solo dopo il vertice di Hanoi, Kim decise di accettarlo.

I rapporti tra Russia e Corea del Nord si erano raffreddati dopo il crollo dell'Unione Sovietica e Pechino ne approfittò per subentrare a Mosca come alleato e partner economico. Nel 2018 i commerci tra Russia e Nord Corea ammontavano a 34 milioni di dollari, con una diminuzione del 56% rispetto all'anno precedente; un'inezia rispetto ai due miliardi e mezzo di dollari delle transazioni economiche tra Pyongyang e la Cina. Putin, dopo aver ridato alla Russia il prestigio perduto dopo il crollo del Muro di Berlino in Europa guardava ora a riconquistare un ruolo politico anche nel Pacifico. Le compagnie russe erano da tempo interessate ad entrare nel mercato nordcoreano e, nonostante che Mosca abbia sostenuto le sanzioni promosse dalle Nazioni Unite, è stata anche tra quelli che le ha violate fornendo Pyongyang di petrolio ed esportando il suo carbone. Nell'Estremo Oriente russo, inoltre, lavorano circa trentamila nordcoreani anche se, secondo un rapporto inviato al

Consiglio di Sicurezza dell'ONU nel marzo 2019, Mosca affermava di aver rinnovato il visto solo a 11.490 di essi. In realtà altri documenti rivelavano che, seppur non ufficialmente, erano almeno cinquantamila i nordcoreani impiegati in attività di pesca, industriali, legname ed estrazione mineraria nelle provincie di Khabarovsk, Vladivostok e limitrofe. Lo stesso ambasciatore russo a Pyongyang aveva affermato che le compagnie russe del Distretto Federale dell'Estremo Oriente preferivano impiegare manodopera nordcoreana, più capace, attenta, istruita, disciplinata e meno sindacalizzata rispetto a quella cinese.

Tra i temi trattati dai due leader a Vladivostok vi fu, naturalmente, la questione nucleare. Nonostante il confine condiviso tra i due Paesi sia una striscia di soli diciassette chilometri (contro i 1.416 km con la Cina e i 238 km con la Corea del Sud) attraversata solo da una linea ferroviaria, Kim ha approfittato dell'incontro con Putin per inviare un chiaro segnale a Trump che non era più il solo interlocutore nella denuclearizzazione. Questo allargamento del dialogo poneva in chiaro affanno anche Moon Jae-in, che aveva puntellato le fondamenta del mandato presidenziale sulla sua figura di mediatore tra Corea del Nord e Stati Uniti. Il vertice con Putin avveniva proprio in concomitanza con il primo anniversario dell'incontro di Panmunjom (27 aprile 2018) che Seoul voleva festeggiare con clamore, ma che fu, invece, ridimensionato ad un breve e asettico video discorso di Moon.

Durante i dieci minuti (sui diciannove totali) di conferenza stampa concessa da Putin al termine dell'incontro con Kim, il presidente russo elogiava il ruolo svolto da Kim nel processo di distensione, ma, in un contesto rivolto agli Stati Uniti, evidenziava che un accordo sulla denuclearizzazione doveva essere raggiunto non solo «tra due Paesi» (USA e Nord Corea), bensì coinvolgendo tutti gli attori della regione, rilanciando quindi la necessità di riesumare i Colloqui a Sei interrotti nel 2009.

4. *Nuovi missili*

Il meeting di Vladivostok sollevava anche il problema della sicurezza nordcoreana (e di Russia e Cina) all'indomani di una eventuale denuclearizzazione. Chi avrebbe garantito l'inviolabilità dei confini della Corea del Nord? In che modo Mosca e Pechino dovevano essere rassicurate sul fatto che, una volta disarmata Pyongyang, le Forze armate statunitensi (tramite quelle sudcoreane) non si sarebbero installate lungo i confini settentrionali della penisola?

Forte di queste preoccupazioni, Kim Jong Un tornò dalla Russia rassicurato che un eventuale forzatura verso gli Stati Uniti affinché questi dimostrassero la reale volontà di dialogo avrebbe potuto essere accettata e, in qualche modo, addirittura giustificata dalle potenze confinanti.

Il 4 maggio lo stesso Kim assistette al lancio di una serie di missili a corto raggio a combustibile solito simili ai russi Iskander, che erano stati per la prima volta mostrati durante una parata militare tenutasi nel febbraio 2018. I lanci, secondo quanto affermato dalla KCNA, erano dei test per saggiare «sistemi di guida tattica» per perfezionare i comandi direzionali dei razzi. Poche settimane prima il Grande Leader si era recato ad ispezionare una fabbrica di armi tattiche e subito dopo la Corea del Nord aveva chiesto a Trump la sostituzione di Mike Pompeo da negoziatore con Pyongyang per la denuclearizzazione. All'indomani del test militare, sia Trump che Pompeo minimizzarono l'evento facendo notare che le armi non avevano comunque superato i limiti delle acque internazionali. Lo stesso ministero della Difesa giapponese confermò di non aver rilevato alcun missile entrare nelle sue acque territoriali. In particolare il presidente USA, nella sua ormai consueta forma di dialogo tramite Twitter scriveva che «Qualunque cosa in questo mondo così interessante è possibile, ma io penso che Kim Jong Un sia pienamente consapevole del grande potenziale economico della Corea del Nord e non farebbe nulla che possa interferire o interrompere la sua crescita. Lui sa, inoltre, che io lo appoggio e che lui non vuole rompere le promesse che mi ha fatto. Un accordo si troverà!».

Meno di una settimana dopo, il 9 maggio, la Corea del Nord lanciò altri due missili a corto raggio proprio nel giorno in cui il negoziatore statunitense Stephen Biegun era in visita a Seoul per discutere con i sudcoreani un piano di lavoro per i colloqui sulla denuclearizzazione. Era chiaro che Kim stava saggiando la pazienza di Trump forte dell'intermediazione russa acquisita a Vladivostok.

Poche ore dopo il test del 9 maggio, il Dipartimento di Giustizia degli Stati Uniti annunciò di aver sequestrato la *Wise Honest*, una nave cargo nordcoreana da 17.061 tonnellate appartenente alla Korea Songi Shipping Company, un'armatore di proprietà delle Forze armate nordcoreane e già inserita nella lista nera dal Dipartimento del Tesoro USA. La nave avrebbe violato l'embargo ONU trasportando carbone dalla Corea del Nord e importando macchinari pesanti.

5. *L'interesse giapponese*

L'incontro di Vladivostok e l'entrata della Russia nella scena nordcoreana era solo il Giappone a rimanere escluso dal palcoscenico. Dopo le due visite del primo ministro Junichiro Koizumi a Pyongyang nel 2002 e nel 2004, Tokyo si era lentamente allontanata dall'area risultando, specialmente dopo l'interruzione dei Colloqui a Sei, esclusa da ogni significativa decisione che da allora venne presa nell'area.

Shinzo Abe aveva avviato una nuova politica di impegno internazionale della nazione anche per allontanare le polemiche interne succedutisi dopo l'incidente di Fukushima, la recessione economica e la volontà di emendare l'articolo 9 della costituzione.

Dopo il vertice Putin-Kim Jong Un, le critiche verso l'isolamento del Giappone dal proscenio coreano avevano convinto Abe che era necessario cambiare rotta. Il 2 maggio, ad una settimana dal meeting di Vladivostok, il premier nipponico annunciava di essere disposto ad incontrare «incondizionatamente» anche lui Kim Jong Un per discutere dei due temi più scottanti che interessavano i 127 milioni di giapponesi: il nucleare e i rapimenti di cittadini del Sol Levante avvenuti negli anni Ottanta.

Per la verità il primo ministro aveva già più volte espresso la volontà di un meeting con il leader nordcoreano dopo il summit di Singapore, ma da Pyongyang non era mai giunta una risposta. L'ultimo invito di Shinzo Abe aveva, però, aggiunto quell'avverbio «incondizionatamente» mai presente nei precedenti proclami che potrebbe rappresentare la chiave per aprire le porte della Corea del Nord. Kim Jong Un, infatti, sarebbe sempre stato restio ad accettare un incontro con la controparte giapponese per l'insistenza data sul rapimento di cittadini nipponici, uno dei punti programmatici del governo Abe.

Questa volta, però, anche Kim avrebbe interesse affinché l'incontro avvenga. La scadenza del mandato presidenziale statunitense sta avvicinandosi e un cambiamento nella politica della Casa Bianca potrebbe avvenire da un momento all'altro. Il Grande Leader potrebbe non avere uno stesso interlocutore comprensivo e aperto come Trump rischiando quindi di vedere tornare un'amministrazione dura e intransigente come lo erano state quelle precedenti. Kim Jong Un ha bisogno quindi di un consenso più ampio che un mero asse bilaterale. Il ristabilimento dei rapporti con Tokyo, dopo aver riconnesso i fili della comunicazione con Seoul, Pechino e Mosca potrebbe garantire a Kim una base più solida da cui ripartire su un palcoscenico internazionale meno favorevole.

E ora? Dal passato al futuro

Quale denuclearizzazione sarà possibile in Corea del Nord? Il termine denuclearizzazione è di per se stesso molto vago e lascia spazio a innumerevoli interpretazioni. Gli Stati Uniti vorrebbero un disarmo nucleare completo, verificabile e irreversibile, il cosiddetto CVID ('Complete, Verifiable and Irreversible Dismantlement') così come descritto nella Risoluzione 2270 del 2016 delle Nazioni Unite. In questo documento si legge che la «Repubblica Democratica Popolare di Corea dovrà abbandonare tutti i programmi nucleari e abbandonare la produzione di armi nucleari in maniera completa, verificabile e irreversibile cessando immediatamente ogni attività ad essa correlata». Ma le incomprensioni tra Pyongyang e Washington sono spesso causate alla diversa interpretazione dei termini. Per gli asiatici la denuclearizzazione comprenderebbe anche la completa rimozione dei 28.500 militari statunitensi oggi stanziati in Corea del Sud. Per gli americani, invece, almeno sino al vertice di Singapore, questa opzione non è mai stata contemplata. Anzi, il terrore della Cina è proprio quello di trovarsi i propri confini presidiati da truppe del Pentagono nel caso la Corea del Nord si avvicini troppo agli Usa.

Una possibile soluzione che potrebbe accontentare entrambe le parti (ma anche in questo caso la discussione si protrarrà a lungo) sarebbe il congelamento del programma nucleare e missilistico di Pyongyang. Dopotutto Kim Jong Un ha già affermato di aver raggiunto il suo scopo con il lancio dell'*Hwasong*-15 nel novembre 2017 e lui stesso ha indicato come non improbabile una sospensione delle ricerche in campo atomico e missilistico. La chiusura, seppur condotta in modo poco professionale,

ecnici dell'Agenzia Internazionale per l'Energia Atomi-
il permesso di controllare la sospensione dei lavori di
due reattori solo tramite telecamere, ma mai costatan-
nte. Potrebbe anche essere che Washington permetta a
aantenere in attività il reattore da 5 MWe e di portare a
i per mettere in rete l'energia prodotta dagli altri due
o da alleviare le sofferenze energetiche di cui oggi il Pae-
esto caso, però, gli Stati Uniti chiederebbero in cambio
trollo delle operazioni, sia inviando personale tecnico
a possibilità di ispezionare senza restrizioni i siti nuclea-
lo apparecchiature per controllare in remoto e in conti-
a corso. Con tutta probabilità, in questa fase, potrebbero
li includere anche il monitoraggio delle miniere di ura-
ti di preparazione e di arricchimento di uranio, gli im-
zione di esafluoruro di uranio, quelli per la separazione
uso militare, i laboratori di ricerca, sviluppo, produzio-
nto delle centrifughe, il controllo delle riserve di uranio
itare che non e delle piscine di stoccaggio del combusti-
ento e i materiali per il programma termonucleare. An-
formalmente utilizzate a scopi civili, ma che potrebbero
terno dei loro siti impianti correlati allo sviluppo di pro-
izzabili per la costruzione di bombe termonucleari po-
inseriti nella lista dei siti da mettere sotto controllo. Lo
o delle centrifughe sarebbe comunque il primo passo, es-
trattabile, in quanto interromperebbe tutta la catena di
uranio arricchito.
2008 si era giunti a un accordo scritto, a modifica e com-
i precedenti trattati del 19 settembre 2005, del 13 feb-
el 3 ottobre 2007, che prevedeva già gran parte delle suc-
. Questo accordo potrebbe essere preso come base e ag-
tuazione attuale.
ella denuclearizzazione, o del solo congelamento dei pro-
ti Uniti potrebbero essere disposti a trasformare l'armi-
in un vero e proprio trattato di pace. Questo passo è in-
er un ristabilimento delle relazioni diplomatiche con gli
ertura dei mercati, la possibilità per i diplomatici e cit-
eani di viaggiare negli Stati Uniti e viceversa.

del sito di Punggye-ri, è stato il primo esempio di buona volontà. Il congelamento sarebbe un modo per accontentare tutti gli attori regionali: la Corea del Nord non sarebbe costretta per forza di cosa a denuclearizzare per prima esponendo così il proprio lato debole al nemico; gli Stati Uniti, invece, avrebbero la garanzia che la nazione asiatica non perfezioni ancor più la sua tecnologia e non accresca di altre bombe termonucleari il proprio arsenale. Per la Corea del Sud, dal canto suo, si aprirebbe una nuova stagione di dialogo, una sorta di *Sunshine Policy II*, accrescendo il peso politico ed economico della nazione nella regione e garantendo a Moon Jae-in l'approvazione non solo dell'elettorato, ma anche dei potenti *chaebol*. Il Giappone, sebbene non veda completamente soddisfatte le sue richieste di estinzione di pericolo nucleare e chimico-batteriologico provenienti dalla Corea del Nord, avrebbe però una nuova chance per riaprire il negoziato sui rapimenti dei propri cittadini con la riassicurazione di Washington di proteggere l'arcipelago con i propri sistemi antimissile. La Cina, come già scritto, teme un cambiamento dell'equilibrio di forze, ma verrebbe compensata dall'apertura di un mercato di cento milioni di potenziali consumatori, venticinque dei quali altamente affamati di nuovi prodotti. A questi attori se ne è aggiunto recentemente un sesto: la Russia, tornata alla ribalta dopo decenni di assenza dalle scene coreane con l'incontro di Vladivostok tra Kim Jong Un e Putin. Allargando il palcoscenico il leader nordcoreano vuole chiaramente lanciare a Washington due messaggi: l'indicazione che la Casa Bianca non è più l'unico interlocutore e al tempo stesso "diluire" la pressione dell'amministrazione Trump su Pyongyang trovando altri protagonisti che possano appoggiare la causa nordcoreana.

È comunque improbabile che il Paese blocchi di punto in bianco l'intero programma militare: dopotutto gli introiti di valuta forte derivanti dal commercio e dalla vendita di tecnologia missilistica e conoscenze nucleari sono, a oggi, le uniche fonti sicure di cui dispone Pyongyang per procedere con lo sviluppo economico.

Anche nel caso la Corea del Nord accettasse di interrompere i propri test nucleari e missilistici, le parti in causa dovranno comunque sedersi a un tavolo delle trattative per individuare modi e tempi per ottemperare alle proposte e, soprattutto, garantire alla nazione asiatica che i mancati guadagni derivati dalla sospensione dei programmi militari possano essere recuperati da aiuti e, soprattutto, dalla cessazione degli embarghi che stanno strozzando l'economia nordcoreana.

1. La sospensione dei test missilistici

Pyongyang potrebbe sospendere solo i test dei missili intercontinentali, quelli che più impensieriscono gli Stati Uniti, ma non quelli a corto e medio raggio, capaci di raggiungere ogni punto del Giappone come ha già dato modo di intendere con il lancio di diversi razzi a SRBM nei mesi di aprile e maggio del 2019. Potrebbe anche non includere il programma spaziale che, seppur formalmente sia solo un programma civile, ha comunque implicazioni militari, come ben sanno gli stessi Stati Uniti. L'inizio dello smantellamento della rampa di lancio di Sohae, iniziato il 24 luglio 2018, è stato interpretato come un segnale positivo dalla diplomazia sudcoreana, ma la Corea del Nord ha comunque a disposizione un'altra base di lancio a Tonghae, sebbene molto più piccola e più antiquata. Anche nel caso si raggiungesse un accordo sul bando dei test missilistici ICBM, Pyongyang potrebbe continuerebbe a sviluppare studi in laboratorio sui motori a combustibile liquido e, a seconda degli accordi che si andranno a sottoscrivere, le ricerche correlate ai missili imbarcati sui sottomarini. Dato che i test sui ICBM devono passare attraverso lo sviluppo dei missili SRBM (Short Range Ballistic Missiles, 'missili balistici a corto raggio') e sui motori a combustibile liquido, sarà molto probabile che gli Stati Uniti chiederanno la sospensione totale di questi esperimenti.

Alla Corea del Nord potrebbe venir chiesto di rientrare nel CTBT, il Trattato per il Bando Totale degli Esperimenti Nucleari ('Comprehensive Test-Ban Treaty') da cui era uscita il 10 gennaio 2003. Nel caso il Paese accetti, sarà obbligato ad aprire i suoi siti di ricerca e di produzione a ispezioni internazionali, le quali potrebbero intervenire senza lungo preavviso nel caso vi siano prove di violazione del trattato. Inoltre i tecnici del CTBT sarebbero autorizzati a installare strumenti di controllo in remoto nelle aree più delicate, incluse quelle ritenute segrete, che possano avvisare eventuali attività non autorizzate. La rivelazione agli Stati Uniti o a parti terze delle proprie basi segrete, i centri di produzione missilistica e nucleare, le rotte, legali o no, attraverso cui i militari si riforniscono per i propri programmi, sarebbe sicuramente la fase più delicata: Pyongyang potrebbe vederla come il punto di non ritorno perché taglierebbe in modo pressoché definitivo ogni futuro sviluppo del Paese in senso militare.

Tutto questo passerebbe attraverso l'obbligo di allentare le sanzioni economiche imposte dalle Nazioni Unite, che tanto hanno indebolito l'economia del Paese. Trump ha già in parte accettato questa clausola assicurando Kim che non avrebbe chiesto altre sanzioni sino a quando i colloqui tra le due nazioni continueranno ad essere aperti. Mano a mano che le trattative procederanno, saranno sempre più i prodotti e le clausole che verranno depennate dalla lunga lista di embarghi.

3. La dismissione di Yongbyon

Sia al Summit di Singapore a giugno 2018 che nell'incontro di settembre 2018 tra Kim Jong Un e Moon Jae-in a Pyongyang, la Corea del Nord affermava l'intenzione di voler chiudere l'impianto di ricerca nucleare di Yongbyon.

Lo smantellamento di un impianto di tale portata (un reattore da 5 MWe, un impianto di arricchimento di uranio e uno di produzione di plutonio) porta a delle sfide tecnologiche, ma soprattutto finanziarie che la sola Pyongyang non sarebbe in grado di sostenere. Secondo stime effettuate da organismi internazionali che già hanno operato in situazioni simili, la dismissione del sito di Yongbyon durerebbe tra gli otto e i venti anni per un costo totale che varia tra i quattrocentocinquanta milioni di euro a un massimo di due miliardi di euro senza contare un'eventuale bonifica dell'ambiente naturale circostante, pesantemente danneggiato dalla presenza degli impianti dell'area militare. Occorrerà, quindi, il coinvolgimento di altri partner, tra cui Stati Uniti e la Corea del Sud, affinché il proposito possa essere concretizzato.

Sarà proprio la determinazione e la scelta del numero e della nazionalità di tecnici stranieri che collaboreranno con quelli nordcoreani a rappresentare il primo (e forse maggiore) ostacolo per iniziare il processo di denuclearizzazione. In particolare, se non ci dovrebbero essere obiezioni da parte di Pyongyang nell'accettare di lavorare accanto a tecnici cinesi e russi (entrambe hanno partecipato a diversi livelli alla costruzione degli impianti), più problematico risulterebbe operare fianco a fianco con tecnici statunitensi e sudcoreani e, forse, anche dell'IAEA, l'Agenzia Internazionale per l'Energia Atomica con cui Pyongyang nel passato ha avuto screzi proprio nella gestione dell'impianto di Yongbyon.

La demolizione di Yongbyon non significherebbe la completa denuclearizzazione del Paese (le bombe nucleari prodotte non verrebbero distrutte e l'uranio potrebbe venire arricchito in altri impianti che potrebbero essere stati costruiti in altre aree della nazione), ma comporterebbe un importante passo che garantirebbe un accordo di fiducia reciproca di tutte le parti in causa perché il centro di ricerca rappresenta pur sempre la punta di diamante del programma nucleare nordcoreano.

La forza lavoro richiesta per le operazioni di dismissione presuppone un'altissima specializzazione a causa degli alti rischi di contaminazione radioattiva presenti e, soprattutto, le intere fasi sarebbero dovute essere supervisionate da personale internazionale, in particolare tecnici dell'IAEA.

A seconda del futuro utilizzo a cui si vorrà convertire il sito, vi sono diversi tipi di dismissione. Nel caso le autorità nordcoreane vogliano riutilizzare l'area per altre attività (non necessariamente collegate al nucleare) la decontaminazione comporterà tempi e costi assai più elevati che, ad esempio, mantenere un'area che potrebbe servire da test per istruire nuove squadre di tecnici specializzati in attività di decommissione. In questo secondo caso il governo coreano potrebbe affittare l'area a compagnie che lavorano nel campo delle attività nucleari ricavando anche un introito non indifferente che garantirebbe un rientro, almeno parziale, delle spese. Un terzo caso, meno costoso rispetto alle precedenti opzioni, lascerebbe l'area ancora contaminata da radiazione e inaccessibile alle attività umane.

La complessità, la diversità dei siti da smantellare comporta pericoli di potenziale radioattività a livelli differenti; questo porta a dover addestrare personale su diverse scale di sicurezza e di preparazione tecnica e teorica in base al loro impiego e alla gestione finale dell'area.

Una dismissione di un sito nucleare include diversi ordini di grado: il controllo degli impianti, delle loro strutture, di eventuali perdite radioattive, la loro criticità, la raccolta del combustibile nucleare esausto e il suo trasporto in un luogo sicuro dove possa essere stoccato per lungo periodo, la decontaminazione dell'intera aria. Solo al termine di queste già lunghe e delicate operazioni si potrà procedere allo smantellamento vero e proprio delle strutture e il controllo finale della radioattività residua.

Un ulteriore ostacolo nella dismissione di Yongbyon sarebbe quello della gestione dei rifiuti radioattivi, del combustibile esausto e delle barre di controllo. Bisognerà inviare questo combustibile in un sito apposito per il suo riprocessamento e una volta terminato il ciclo trovare un deposito sicuro dove immagazzinare i residui radioattivi. Nel caso la Corea del Nord volesse (o accettasse su pressione internazionale) di trattenere sul proprio territorio i rifiuti radioattivi, occorrerebbe costruire un complesso per il loro trattamento e smaltimento il cui costo ammonterebbe a circa duecento milioni di euro e richiederebbe tra i quattro e gli otto anni per essere progettato e costruito, mentre un iniziale smantellamento degli impianti di arricchimento di uranio e di processamento di plutonio richiederebbe meno di un anno con un costo compreso tra i tre e i cinque milioni e mezzo di euro.

Per accelerare e diminuire i costi di demolizione gli Stati Uniti potrebbero proporre la copertura con uno spesso strato di cemento delle parti più sensibili di Yongbyon (il reattore svuotato dal combustibile nucleare, la piscina di raffreddamento, i generatori di vapore, i mezzi meccanici utilizzati per lo spostamento delle barre di combustibile, le centrifughe, le tubazioni idrauliche, le linee di aerazione, gli impianti di separazione di plutonio). Per evitare contaminazioni da parte del reattore sarebbe richiesto un ulteriore strato di boro per assorbire le radiazioni energicamente più elevate e pericolose, come quelle neutroniche, mentre torce al plasma potrebbero essere utilizzate per rendere inutilizzabili le centrifughe e le camere di controllo.

In questo modo le operazioni di dismissione si accorcerebbero a giorni anziché mesi e verrebbe garantito il non riutilizzo delle attrezzature, ma questa soluzione complicherebbe e aumenterebbe i costi di una eventuale successiva decontaminazione del sito. Costi che leviterebbero ulteriormente se i nordcoreani volessero, in futuro, sfruttare l'area per altri usi. In questo caso il risparmio di tempo e finanziario iniziale di una copertura di cemento andrebbe ad essere annullato completamente, senza contare che i calcinacci prodotti dai successivi scavi graverebbero sulla quantità di rifiuti radioattivi da trattare.

La IAEA ha stimato che, nel caso si decidesse di non convertire il reattore da 5 MWe per generare energia per usi civili, uno smantellamento rapido dell'intera struttura, compreso lo svuotamento e il trasporto del combustibile nucleare e la messa fuori uso dei circuiti di raffreddamento primari e secondari, costerebbe tra i diciotto e i ventisette milioni di euro, mentre inibire e smantellare in modo veloce l'intero sito di Yongbyon (compresi gli impianti di produzione di plutonio e arricchimento di uranio) costerebbe tra i quattrocentocinquanta milioni di euro e un miliardo e mezzo di euro. Le operazioni si prolungherebbero tra i quattro e i dieci anni se la Corea del Nord non accettasse la supervisione IAEA fino a dieci-vent'anni nel caso il ciclo venisse sottoposto a supervisione IAEA.

Al fine di eliminare le spese di smantellamento e i successivi costi di deposito dei materiali radioattivi sarebbe possibile lasciare intatte le strutture più contaminate (ad esempio le aree irradiate con radiazioni neutroniche) coprendole con una spessa struttura di cemento sul modello di quella utilizzata a Chernobyl. Il coperchio verrebbe in seguito facilmente rimosso una volta che le radiazioni siano sufficientemente diminuite da rendere la manipolazione dei materiali più sicura. Il problema di questa soluzione è che l'area verrebbe preclusa a ogni uso per un periodo che va dai settanta ai cento anni.

Una stima sui tempi-costi varia da un minimo di quattro a un massimo di cinque anni e una spesa dai quaranta ai sessanta milioni di euro, a cui si aggiungerebbero altri cento-duecento milioni di euro (allo stato attuale) per il successivo smantellamento e lo smaltimento delle parti irradiate.

Nell'ipotesi di una disattivazione e smantellamento totale secondo quanto prescritto dalle norme internazionali con il completo coinvolgendo un team nordcoreano da istruire e addestrare l'ente internazionale più coinvolto sarebbe l'IAEA. In base alla complessità e alla superficie su cui intervenire nel sito di Yongbyon si dovrebbero formare circa cinquecentotrenta tecnici nordcoreani a cui verrebbero insegnate le procedure di misura, sicurezza, contenimento e smaltimento da implementare durante le varie fasi di dismissione.

L'opzione garantirebbe da una parte la perfetta ottemperanza delle procedure di sicurezza e trasparenza nonché la formazione di una squadra locale esperta pronta a intervenire in caso di problematiche. Dall'altra, però, non garantirebbe un completamento del programma di denuclearizzazione abbastanza veloce così come chiedono gli Stati Uniti perché i tempi oscillerebbero tra i cinque e i vent'anni di lavoro per un impegno finanziario tra i quattrocento milioni e i due miliardi di euro.

Le strutture complementari costruite per monitorare la situazione ambientale e sanitaria durante lo smantellamento di Yongbyon potrebbero trasformarsi in complessi permanenti rivolti anche a uso civile per le popolazioni locali e al tempo stesso servire per stilare una statistica sulle patologie conseguenti alla presenza di impianti nucleari.

4. Rapporti con gli Stati esteri

Uno dei motivi per cui Washington ha fortemente voluto il summit di Singapore è la preoccupazione che i rapporti tra Pyongyang con le diplomazie straniere potessero dare appoggio allo sviluppo di programmi militari e nucleari in Paesi considerati a rischio, come Iran, Pakistan e Siria. Gli Stati Uniti chiedono alla Corea del Nord di interrompere i legami di trasferimento tecnologico che per anni hanno aiutato quelli che un tempo venivano definiti "Paesi canaglia" a divenire una minaccia per Washington. In particolare tutte le amministrazioni, dal 1979, hanno condiviso la preoccupazione che Teheran sviluppi un arsenale bellico in grado di competere a livello regionale con quello di Israele. Nel settembre 2012 il ministro della Scienza e Tecnologia iraniano aveva siglato con la controparte nordcoreana un accordo in cui auspicavano una collaborazione scientifica a più livelli, compresa quella energetica e tecnologica, due ambiti fumosi che possono includere anche campi militari. L'accordo di Singapore è stato visto dall'Iran come una possibile minaccia allo sviluppo delle sue capacità missilistiche e nucleari tanto da arrivare a consigliare a Pyongyang di stare «molto attenta» alla via che aveva iniziato a perseguire. Nulla di strano per un Paese che, dopo aver firmato nel 2015 l'accordo sul nucleare si ritrovava quello stesso accordo stracciato dall'amministrazione Trump.

È oramai noto che le innumerevoli connessioni tra Pyongyang e Teheran hanno sostenuto anche il programma missilistico siriano. Il 6 settembre 2007 le Forze armate israeliane hanno compiuto un raid al sito di Al Kibar, dove si sospettava che la Siria stesse sviluppando un reattore nucleare. Tre anni prima, il 22 aprile 2004, un'esplosione di un convoglio ferroviario presso la città nordcoreana di Ryongchon, al confine con la Cina, aveva causato, secondo la Croce Rossa Internazionale, la morte di circa centinaia di persone e la distruzione di 1.850 edifici. Il treno trasportava materiale esplosivo per la costruzione di opere agricole innescato da un contatto elettrico accidentale. Ma ciò che rendeva l'incidente di interesse internazionale, in particolare per Stati Uniti e

Israele, era il fatto che sullo stesso treno viaggiavano decine di scienziati e tecnici nucleari siriani, giunti in Corea del Nord per ottenere materiale fissile da potersi utilizzare nelle future centrali di Damasco. L'esplosione del treno uccise tutti i componenti della missione e poche ore dopo un aereo siriano atterrò in Corea del Nord riportando in patria i resti dei cittadini periti. La collaborazione tra i due Paesi, comunque, è continuata, tanto da indurre gli F-16 di Tel Aviv di distruggere il centro di Al Kibar nel 2007.

Dopo lo scoppio della guerra civile Pyongyang e Damasco hanno intensificato la reciproca assistenza, tanto che nel 2015 il governo di Assad ha inaugurato un parco nella capitale con una statua dedicata a Kim Il Sung e, a livello più pragmatico, nell'agosto 2017 sono state intercettate due navi cargo nordcoreane con merci destinate al Centro di Studi e Ricerche Scientifiche Siriano, sospettato di essere coinvolto nello sviluppo di armi chimiche.

All'inizio di giugno 2018, una decina di giorni prima del summit di Singapore, il Presidente siriano Assad ha anche annunciato una visita ufficiale in Corea del Nord.

5. Il ritorno dei POW/MIA

Una delle prime mosse intraprese dalla Corea del Nord in ottemperanza agli accordi di Singapore è stata la restituzione dei resti dei soldati uccisi o scomparsi durante la Guerra di Corea, i cosiddetti POW/MIA (POW, Prisoners Of War – 'Prigionieri di guerra'; MIA, Missing In Action – 'Dispersi durante le missioni').

Secondo l'Agenzia che si occupa di POW/MIA, ci sarebbero 7.699 cittadini e militari statunitensi di cui ancora non si conoscono le sorti dispersi in Corea del Nord.

Il 27 luglio 2018, giorno del 65esimo anniversario della firma dell'armistizio, Pyongyang ha restituito i primi cinquantacinque resti di corpi di soldati, salutati con tutti gli onori al rientro in patria.

6. Riunificazione?

Più complicati sono i rapporti con la Corea del Sud, nonostante che tra i due Stati esistano scambi commerciali che ammontano a 2,34 miliardi di dollari annui, pari all'8,8% del Pil della Corea del Nord.

Seoul si sente minacciata dai test missilistici e nucleari nordcoreani: in caso (improbabile) di guerra sarebbe il Sud a subirne le maggiori conseguenze.

Come già scritto, tra Pyongyang e Seoul non esiste ufficialmente belligeranza, ma un armistizio (quindi non un trattato di pace) tra Pyongyang e Washington. Gli sforzi della Corea del Nord per portare gli Stati Uniti al tavolo delle trattative si concentrano principalmente su questo punto: trasformare l'armistizio del 27 luglio 1953 in un vero e proprio trattato di pace.

Pyongyang, sostenuta dalla Cina, ha sempre osteggiato l'unificazione politica *tout court*, che vede come un tentativo di assimilazione del Nord da parte del Sud, preferendo ad essa una più soffice e meno traumatica via federale da realizzarsi in un lungo periodo di transizione durante il quale l'economia dei due Paesi si integrerebbe mantenendo però un sistema politico e ideologico bicefalo.

La soluzione proposta dal Nord potrebbe, nel giro di diversi decenni, livellare l'immenso abisso oggi esistente tra le due economie che vede il Pil pro capite della Corea del Sud sopravanzare quello del Nord di quasi venti volte (un nordcoreano produrrebbe ogni anno un Pil di 1,33 milioni di won contro i venticinque milioni di won del collega sudcoreano), mentre in termini assoluti, il Pil del Sud è trentotto volte quello del Nord.

Questo sistema di "due Paesi una economia" si innesta sulla richiesta fatta dal Nord a Moon Jae-in di ridiscutere i confini del 38° parallelo e quelli marittimi.

Su queste premesse il dialogo tra i due Paesi sembra irto di ostacoli: le differenze di vedute, pur non essendo insormontabili, sono comunque ampie e quandanche Moon e Kim dovessero inaugurare una nuova versione della *Sunshine Policy* c'è sempre l'incognita delle forze conservatrici (sia del nord che del sud) e dell'ambiguità politica di Washington e di Pechino. La Cina difficilmente perdonerà la Corea del Nord di aver dato l'occasione agli Stati Uniti di dispiegare il THAAD a pochi chilometri dalle sue coste dopo che lo stesso Giappone lo aveva rifiutato qualche anno addietro. Il Pentagono, da parte sua, non si azzarderebbe mai a scatenare una guerra suicida nella regione nordorientale asiatica sapendo anche che i suoi due alleati sono assolutamente contrari ad azioni di forza.

7. Kim e Trump

Il dialogo tra Stati Uniti e Corea del Nord è continuato, dopo Singapore, anche a livello personale tra Kim e Trump.

Il 6 luglio 2018 Kim Jong Un ha scritto una lettera a Donald Trump in cui riaffermava la volontà di perseguire gli sforzi di dialogo e di comprensione iniziati a Singapore e Hanoi. Nonostante non vi sia alcun cenno alla denuclearizzazione, come del reso era prevedibile in quanto punto più delicato dell'accordo siglato il 12 giugno, Kim si diceva sicuro che il futuro avrebbe riservato ai due Paesi nuove sorprese.

> Vostra Eccellenza Presidente,
> il significativo primo meeting con Sua Eccellenza e il documento congiunto che abbiamo firmato a Singapore 24 giorni fa, è stato sicuramente l'inizio di un viaggio significativo.
> Ho apprezzato profondamente gli straordinari ed energici sforzi fatti da Sua Eccellenza Presidente per il miglioramento delle relazioni tra i due Paesi e la leale implementazione del documento congiunto.
> Credo fermamente che la forte volontà, gli sforzi sinceri e l'avvicinamento unico tra me e Sua Eccellenza Presidente ha aiutato l'apertura verso un nuovo futuro tra la Dprk e gli Usa che porterà sicuramente nuovi frutti.
> Augurandomi che la fiducia e la confidenza in Sua Eccellenza Presidente verranno rafforzate nel futuro processo di prendere azioni pratiche, le rinnovo la mia convinzione che il progresso epocale nel promuovere le relazioni tra Dprk e Usa porterà ad altri successivi incontri tra noi.
> Kim Jong Un
> Presidente della Commissione degli Affari di Stato

Trump, da parte sua, dopo aver reso pubblica la lettera del collega nordcoreano aggiungendo che «è stato compito un grande progresso», rispondeva con toni conciliatori e altrettanto ottimisti.

Ma se tra i due leader si è instaurato un clima di distensione e di stima personale, il più grande problema da superare, in particolare da parte di Trump, è la presenza all'interno della propria amministrazione di figure ostili ad ogni compromesso e nostalgiche verso quei tempi in cui si sono formati politicamente dove la contrapposizione tra mondo socialista e mondo capitalista/liberista erano le uniche forme di confronto accettate. Solo un ricambio generazionale, mentale e politico da parte dei protagonisti potrà garantire una continuità di dialogo tra i due governi. Pyongyang, nonostante la nomea di conservatorismo e di immobilismo, sembra averlo capito e aver già fatto i primi passi. Ora tocca a Washington dimostrare di voler procedere verso la strada del cambiamento.

Le sanzioni delle Nazioni Unite contro la Corea del Nord

1. «Risoluzione 1695 (2006) del 15 luglio 2006 contro il lancio di missili balistici potenzialmente in grado di trasportare ordigni nucleari, batteriologici e chimici»
2. «Risoluzione 1718 (2006) del 14 ottobre 2006 contro il test nucleare del 9 ottobre 2006»
3. «Risoluzione 1874 (2009) del 12 giugno 2009 contro il test nucleare del 25 maggio 2009 in violazione alla risoluzione 1718 (2006)»
4. «Risoluzione 2087 (2013) del 22 gennaio 2013 contro il lancio del satellite del 12 dicembre 2012 usando tecnologia missilistica in violazione alle risoluzioni 1718 (2006) e 1874 (2009)»
5. «Risoluzione 2094 (2013) del 7 marzo 2013 contro il test nucleare condotto il 12 febbraio 2013 in violazione alle risoluzioni 1718 (2006), 1874 (2009) e 2087 (2013)»
6. «Risoluzione 2270 (2016) del 2 marzo 2016 contro il test nucleare condotto il 6 gennaio 2016 in violazione alle risoluzioni 1718 (2006), 1874 (2009), 2087 (2013) e 2094 (2013)»
7. «Risoluzione 2321 (2016) del 30 novembre 2016 contro il test nucleare condotto il 9 settembre 2016 in violazione alle risoluzioni 1718 (2006), 1874 (2009), 2087 (2013), 2094 (2013) e 2270 (2016)»
8. «Risoluzione 2356 (2017) del 2 giugno 2017 contro lo sviluppo del programma missilistico e nucleare inclusa la serie di lanci di missili balistici e altre attività condotti dalla Corea del Nord dal 9 settembre 2016»
9. «Risoluzione 2371 (2017) del 5 agosto 2017 contro i test di missili balistici del 3 luglio e 8 luglio 2017 in violazione alle risoluzioni

1718 (2006), 1874 (2009), 2087 (2013), 2094 (2013), 2270 (2016), 2321 (2016) e 2356 (2017)»10. «Risoluzione 2375 (2017) del 11 settembre 2017 contro il test nucleare del 2 settembre 2017 in violazione alle risoluzioni 1718 (2006), 1874 (2009), 2087 (2013), 2094 (2013), 2270 (2016), 2321 (2016), 2356 (2017) e 2371 (2017)»11. «Risoluzione 2397 (2017) del 22 dicembre 2017 contro il lancio del missile balistico del 28 novembre 2017 in violazione alle risoluzioni 1718 (2006), 1874 (2009), 2087 (2013), 2094 (2013), 2270 (2016), 2321 (2016), 2356 (2017) e 2375 (2017)»

Who's who in Corea del Nord

Kim Yong Nam (4 febbraio 1928)

Subito dopo Kim Jong Un nella lista del comitato per il funerale di Kim Jong Il nel dicembre 2011 figurava Kim Yong Nam (da non confondere con Kim Jong Nam, figlio di Kim Jong Il e fratellastro di Kim Jong Un), presidente del Presidium dell'Assemblea Suprema del Popolo e capo di Stato *de facto*, e uno dei cinque membri del Comitato Permanente del Politburo, l'organo decisionale più importante dello Stato, in cui era stato eletto nel settembre 2010. In teoria il Comitato Permanente del Politburo è un organo consultivo del Politburo, il quale, a sua volta, ha il compito di portare le proposte al Comitato Centrale del PLC, l'assemblea che dovrebbe discutere, approvare e legiferare le decisioni in seno al Partito dei Lavoratori. Dal Politburo, quindi, dipendono formalmente dal Comitato Centrale del PLC; in realtà la catena di comando è invertita, con il Comitato Permanente del Politburo (il Presidium) al vertice, seguito dal Politburo e dal Comitato Centrale. Kim Yong Nam è stato anche, fino all'11 aprile 2019, formalmente il capo dello Stato della Repubblica Democratica Popolare di Corea sostituendo su questo mondo terreno le funzioni che, per costituzione, spetterebbero in eterno a Kim Il Sung. Secondo la costituzione del 1988 la carica di presidenza è data a titolo onorifico e in eterno al fondatore della Repubblica Democratica Popolare di Corea secondo la dicitura che "Sotto la guida del Partito dei Lavoratori di Corea, la Repubblica Democratica Popolare di Corea e il popolo coreano considereranno con immensa stima il grande leader Compagno Kim Il Sung come eterno Presidente della Repubblica". Era Yong Nam a ricevere le credenziali diplomatiche, ricevere i capi di stato dei Paesi stranieri in visita in Corea del Nord e siglare i trattati. Kim Yong Nam, classe 1928, dopo essersi laureato alla Kim Il Sung University continuò i propri studi a Mosca. Nel 1956 fu capo del Dipartimento della sezione Esteri del Partito del Lavoratori e nel 1962 vice ministro degli Esteri. Di famiglia sinocoreana, inziò la sua carriera politica nel 1970 con la presidenza del Comitato per le Relazioni Culturali con Paesi Stranieri e nel 1980 entrò a far parte del Politburo. Tra il 1983 e il 1988 occupò la carica di ministro degli Esteri e nel settembre 1998 venne eletto presidente del Presidium dell'Assemblea del Popolo, posto che mantenne fino all'11 aprile 2019, quando, a causa dell'età avanzata, fu sostituito da Choe Ryong Hae. Il 9 febbraio 2018 guidò la delegazione nordcoreana ai giochi olimpici di Pyeongchang.

Choe Yong Rim (20 novembre 1930)

Choe Yong Rim, era premier nordcoreano all'epoca della morte di Kim Jong Il (vi rimarrà fino all'aprile 2013) e uno dei cinque membri del Comitato Permanente del Politburo. Dopo essere entrato nell'Esercito Popolare Coreano nel 1950, frequentò la Kim Il Sung University e l'Università di Mosca. Nel 1973 divenne segretario personale di Kim Il Sung, occupando l'ufficio di presidenza. Nel 2005 venne eletto segretario generale del Presidium dell'Assemblea del Popolo, carica che mantenne fino al luglio 2009 quando divenne segretario generale del Comitato Cittadino di Pyongyang per il Partito dei Lavoratori Coreano. Il 7 luglio 2010 divenne primo ministro succedendo a Kim Yong Il (da non confondersi con Kim Jong Il) e nel settembre dello stesso anno Kim Jong Il lo volle, assieme a Kim Yong Nam, membro del Comitato Permanente del Politburo per accompagnare il processo di transizione di Kim Jong Un. Choe Yong Rim fu una figura di transizione: succeduto nel governo della Corea del Nord a Kim Yong Il dopo il fallimento della riforma monetaria, divenne funzionale alle manovre di Kim Jong Il per assicurare la successione del figlio cambiando gran parte dei ministri del governo nazionale. Il primo aprile 2013, solidificato il processo di transizione, Choe Yong Rim venne sostituito nella poltrona di primo ministro da Pak Pong Ju, più favorevole alla politica del *byungjin*, "lo sviluppo parallelo". Oggi occupa il titolo di vicepresidente onorario del Presidium dell'Assemblea Suprema del Popolo.

Ri Yong Ho (5 ottobre 1942)

Ri Yong Ho (da non confondere con l'omonimo Ri Yong Ho attuale ministro degli Esteri della Corea del Nord) occupava l'importante ruolo di capo di Stato Maggiore dell'Esercito Popolare di Corea ed era membro del Presidium del PLC alla morte di Kim Jong Il. Nato nel 1942 e formatosi all'Accademia Militare della Kim Il Sung University, cominciò a prestare servizio militare dal 1959. Dal 2003 al febbraio 2009 fu il comandante del Comando di Difesa di Pyongyang per poi diventare, nel febbraio 2009 capo di Stato Maggiore dell'Esercito Popolare. Nel settembre 2010 Kim Jong Il lo volle vicepresidente della Commissione Centrale Militare e membro del Comitato Permanente del Politburo del PLC. Assieme a Kim Jong Un guidò il Comitato per il funerale di Kim Jong Il. L'ultima sua apparizione pubblica risale al 25 aprile 2012, in occasione della parata militare per l'ottantesimo anniversario della fondazione delle Forze armate coreane. Il 16 luglio 2012 Ri Yong Ho venne rimosso da tutte le sue cariche ufficialmente per ragioni di salute e voci non confermate indicavano che Ri fosse stato giustiziato, mentre altre lo davano agli arresti domiciliari. Venne rimpiazzato da Hyon Yong Chol come Capo di Stato Maggiore.

Kim Yong Chun (4 marzo 1936 – 16 agosto 2018)

Kim Yong Chun era vicepresidente della Commissione Nazionale di Difesa e comandante delle Forze armate nordcoreane. Nel 1980 venne eletto membro non permanente del Comitato Centrale del PLC, diventandone membro permanente nel 1986. Nel 1988 venne temporaneamente messo da parte per una disputa con l'allora ministro delle Forze armate, O Jin U (1917-1995), numero tre del regime dopo Kim Il Sung e Kim Jong Il, morto di cancro in Francia nel 1995. La morte di Jin U rimise in carriera Kim Yong Chun, che divenne ministro delle Forze armate e, dal 2007, vicepresidente della Commissione Nazionale di Difesa. Ritenuto uno degli alleati più fedeli di Kim Jong Il, nel 2009 venne promosso a ministro delle Forze armate di Corea, il posto occupato in precedenza dal suo rivale e superiore O Jin U. Nel 2010 divenne membro del Politburo e della Commissione Centrale Militare. Nell'aprile 2012 Yong Chin venne sostituito nella guida del ministero della Difesa da Kim Jong Gak e al tempo stesso venne nominato direttore del Dipartimento di Difesa Civile del PLC. Nell'aprile 2016, oramai escluso dalle posizioni più importanti, Kim Jong Un gli concesse il grado onorifico di Maresciallo dell'Esercito Popolare Coreano.

Jon Pyong Ho (marzo 1926 – 7 luglio 2016)

Jon Pyong Ho si formò nell'Unione Sovietica di Stalin negli anni Quaranta. Diplomatosi nel Collegio di Ingegneria Urali di Ekaterinburg, è stata una figura chiave nel programma nucleare nordcoreano. Fu lui a presiedere e coordinare il primo test atomico il 9 ottobre 2006. Militare di professione, ma con una spiccata propensione alla diplomazia, concluse gli accordi con il Pakistan per l'acquisto delle prime duemila centrifughe per arricchimento di uranio installate nel sito di ricerca nucleare di Yongbyon. Il suo coinvolgimento nell'industria missilistica e nucleare iniziò negli anni Ottanta; sotto la sua direzione furono terminati i programmi di test e di costruzione dei missili *Rodong*-1 e *Hwasong*-6. Nel decennio successivo le Forze armate nordcoreane perfezionarono il programma missilistico aggiungendo al loro arsenale i missili *Musudan* e *Taepodong*, il cui lancio avvenuto nel 1908 venne supervisionato personalmente da Jon Pyong Ho. Nei primi anni Duemila Pyong Ho contribuì a delineare la linea economica militare che condusse al primo esperimento nucleare del 2006. Negli anni successivi continuò a presiedere i lavori di sviluppo e ricerca dei missili e del programma nucleare che portò al secondo test. Nel 1990 venne nominato membro della Commissione Nazionale di Difesa da cui si dimise nell'aprile 2011. Rimase direttore dell'Ufficio Politico del PLC fino al 2010, anno in cui si ritirò in pensione restandone, però, membro. Alla sua morte, avvenuta per arresto cardiaco il 7 luglio 2014, furono indetti funerali di Stato a cui partecipò anche Kim Jong Un.

Kim Kuk Tae (27 agosto 1924 – 13 dicembre 2013)

Kim Kuk Tae è stato uno dei quadri militari più fedeli alla famiglia Kim. Figlio egli stesso di un generale, Kim Chek, uno dei primi seguaci di Kim Il Sung e da questo allontanato dal potere a causa del fallimento della battaglia di Inchon del 1950, Kuk Tae diventò generale nel 1963 e, al tempo stesso, vicedirettore dell'Ufficio Politico del PLC, posizione che mantenne fino al 1968. Durante il quinquennio di dirigenza, Kim Kuk Tae rafforzò il controllo di Kim Il Sung sulle Forze armate nordcoreane, compito che fu remunerato dal Grande Leader con la nomina a membro temporaneo del Comitato Centrale del partito trasformato, dal 1970, a membro permanente. Con Kim Jong Il lavorò fianco a fianco nel Dipartimento Propaganda e Agitazione e, dal 1971, divenne direttore del Dipartimento Culturale. Nel 1976 fu presidente della Scuola di Partito Kim Il Sung per poi essere mandato ambasciatore in Etiopia. Al suo ritorno in patria, nel 1978, la carriera divenne vertiginosa: direttore del Dipartimento di Propaganda tra il 1983 e il 1984, direttore del Dipartimento della Pubblica Istruzione tra il 1984 e il 1985, direttore del Dipartimento dei Quadri di Partito tra il 1985 e il 1990, poi di nuovo presidente della Scuola di Partito Kim Il Sung tra il 1990 e il 1992. Nel 2010 fu nominato presidente della Commissione Centrale di Controllo del PLC. Nell'estate 2012 Kim Kuk Tae si ritirò dalla scena politica e morì il 13 dicembre 2013 per attacco di cuore.

Kim Ki Nam (28 agosto 1934)

Kim Ki Nam è stato direttore del Dipartimento di Propaganda e Mobilitazione dal 1989 al 2017 ed ex vicepresidente del Partito dei Lavoratori di Corea. È stato anche vicepresidente del Comitato per la Riunificazione Pacifica della Madrepatria, ruolo che gli ha permesso di recarsi frequentemente in Corea del Sud. Nato a Wonsan, venne inviato come ambasciatore a Pechino nel 1952. Tornato in patria, nel 1956, Kim Ki Nam continuò gli studi universitari alla Kim Il Sung University e nel 1961 si trasferì in Unione Sovietica per studiare nella Scuola di Partito. In Corea del Nord divenne decano della Kim Il Sung University e editorialista del quotidiano «Rodong Sinmun». Nel 1966 fu nominato vicedirettore del Dipartimento di Propaganda e Mobilitazione, passando alla sua direzione nell'aprile 1989. Nel 1972 fu co-direttore del mensile del Partito dei lavoratori, *Kulloja*, di cui divenne direttore nel 1974. Nel 1976 divenne direttore del «Rodong Sinmun» e presidente dell'Unione dei Giornalisti Coreani. L'abilità di scrittore lo portarono ad essere scelto per fissare il ruolo storico avuto da Kim Il Sung nel Paese e, in seguito, per creare il culto di Kim Jong Il. La sua direzione al «Rodong Sinmun» è stata caratterizzata da un accentramento delle notizie su Kim Jong Il eliminando ogni fotografia e ogni riferimento ai suoi rivali politici, in particolare di Kim Song Ae, matrigna di Jong Il e considerata la rivale più temibile del leader nordcoreano. Dal 1980 fa parte del Comitato Centrale del PLC, mentre nel settembre 2010 è stato nominato membro del Politburo. È Kim Ki Nam a creare gli slogan politici del Partito. Nell'ottobre 2017, dopo essere stato membro della Commissione degli Affari di Stato, l'organo più importante della Corea del Nord, venne sostituito da Pak Kwong Ho.

Choe Thae Bok (1 dicembre 1930)

Choe Thae Bok, nato a Nampo nel 1930, ha studiato chimica alla Kim Il Sung University per poi perfezionare gli studi nel Collegio di Ingegneria di Lipsia (Germania Est) nel 1952 e nell'Università di Stato di Mosca nel 1954. La sua vita si è concentrata sulla ricerca; direttore dal 1965 dell'ufficio di Hamhung dell'Istituto di Ricerca Chimica dell'Accademia Nazionale delle Scienze, nel 1968 è stato nominato decano del Collegio di Ingegneria Chimica di Hamhung e negli anni Settanta presidente della Università di Tecnologia Kim Chaek. Dal 1981 è vicedirettore della Commissione di Pubblica Istruzione dell'omonimo ministero sotto il cui patrocinio gli studenti nordcoreani più meritevoli hanno iniziato a frequentare corsi di studi all'estero. Questo ha garantito a Choe Thae Bok una grande popolarità tra gli studenti del Paese. Il 27 dicembre 1986 fu nominato membro del Comitato Centrale del PLC. Nel settembre 1988 venne eletto presidente dell'Assemblea del Popolo. Ha stretti legami con Yang Hyong So e Kim Kyong Hui, la sorella di Kim Jong Il ed è considerato come uno dei maggiori protagonisti nello sviluppo del programma nucleare nordcoreano. Dall'ottobre 2017 si è ritirato a vita privata.

Yang Hyong Sop (primo ottobre 1925)

Nato nel 1925, Yang Hyong Sop ha sposato una cugina di Kim Il Sung, Kim Shin Sook. Laureato alla Kim Il Sung University, è stato segretario del Comitato Centrale del PLC, direttore della Scuola Centrale di Partito, ministro della Pubblica Istruzione e presidente dell'Accademia Nazionale delle Scienze. Nel 1983 fu eletto presidente del Presidium dell'Assemblea del Popolo, titolo che lo pose a ricoprire la carica di capo dello Stato per un breve periodo dopo la morte di Kim Il Sung. Nel 1998 lasciò la carica di presidente del Presidium dell'Assemblea del Popolo a favore di Kim Yong Nam assumendo quella di vicepresidente fino all'11 aprile 2019, quando venne sostituito da Thae Hyong Chol.

Kang Sok Ju (29 agosto 1939 – 20 maggio 2016)

Kang Sok Ju è stato segretario e direttore del Dipartimento degli Affari Internazionali del PLC. Cugino da parte di madre di Kim Jong Il, nacque nel 1939. Laureato in lingua francese all'Università degli Affari Internazionali di Pyongyang, nel 1972 iniziò la carriera al dipartimento sotto la direzione di Kim Yong Nam, prima, e con Kim Kyong Hui, sorella di Kim Kong Il, poi, con i quali ha mantenuto stretti legami. Nel 1984 ricoprì la carica di viceministro degli Esteri e nel 1991 divenne membro del Comitato Centrale del PLC. Negli anni Novanta Kang Sok Ju fu il capo negoziatore della delegazione nordcoreana ai Colloqui a Sei sul disarmo nucleare della penisola coreana. Nel settembre 2010 venne promosso alla carica di vice primo ministro. Considerato un consigliere di Kim Jong Il in politica estera, morì di cancro all'esofago il 20 maggio 2016.

Kim Kyong Hui (30 maggio 1946)

Kim Kyong Hui, sorella di Kim Jong Il e zia di Kim Jong Un, è nata il 30 maggio 1946. La madre era Kim Jong Suk, prima moglie di Kim Il Sung, che il 16 febbraio 1942, aveva dato alla luce Kim Jong Il e, tre anni più tardi, Kim Man Il, morto annegato nel 1947 o nel 1948 mentre giocava con il fratello in uno stagno a Pyongyang.

Nel 1949 Kim Jong Suk morì dando alla luce il suo quarto figlio, il quale non sopravvisse alla madre. I due figli di Kim Il Sung crebbero nell'ex dimora del proconsole giapponese a Pyongyang allevati dalle loro balie. Nel 1950, allo scoppio della Guerra di Corea, Jong Il e Kyong Hui vennero inviati nella provincia cinese di Jagang e poi in quella di Jilin per fare ritorno in patria nel 1952, l'anno in cui Kim Il Sung sposò una delle sue segretarie, Kim Song Ae, la cui parentela non venne mai riconosciuta da Kim Kyong Hui. Da quell'unione nacque una figlia, Kim Kyong Jin (1953) e due figli, Kim Pyong Il (1955) e Kim Yong Il (1957) con i quali la coppia Jong Il-Kyong Hui ingaggiò una lunga e cruenta lotta di potere che si concluse con l'affermazione di Kim Jong Il e l'allontanamento dal Paese dei rivali. Nel 1963 Kim Kyong Hui iniziò gli studi di economia nella Kim Il Sung University. Fu in questo periodo che incontrò Jang Song Taek che, oltre a frequentare lo stesso corso della figlia del Grande Leader, era un ottimo musicista. Tra i due fu subito intesa che, nonostante gli ostacoli frapposti dalla famiglia Kim, sfociò nel 1972 in un matrimonio. Kim Il Sung fece di tutto per interrompere la relazione della figlia con Jang Song Taek arrivando anche a chiedere e ottenere al rettore dell'università di espellere lo spasimante della figlia e trasferirlo all'Università di Economia di Wonsan. Fu comunque tutto inutile: i due mantennero fede alle promesse d'amore e nel 1966 si ritrovarono a frequentare assieme la Scuola di Partito per Alti Funzionari Kim Il Sung. Due anni più tardi partirono assieme per perfezionare gli studi all'Università Statale di Mosca. Tornata a Pyongyang, nel 1971 Kim Kyong Hui fu avviata dal padre alla carriera politica inserendola nell'Unione Democratica delle Donne Coreane. Nel 1972 sposò finalmente Jang Song Taek. A differenza dalla movimentata vita sentimentale del fratello, l'unione tra Kim Kyong Hui e Jang Song Taek fu sincera e duratura. Nel 1975 Kyong Hui divenne vicedirettrice del Dipartimento di Relazioni Internazionali del Partito dei Lavoratori di Corea. Era l'anno in cui la Corea del Nord stabilì relazioni diplomatiche con le Nazioni Unite, l'Austria, Singapore, Svizzera e Thailandia e il Dipartimento di Relazioni Internazionali doveva visionare le candidature, scegliere e formare i nuovi funzionari che avrebbero occupato le posizioni diplomatiche all'estero. Nel 1977 nacque la prima figlia, Jang Kum Song seguita, due anni più tardi dal secondo figlio Jang Kim Song. Nel 1980 prese la direzione dell'Ufficio 35 di investigazioni esterne, l'organo dominato dalla famiglia Kim che si occupava di incassare moneta forte dal traffico, in gran parte illecito, di armi, tabacco e narcotici. Nel 1988 divenne direttrice del Dipartimento dell'Industria Leggera del PLC, agenzia strettamente legata all'Ufficio 35 e, nello stesso anno, venne eletta nel Comitato Centrale del partito. Nel 1990 venne eletta delegata all'Assemblea del Popolo. Erano gli anni in cui l'economia del Paese era in piena recessione. Nel 1993, alla vigilia della grande carestia che colpì la Corea del Nord tra il 1994 e il 1998, Kim Kyong Hui fu investita del ruolo di direttrice del Dipartimento Politico di Ispezione Economica del PLC, una nuova struttura che inglobava in un'unica agenzia i Dipartimenti dell'Industria Leggera e della Pianificazione Finanziaria. La morte di Kim Il Sung segnò il periodo più buio e difficile per la nazione nordcoreana e per la leadership della famiglia Kim. Per controllare meglio un Paese sull'orlo del fallimento economico, del baratro politico e del caos sociale, Kim Jong Un e Kim Kyong Hui invocarono l'Ardua Marcia paragonando il periodo di carestia in cui milioni di coreani annaspavano per sopravvivere alla guerriglia di Kim Il Sung contro i colonizzatori giapponesi, «quando si combatteva contro migliaia di nemici a 20 gradi sotto zero sfidando tempeste di neve e fame e la bandiera rossa sventolava in prima fila». La morte della figlia per suicidio, avvenuta in Francia nel 2006 dopo che si era rifiutata di obbedire all'ordine di rientro in patria che avrebbe segnato la fine della relazione in atto con un compagno di studi, segnò il punto di svolta della vita pubblica e privata di Kim Kyong Hui. Le manifestazioni pubbliche a cui partecipò la sorella di Kim Jong Il si fecero sempre più rade. Solo nel giugno 2009 una foto della KCNA ripropose l'apparizione di Kyong Hui accanto al fratello, durante un'ispezione alla cooperativa agricola Tongbong, nella contea di Hamju, nella provincia di Sud Hamgyong, tour che si fecero più frequenti nel corso del 2010. Il 7 febbraio 2010 Kim Kyong Hui intervenne per la prima volta con il marito in un evento in onore a una delegazione straniera, nella fattispecie la performance dell'opera *Evgeni Onegin* in onore alla delegazione russa in visita in Corea del Nord. Il 28 settembre 2010, giorno in cui Kim Jong Un venne insignito del rango di generale a quattro stelle, anche Kim Kyong Hui venne promossa a generale e, al tempo stesso, eletta membro dell'Ufficio Politico del Partito dei Lavoratori. La sua fedeltà alla famiglia la portò ad appoggiare la successione di Kim Jong Un sopravvivendo all'esecuzione del marito, avvenuta il 13 dicembre 2013. Nonostante molte speculazioni che la volevano morta, chi suicida, chi avvelenata dal nipote, Kim Kyong Hui non è mai stata abiurata dalla famiglia. La sua figura è riapparsa in almeno tre documentari di propaganda della televisione di stato: il 14 gennaio 2016, quando è stata mostrata una giovanissima Kim Kyong Hui studentessa della Kim Il Sung University marciare accanto alle sue compagne mentre saluta militarmente il palco delle autorità, il 4 aprile 2016, quando Kyong Hui è apparsa accanto al fratello Kim Jong Il durante una visita a una fabbrica alimentare e il 9 aprile 2016 seduta con Kim Jong Un e Kim Jong Il a osservare manovre militari.

Kim Yang Gon (24 aprile 1942 – 29 dicembre 2015)

Kim Yang Gon, nato nel 1942, ha iniziato la sua carriera come vicedirettore del Dipartimento di Collegamento Internazionale del PLC nel 1986. A quel tempo era presidente dell'Associazione d'Amicizia Corea-

Giappone e curò le relazioni tra i due Paesi. Nel 1997 venne promosso alla direzione dello stesso ufficio allargando le sue mansioni alle relazioni con la Cina e la Corea del Sud. Considerato un fedele alleato di Kim Jong Un, Yang Gon nel 2007 ebbe vari incontri con il ministro della Riunificazione sudcoreano Lee Jae Jeong che si protrassero fino al dicembre 2015, quando morì in un incidente stradale. La sua morte contribuì a far riaffiorare dal limbo Choe Ryong Hae, la cui assenza dalle scene della politica nordcoreana aveva alimentato voci di un suo arresto o fucilazione. Nel gennaio 2016 le sue cariche vennero acquisite da Kim Yong Chol.

Kim Yong Il (2 maggio 1944)

Kim Yong Il (da non confondere con Kim Jong Il e con Kim Yong Il, entrambe figli di Kim Il Sung ed entrambe deceduti), è nato il 2 maggio 1944 e si è formato all'Università dei Trasporti Marittimi di Rajin. Dal 1960 al 1969 servì nell'Esercito Popolare per poi diventare istruttore e vicedirettore dell'ufficio generale del Ministero dei Trasporti di Mare e di Terra, di cui divenne ministro nel 1994. Nell'aprile 2007 venne nominato premier della Corea del Nord, carica che mantenne fino al 7 giugno 2010, quando fu sostituito da Choe Yong Rim.

Pak To Chun (9 marzo 1944)

Nato il 9 marzo 1944, Pak To Chun ha frequentato la Scuola di Partito Kim Il Sung; prima di essere eletto nell'Assemblea del Popolo nel 1988, ha lavorato per conto del partito in diverse fabbriche e miniere distinguendosi per la sua organizzazione e le sue capacità. È stato To Chun a modernizzare la fabbrica di armi di Huichon, considerata un modello di produttività per tutto il Paese. Nel settembre 2010 è stato nominato membro del Comitato Centrale per poi entrare a far parte come membro temporaneo nel Politburo. Nell'aprile 2011 Pak To Chun entrò a far parte della Commissione Nazionale di Difesa e nell'aprile 2012 il Comitato Centrale lo accettò come membro permanente. La fiducia riposta da Kim Jong Un su di lui sfociò nella nomina a dirigente all'interno dell'industria militare coreana. Fu Pak To Chun a supervisionare con i test missilistici *Kwangmyongsong*-3, i satelliti metereologici lanciati in orbita dalla Corea del Nord. Il primo lancio, avvenuto il 13 aprile 2012 per celebrare il centenario della nascita di Kim Il Sung, ci concluse con l'esplosione del vettore dopo novanta secondi dal lancio. La KCNA rilasciò uno scarno comunicato in cui si diceva che «La Repubblica Democratica Popolare di Corea ha lanciato il suo primo satellite *Kwangmyongsong*-3 dalla Stazione di Lancio Satellitare Sohae, nella contea di Cholsan, nella provincia di Nord Phyongan alle 07:38:55 di venerdì (13 aprile, nda). Il satellite di osservazione terrestre ha fallito l'entrata in orbita. Scienziati, tecnici ed esperti stanno ora indagando sulle cause del fallimento». Il lancio del satellite fu condannato dal Consiglio di Sicurezza dell'Onu in quanto violava la risoluzione 1874 sul bando della tecnologia missilistica balistica. Il 17 aprile la Corea del Nord annunciava il suo ritiro dagli accordi del 29 febbraio 2012 in base ai quali Pyongyang, in cambio di assistenza alimentare da parte degli Stati Uniti, acconsentiva a congelare il programma nucleare. Il secondo test del *Kwangmyongsong*-3, avvenuto il 12 dicembre 2012, fu, invece, coronato da un iniziale successo, anche se in seguito il Centro per Astrofisici dell'Harvard-Smithsonian dichiarò che il satellite, pur continuando a orbitare, era fuori controllo e inutilizzabile. Nel 2016 la Commissione Nazionale di Difesa, di cui Pak To Chun faceva parte dal 2012, venne abolita e al suo posto venne creata la Commissione degli Affari di Stato di cui, però, non ne fa parte.

Choe Ryong Hae (15 gennaio 1950)

Choe Ryong Hae, nato il 15 gennaio 1950, è figlio dell'ex ministro della Difesa Choe Hyon. La famiglia Choe aveva stretti legami con i Kim, tanto che Ryong Hae era compagno di giochi di Kim Kyong Hui, figlia di Kim Il Sung e sorella di Kim Jong Il. La moglie di Ryong Hae, Kang Kyong Sil, è stata intima amica di Ko Yong Hui, madre di Kim Jong Un. Sembra che il secondo dei due figli di Choe sia sposato con Kim Yo Jong, sorella minore di Kim Jong Un. Laureato in economia politica alla Kim Il Sung University, Choe Ryong Hae fino al 1986 si occupò delle organizzazioni giovanili socialiste della Corea del Nord. Vicepresidente e poi presidente della Lega dei Giovani Lavoratori Socialisti, nel 1996 divenne primo segretario della Lega Giovanile Socialista Kim Il Sung. È stato uno dei più giovani deputati eletti all'Assemblea del Popolo, oltre che membro del Comitato Centrale. Nel 1993 venne insignito della medaglia di Eroe della Repubblica Democratica Popolare di Corea, il riconoscimento più alto della nazione asiatica dopo l'Ordine di Kim Il Sung lasciando supporre che la sua carriera fosse destinata a un'impennata. Dopo esser stato vicedirettore del Dipartimento degli Affari Generali del PLC e aver diretto il Comitato Provinciale di Partito di Hwanghae tra il 2006 e il 2010, il 28 settembre 2010 venne promosso generale, membro della Commissione Centrale Militare e membro temporaneo nel Politburo. Dopo la morte di Kim Jong Il Choe Ryong Hae, considerato pupillo di Jang Song Taek, divenne la figura chiave per la buona riuscita della successione di Kim Jong Un. Promosso a membro del Comitato Permanente del Politburo l'11 aprile 2012 e vicedirettore della Commissione Centrale Militare, entrò a far parte della Commissione Nazionale di Difesa, oltre che a dirigere l'Ufficio Politico del PLC, un posto rimasto vacante dal novembre 2010 a seguito della morte di Jo Myong Ro. Il compito di Ryong Hae sarebbe quello di aiutare Kim Jong Un a ristabilire il controllo dei civili sul Partito e sulla nazione. Sotto la sua direzione sempre più reparti militari sono stati utilizzati nei lavori di costruzione di edifici e strutture civili sotto la sua supervisione. La sua lunga militanza nelle organizzazioni giovanili, inoltre, lo ha convinto sulla necessità di iniziare a sostituire la gerontocrazia politica e militare nordcoreana con nuove leve, più aperte ai cambiamenti e meno legate alle tradizioni del passato. La sua scalata al potere ebbe una battuta d'arresto nel 2013 quando, a seguito dell'arresto e l'esecuzione del suo mentore, Jang Song Taek, il suo ufficio all'interno del ministero delle Forze armate venne perquisito e lui stesso interrogato dal Ministero della Sicurezza dello Stato. Dato per spacciato, Choe Ryong Hae riapparve tre settimane dopo a fianco di Kim Jong Un mentre, insieme, ispezionavano una base aerea militare. Il 9 aprile 2014 venne eletto vicepresidente della Commissione Nazionale di Difesa e il successivo 26 aprile lasciò il posto di direttore del Dipartimento Politico del PLC. Cinque mesi dopo, nel settembre 2014, durante la sessione dell'Assemblea del Popolo venne rimosso dalla vicedirezione della Commissione Nazionale di Difesa per diventare presidente della Commissione della Cultura Fisica e dello Sport. Fu con questo titolo che guidò la delegazione nordcoreana ai 17 Giochi Asiatici a Incheon, in Sud Corea. Nel dicembre 2015 sembrava di nuovo che la stella di Ryong Hae stesse per offuscarsi dato che venne obbligato a partecipare a sessioni di rieducazione alla Scuola di Partito Kim Il Sung e, in seguito, a una cooperativa agricola. Nel maggio 2016, però, riapparve come vicepresidente del PLC e venne eletto nel Comitato Permanente del Politburo. Il 29 giugno 2016, dopo la soppressione della Commissione Nazionale di Difesa, Choe Ryong Hae venne eletto vicepresidente della Commissione degli Affari di Stato. Nell'ottobre 2017, dopo essere stato eletto membro della Commissione Militare Centrale, fu nominato direttore del Dipartimento di Organizzazione e Orientamento. Nel gennaio 2015 sembra che il secondo figlio di Choe Ryong Hae, Choe Song, abbia sposato Kim Yo Jong, sorella di Kim Jong Un. Dall'11 aprile 2019 è presidente del Presidium dell'Assemblea Suprema del Popolo occupando il posto che era di Kim Yong Nam.

Ri Yong Ho (10 luglio 1956)

Abile negoziatore, dal 2016 è stato nominato ministro degli Esteri nordcoreano. Per anni è stato il capo della delegazione nordcoreana ai Colloqui a Sei e conosce bene sia il mondo anglosassone, per essere stato ambasciatore a Londra tra il 2003 e il 2007, sia gli Stati Uniti. Suo padre, Ri Myong Je, era direttore della KCNA e quindi molto legato alla famiglia Kim. La sua carriera iniziò nel 1978 quando, dopo essersi laureato all'Università di Lingue Straniere di Pyongyang, entrò nel ministeroid egli Esteri coprendo il suolo di segretario all'ambasciata nordcoreana in Zimbabwe (1979-1983) e poi in Svezia. Tra il 1995 e il 2003 fece parte di diverse commissioni e delegazioni preposte al dialogo con gli Stati Uniti. Dopo l'esperienza di ambasciatore nel Regno Unito, venne nominato viceministro degli Esteri sotto la direzione di Ri Su Yong. Il 9 maggio 2016, dopo il VII Congresso del Partito dei Lavoratori, divenne ministro degli Esteri e membro del Comitato Centrale e nel settembre 2017, dopo il suo discorso all'Assemblea Generale delle Nazioni Unite in cui tacciò Trump di essere un «Presidente del male» e un «Re delle bugie», fu accolto nel Politburo come membro permanente.

Kim Yong Chol (1945 o 1946)

Kim Yong Chol, dopo essere stato direttore della principale agenzia di spionaggio nordcoreana tra il febbraio 2009 e il gennaio 2016, fu nominato vicepresidente del Comitato Centrale del Partito dei Lavoratori. La sua carriera militare è iniziata nel 1962, quando venne trasferito nella 15ª Divisione a guardia della Zona Demilitarizzata. Nel 1968 entrò a far parte dell'Ufficio nordcoreano del Comando delle Nazioni Unite e nel

1976 divenne comandante di divisione della Guardia Suprema, il reparto addetto alla sicurezza della famiglia Kim. Nel 1990 divenne vicedirettore del Ministero delle Forze armate per poi essere promosso a generale nel 2012. Nel maggio 2016 entrò a far parte del Politburo e della Commissione Militare Centrale. La sua presunta partecipazione nella decisione e nella direzione dell'attacco alla *Cheonan*, a cui seguì l'affondamento della nave e la morte di 46 marinai sudcoreani (2010) suscitò le proteste dell'opposizione politica della destra sudcoreana quando Kim Yong Chol giunse a Pyeongchang per guidare la delegazione nordcoreana alla chiusura dei giochi olimpici invernali, il 24 febbraio 2018. Il primo giugno 2018 ebbe un colloquio personale con Donald Trump e Mike Pompeo per i preparativi del summit di Singapore che si doveva tenere il 12 giugno. Durante il meeting, Kim Yong Chol consegnò al presidente statunitense una lettera di Kim Jong Un. Nel luglio 2018 incontrò Mike Pompeo a Pyongyang in un incontro che venne reputato essere stato freddo e ricco di tensioni. Nel successivo viaggio di Pompeo a Pyongyang, durante il quale incontrò personalmente Kim Jong Un, Kim Yong Chol fu sostituito da Kim Yo Jong, la sorella del Grande Leader che, tra l'altro, si scusò per non aver ricevuto il Segretario di Stato in luglio. Il 24 aprile 2019 Kim Yong Chol è stato sostituito nella guida del Dipartimento del Fronte Unito da Jang Kum Chol.

Ri Su Yong (15 giugno 1940)

Ministro degli Esteri tra l'aprile 2014 e il maggio 2016, dopo aver sostituito Pak Ui Chun alla guida del ministero, Ri Su Yong è stato ambasciatore in Svizzera negli anni Novanta, nel periodo in cui Kim Jong Un e Kim Yo Jong erano entrambi a Berna per studi. Era, quindi, Ri a prendersi cura della sicurezza e della salute dei due rampolli di Kim Jong Il, permettendogli di diventare una delle figure più importanti e di fiducia del nuovo leader. Nel 2002 divenne direttore del Dipartimento di Organizzazione e Orientamento. Durante il suo incarico come ministro degli Esteri, Ri partecipò all'Assemblea Generale delle Nazioni Unite nel momento in cui la Commissione d'Inchiesta sui Diritti Umani discuteva proprio delle violazioni in Corea del Nord. Dopo il VII Congresso del Partito dei Lavoratori, nel maggio 2016, Ri Su Yong venne sostituito da Ri Yong Ho alla guida del dicastero degli Esteri venendo in cambio eletto membro permanente del Politburo e direttore del Dipartimento di Relazioni Internazionali.

No Kwang Chol (1956)

Del generale No Kwang Chol si conosce ben poco. È stato presidente del Secondo Comitato Economico, responsabile per la produzione di armamenti per le Forze armate. Praticamente sconosciuto prima della successione di Kim Jong Un, No Kwang Chol è riuscito a fare carriera all'interno delle forze armate diventando prima vice Capo di Stato Maggiore e poi viceministro delle Forze armate. Il 4 giugno, una settimana prima del summit di Singapore, è stato promosso ministro delle Forze armate rimpiazzando Pak Yong Sik.

Choe Sun Hui (1964)

Choe Sun Hui, figlia adottiva dell'ex premier Choe Yong Nim, ha studiato in Cina, Malta e Austria. Poliglotta, è stata a lungo la traduttrice per le delegazioni nordcoreane che hanno partecipato ai Colloqui a Sei. Nell'agosto 2009 ha anche ricoperto lo stesso ruolo di traduttrice durante la visita dell'ex presidente Bill Clinton a Pyongyang, mentre nell'ottobre 2010 ha seguito Kim Jong Il nel suo viaggio a Pechino. Nel 2016 è stata nominata direttrice generale del Dipartimento per il Nord America del ministero degli Esteri sino a raggiungere la carica di viceministro nel febbraio 2018, pochi mesi prima di presenziare al meeting si Singapore. Il 24 maggio 2018 Choe Sun Hui è stata protagonista della gaffe che ha indotto il presidente statunitense Trump a inviare la lettera a Kim Jong Un in cui si annullava l'incontro di giugno a Singapore. Nonostante il *lapsus*, Kim Jong Un la volle ugualmente a Singapore e ad Hanoi. L'11 aprile 2019 è stata promossa a primo vice ministro degli Esteri e al tempo stesso è divenuta il più giovane membro della Commissione degli Affari di Stato e membro del Comitato Centrale del Partito dei Lavoratori.

Pak Yong Sik (1950)

Pak Yong Sik è stato ministro delle Forze armate dal 2015 al giugno 2018, quando fu sostituito da No Kwang Chol. Nel gennaio 2015 è stato nominato vicedirettore del Dipartimento Politico dell'Esercito Popolare di Corea e il successivo aprile venne nominato generale. L'11 luglio 2015, in occasione della visita di una delegazione militare laotiana, venne ufficialmente reso noto che Pak era stato nominato ministro delle Forze armate al posto di Hyon Yong Chol.

Hyon Yong Chol (11 gennaio 1949 – maggio 2015 ?)

La sorte di Hyon Yong Chol è ancora avvolta nel mistero; le fonti più vicine agli ambienti militari nordcoreani affermano che sia stato giustiziato per insubordinazione nel maggio 2015, ma nessuna conferma, sino a oggi, è giunta in forma ufficiale. I racconti più coloriti affermavano che l'esecuzione fu condotta con artiglieria antiaerea, mentre altri asserivano che la colpa di Hyon Yong Chol era di essersi addormentato durante un discorso di Kim Jong Un o, a seconda del giornale, in un meeting nazionale. Fatto sta che il generale nel 2015 venne sollevato dalla carica di ministro delle Forze armate, data a Pak Yong Sik. Dopo aver servito come capo dell'ufficio di informazione delle Forze armate, tra il 2006 e il 2010 Hyon Yong Chol comandò l'VIII Corpo d'Armata e, al tempo stesso, divenne vice Capo di Stato Maggiore. Il 28 settembre 2010 Kim Jong Il lo nominò generale a quattro stelle (*taejang*) assieme a Kim Jong Un, Kim Kyong Hui, Choe Ryong Hae e Ki Kyong Ok. Nel luglio 2012 fu promosso a Capo di Stato Maggiore dell'Esercito del Popolo, sostituendo Ri Yong Ho. La carica gli fu tolta il successivo maggio 2013 per diventare comandante del V Corpo d'Armata. Nel giugno 2014 raggiunse il gradino più alto della sua carriera con la nomina di ministro delle Forze armate. E membro della Commissione Nazionale di Difesa. Nel maggio 2015 fu destituito da tutte le sue cariche.

Hwang Pyong So (1949)

Hwang Pyong So è stato uno dei più influenti vicemarescialli (*chasu*) delle Forze armate. Si formò presso la Scuola Rivoluzionaria di Mangyondae e alla Kim Il Sung University, dove fu compagno di studi di Kim Hyong Hui. La sua carriera si sviluppò all'interno del Dipartimento di Organizzazione e Orientamento (DOO), di cui divenne vicedirettore nel 2005 quando iniziò ad accompagnare Kim Jong Il nelle sue ispezioni sul campo. Dal 2007 Hwang cominciò ad apparire sempre più spesso con Kim Jong Un cominciando ad essere considerato uno dei suoi principali tutori per la successione. Il 28 settembre 2010, quando Kim Jong Il presentò ufficialmente il proprio figlio come suo erede, Hwang Pyong So fu nominato membro temporaneo del Comitato Centrale. Dopo la morte di Kim Jong Il, Hwang cominciò ad essere sempre più presente accanto a Kim Jong Un. Dalla sua posizione all'interno del DOO Hwang Pyong So poteva sovrintendere ogni movimento, controllo, appuntamento, promozione, destituzione e persino gestire l'agenda del nuovo leader. Inoltre aveva in pugno la situazione del ministero delle Forze armate, delle Forze strategiche missilistiche, dei dipartimenti economici e industriali controllati dalle Forze armate. Il 9 marzo 2014 i media nordcoreani lo ritrassero ai seggi elettorali assieme a Kim Jong Un e a Kim Yo Jong e alla fine del mese fu promosso a generale a 4 stelle (*taejang*). Il successivo 24 aprile 2014 venne di nuovo promosso a vicemaresciallo e gli venne dato l'incarico di dirigere il Dipartimento Politico Generale dell'Esercito Popolare. Infine divenne prima membro, poi vicepresidente della Commissione di Difesa Nazionale, dove rimpiazzò Choe Ryong Hae il 25 settembre 2014. Nel 2016, quando la Commissione di Difesa Nazionale venne sciolta e al suo posto fu formata la Commissione per gli Affari di Stato, Hwang ne divenne vicepresidente e al tempo stesso fu nominato membro del Presidium Politico del Partito dei Lavoratori e della Commissione Militare Centrale. L'ultima apparizione pubblica di Hwang Pyong So risale al 12 ottobre 2017, quando fu mandato a una succursale della Scuola di Partito per Ufficiali Kim Il Sung per un periodo di studio e di rieducazione politica. Nel frattempo venne rimosso dalla direzione del Dipartimento Politico Generale dell'Esercito Popolare con l'accusa di corruzione, dove al suo posto fu messo Kim Jong Gak. La prolungata assenza alimentò le voci di una sua esecuzione. Il 15 febbraio 2018 Hwang riapparve in una cerimonia per commemorare l'anniversario della nascita di Kim Jong Il. Venne ripreso dalla televisione di Stato mentre, assieme a Kim Jong Un e ad altri ufficiali di alto rango del partito, visitava il palazzo di Kumsuman. Nel dicembre 2018 è stato promosso a Primo vicepresidente del Dipartimento Organizzazione e Orientamento.

Kim Jong Gak (30 luglio 1941)

Kim Jong Gak si laureò alla Kim Il Sung University e iniziò la sua carriera militare immediatamente dopo aver terminato gli studi. Nel dicembre 1991 fu nominato membro temporaneo del Comitato Centrale e nello stesso mese dell'anno seguente divenne ministro delle Forze armate. Negli anni seguenti il ruolo politico di Kim Jong Gak crebbe sempre più, tanto che nel 2007 divenne vicedirettore dell'Ufficio Politico Generale del Partito dei Lavoratori iniziando ad accompagnare Kim Jong Il nelle sue ispezioni per il Paese. Nel 2009 fu eletto membro della

Commissione di Difesa Nazionale, che andava sempre più assumendo un ruolo di rilievo nel panorama politico nordcoreano. La nomina di membro temporaneo al Politburo e membro fisso alla Commissione Militare Centrale identificarono Kim Jong Gak come uno dei militari più in vista del Paese. Il 10 aprile 2012, dopo il fallimento del lancio del satellite *Kwangmyongsong-3* fu nominato ministro delle Forze armate al posto di Kim Yong Chun. Il 29 novembre dello stesso anno fu a sua volta rimpiazzato da Kim Kyok Sik. La parabola discendente di Kim divenne più chiara il 31 marzo 2013, quando venne espulso dal Politburo e dalla Commissione di Difesa Nazionale finendo a insegnare alla Kim Il Sung University. Il 9 febbraio 2018 fu di nuovo richiamato a ricoprire incarichi di partito come direttore dell'Ufficio Politico Generale al posto di Hwang Pyong So, riottenendo il suo seggio al Politburo. La sua carriera, però, subì ancora un inaspettato colpo quando, nel maggio 2018, venne sostituito da Kim Su Gil nella carica di direttore dell'Ufficio Politico.

Ri Sol Ju (1985 o maggio 1989)

Il 9 luglio 2012 la KCNA rilasciò ai media internazionali una foto scattata a Pyongyang durante un concerto della Moran Band. Nell'immagine si vedeva Kim Jong Un seduto accanto a una donna, di cui allora nulla si sapeva. Il 25 luglio successivo la televisione di Stato riportò la visita del leader nordcoreano durante l'inaugurazione del Parco di Divertimenti del Popolo Rungna. Il commento che accompagnava la trasmissione a un certo punto identificò la misteriosa donna come «la compagna Ri Sol Ju, moglie di Kim Jong Un». Nata nel 1985 o nel maggio 1989, Ri divenne moglie di Kim nel 2009 probabilmente per volere di Kim Jong Il dopo che questi aveva avuto il suo primo attacco di cuore. Secondo alcuni analisti anche il suo nome, nella tradizione della parentela acquisita dalla famiglia Kim, sarebbe uno pseudonimo per celare origini poco rivoluzionarie o per velare un passato troppo "frivolo" (Ri sarebbe stata membro della squadra di cheerleader che nel 2005 visitarono la Corea del Sud durante i Campionati Asiatici di Atletica). A differenza da quanto succedeva per Kim Jong Il, che raramente si mostrava al pubblico con familiari al seguito, Ri Sol Ju si presentava accanto al marito in innumerevoli occasioni. Il suo abbigliamento era assai differente da quello usato in precedenza dalla famiglia Kim: abbandonata la casacca verde militare, Ri si vestiva sempre all'occidentale, in modo elegante, azzardando gonne sopra il ginocchio e vestiti con colori brillanti. Difficilmente la si è vista indossare l'*hanbok*, il tradizionale vestito coreano vistosamente colorato e dalla foggia ampia. Dopo il 2014 e per i successivi tre anni, le sue apparizioni pubbliche accanto al marito si diradarono, probabilmente a causa delle tre gravidanze (2010, 2013, 2017) e per la necessità di accudire la prole. Il 28 marzo 2018 Ri Sol Ju accompagnò il marito durante la visita ufficiale in Cina presenziando anche al banchetto con la moglie di Xi Jinping. Nell'aprile 2018, pochi giorni prima dell'incontro tra Kim Jong Un e Moon Jae-in, i media nordcoreani attribuirono a Ri Sol Ju il titolo di "rispettata First Lady", elevandola dal semplice titolo di "compagna" con cui era appellata in precedenza.

Kim Pyong Il (10 agosto 1954)

Figlio di Kim Il Sung e Kim Song Ae (quindi fratellastro di Kim Jong Il), Kim Pyong Il è stato per anni considerato l'erede naturale di Kim Il Sung, al quale assomigliava fisicamente molto più di Kim Jong Il. Diplomatosi alla scuola Namsan, la scuola superiore più prestigiosa del Paese, continuò gli studi alla Kim Il Sung University laureandosi in economia. Pyong Il era molto più mondano ed espansivo del fratellastro. Questo lo rese molto popolare tra gli ambienti altolocati di Pyongyang, tanto che negli anni Settanta era considerato come il successore di Kim Il Sung. Proprio per questa sua propensione alla bella vita perse i favori del padre, che alla fine gli preferì il più introverso e schivo Kim Jong Il, considerato più idoneo a ricoprire la carica di leader. Del resto lo stesso Kim Jong Il, dedicandosi alla carriera politica, riuscì ad acquisire sempre maggior spazio tra le organizzazioni di partito, sfruttando il potere accumulato per allontanare i potenziali rivali alla successione. La prima vittima fu Kim Jong Ju, fratello minore di Kim Il Sung. Cresciuto ideologicamente nell'Unione Sovietica, Kim Jong Ju era contrario al culto della personalità creato attorno alla figura del fratello maggiore, preferendo all'idea del *Juche* un marxismo più ortodosso. Questo scontro con Kim Il Sung gli fece perdere la fiducia del fratello e nel 1974 fu estromesso da ogni carica. Riapparirà solo nel 1993 quando Kim Il Sung lo sceglierà come vicepresidente della Corea del Nord. Kim Pyong Il, a differenza di Jong Ju, non aveva conosciuto il socialismo sovietico ed era rimasto legato ai principi dogmatici ideati dal Grande Leader. Inoltre dopo la laurea in economia, aveva seguito un corso di due anni all'Accademia Militare andando a ricoprire incarichi di comando presso le Forze armate nordcoreane. Questo metteva Kim Jong Il in allarme, poiché il fratellastro cominciava ad avere appoggi tra i generali, in particolare tra O Jin U e Kim Kwang Hyop. Inoltre Pyong Il godeva dell'importante appoggio della madre, Kim Song Ae, la quale era riuscita a instaurare una simpatia anche con l'altro fratello di Kim Il Sung, Kim Jong Ju. La situazione di Kim Jong Il alla fine degli anni Sessanta era, quindi, critica. A capovolgere il contesto politico in favore di Jong Il fu la sorella, Kim Kyung Hee; nel 1973 era lei la donna più influente presso la potente Associazione delle Donne Democratiche di Corea e sfruttando la sua posizione in concerto con il fratello, Kim Song Ae venne piano piano marginalizzata. Nel febbraio 1974 i giochi sembravano fatti: Kim Il Sung dichiarò ufficialmente Kim Jong Il suo successore. Dopo il 1976 Kim Pyong Il ricominciò a guadagnare terreno sul piano militare: venne promosso a colonnello e a diventare vicedirettore dell'Ufficio delle Guardie di Sicurezza. Riuscì, inoltre a tessere stretti rapporti con Kim Pyong Ha, direttore del Dipartimento della Sicurezza di Stato, la più potente organizzazione spionistica della nazione e con Chon Mun Sop, direttore dell'Ufficio delle Guardie di Sicurezza. Ma la posizione di rilievo assunta da Pyong Il fu anche la causa della sua rovina: accanto al suo lavoro il fratellastro di Jong Il amava divertirsi e, sicuro di essere protetto dai militari e dalla sua parentela con Kim Il Sung, cominciò a organizzare feste e incontri nelle varie dimore paterne senza che il Grande Leader ne fosse a conoscenza. Fu la fortuna di Kim Jong Il, che chiese a Chon Mun Sop di stilare un rapporto sulle attività del fratellastro, presentandolo poi a Kim Il Sung. Immediatamente Kim Pyong Il cadde in disgrazia assieme ai suoi protettori. Nel 1979, per evitare lotte intestine all'interno della famiglia, Kim Pyong Il fu inviato come ambasciatore in Jugoslavia. Nel 1982 si sposò con Kim Sum Gum, un matrimonio approvato dallo stesso Kim Il Sung, visto che la famiglia della nuora aveva un pedigree rivoluzionario immacolato. Tra il 1985 e il 1988 Pyong Il tornò a Pyongyang, dove divenne vicedirettore dell'Ufficio Operativo del ministero delle Forze armate. Ma Kim Jong Il aveva ormai fatto piazza pulita dei vecchi legami di Kim Pyong Il, il quale si ritrovò completamente isolato e senza alcun potere effettivo. Il 14 agosto 1988 venne trasferito in Ungheria come ambasciatore, ma già il 5 novembre 1989, dopo che Budapest allacciò relazioni diplomatiche con la Corea del Sud, venne richiamato in patria. Vi rimase poco più di un mese perché il 12 dicembre 1989 fu nominato ambasciatore in Bulgaria nel 1989. A dicembre del 1993 il ritorno in Corea del Nord di Kim Pyong Il fu seguito con attenzione dagli analisti perché coincise con la nomina di Kim Song Ae a presidente dell'Associazione delle Donne Democratiche di Corea e all'ammissione di Kim Jong Ju al Politburo. La presenza di Kim Pyong Il a Pyongyang non faceva piacere a Kim Jong Il, il quale si sentiva messo sotto osservazione e sotto inchiesta per le critiche condizioni economiche in cui versava il Paese. Nel marzo 1994 Kim Jong Il riuscì a convincere il padre ad assegnare il posto di ambasciatore in Finlandia al fratellastro. Il 22 aprile, però, Kim Pyong Il rientrò improvvisamente in Corea del Nord, che nel frattempo stava versando in una situazione sempre più drammatica. Si speculò sul fatto che il richiamo in patria di Pyong Il fosse voluto da Kim Il Sung, sempre meno fiducioso che l'erede designato fosse in grado di risolvere la difficile condizione sociale ed economica del Paese. L'assenza di Kim Jong Il durante la visita dell'ex Presidente Usa Jimmy Carter bilanciata dalla presenza di Kim Song Ae accanto al consorte durante la crociera sul fiume Taedong, riaprì le domande sulla successione del Paese. Tutto questa incertezza terminò bruscamente il 9 luglio 1994 quando Kim Il Sung morì improvvisamente. I funerali furono la prova evidente che Kim Jong Il aveva in mano le redini del potere: pur presenziando alle esequie, tutte le immagini, sia fotografiche che video, che ritraevano Kim Pyong Il e Kim Song Ae furono cancellate. Immediatamente dopo i funerali, Kim Pyong Il tornò a occupare la sua posizione di ambasciatore in Finlandia rilasciando, il 2 settembre 1994 una delle rarissime interviste in cui affermava che la successione di Kim Jong Il era già stata decisa sin dal 1974. Tre mesi dopo, però, ci fu un tentativo di colpo di stato da parte di reparti militari fedeli a Kim Pyong Il che venne represso nel sangue causando anche un giro di vite all'interno dei reparti delle Forze armate nordcoreane. Pyong Il rimase comunque al suo posto fino ad Helsinki fino al gennaio 1998, quando la sede diplomatica in Finlandia venne chiusa a causa della forte crisi finanziaria che sconvolgeva la Corea del Nord. Kim Pyong Il venne quindi inviato in Polonia dove, però, visse in una sorta di reclusione con pochi contatti esterni se non partecipando a qualche evento organizzato dalle ambasciate di Siria, Russia e Algeria. Nel 2015 venne trasferito nell'ambasciata nordcoreana di Praga, in Repubblica Ceca.

Kim Kyok Sik (5 ottobre 1938 – 10 maggio 2015)

Dopo aver studiato all'Accademia Militare Kim Il Sung, Kim Kyong Sik venne inviato negli anni Settanta come attaché militare in Siria per addestrare membri del Fronte di Liberazione Eritreo e del Partito dei Lavoratori Turco. Negli anni Ottanta venne richiamato in patria dove gli venne assegnato il comando di reparti dell'Esercito del Popolo. Dopo essere stato eletto deputato nell'Assemblea Suprema del Popolo, nel maggio 1990 fu eletto membro temporaneo del Comitato Centrale, temporaneità che si trasformò in permanente nel dicembre 1991. Nell'ottobre 1994 al 2007 fu a capo del II Corpo d'Armata. Nell'aprile 2007 fu nominato Capo di Stato Maggiore al posto di Kim Yong Chum. Mantenne il posto sino al febbraio 2009, quando fu sostituito da Ri Yong Ho, mentre Kim Kyok So passò a comandare il IV Corpo d'Armata. Nel novembre 2009 guidò l'attacco di artiglieria contro postazioni sudcoreane e, ancora, contro l'isola di Yeonpyeong il 23 novembre 2010. Tra il novembre 2012 e il 22 maggio 2013 occupò il posto di ministro delle Forze armate per poi diventare Capo di Stato Maggiore. Si ritirò nell'agosto 2013.

Pak Pong Ju (10 aprile 1939)

Pak Pong Ju è stato, dall'aprile 2013 all'11 aprile 2019, premier del governo nordcoreano sostituito da Kim Jae Ryong. La sua carriera si è sviluppata all'interno dell'industria nordcoreana e questo lo ha trasformato in uno dei principali fautori delle riforme economiche avviate da Kim Jong Un. Dal 1962 agli anni Ottanta fu direttore della fabbrica alimentare Ryongchon, nella provincia di Nord Pyongan. Nell'ottobre 1980 fu eletto come membro temporaneo nel Comitato Centrale del Partito dei Lavoratori e nel luglio 1983 divenne segretario del partito all'interno del Comitato di fabbrica del Complesso chimico di Namhung. Nel maggio 1993 fu eletto vicedirettore del Dipartimento dell'Industria Leggera del PLC e dal marzo 1994 vicedirettore del Dipartimento di Supervisione della Politica Economica. Nel 1998 fu eletto per la prima volta all'Assemblea Suprema del Popolo e cinque anni dopo, nel settembre 2003, divenne premier per la prima volta. Fu in questa veste di capo del governo che nell'aprile 2004 seguì Kim Jong Il durante il suo viaggio in Cina. In seguito Pak Pong Ju cominciò a pronunciarsi da una parte a favore della reintroduzione del sistema di distribuzione statale, dall'altra a vedere di buon occhio lo sviluppo economico cinese del dopo-Mao. Sembra sia stata proprio questa ultima simpatia, assieme all'appoggio dato alle disastrose riforme economiche varate il 2 luglio 2002, a indurre l'Assemblea del Popolo a sollevare, l'11 aprile 2007, Pak dal suo posto di premier, preferendo a lui Kim Yong Il. La sua amicizia e la contiguità di vedute condivise con Jang Song Taek, fece riapparire Pak nel panorama politico nordcoreano nell'agosto 2010, nominato primo vicedirettore del Comitato Centrale del PLC. Nel 2012 salì ancora il vertice di potere rimpiazzando Kim Kyong Hui, zia di Kim Jong Un e moglie di Jang Song Taek, come direttore del Dipartimento di Industria leggera del PLC, ruolo già ricoperto nel passato. La purga di Jang Song Taek non fermò la sua nuova ascesa: il 31 marzo 2013 venne nominato nel Comitato Permanente del Politburo e il primo aprile ricoprì per la seconda volta la carica di premier. Pak è considerato uno dei principali sostenitori della linea del *byungjin* e, quindi, uno degli uomini più fedeli a Kim Jong Un.

I gradi militari in Corea del Nord

Taewonsu – Grande maresciallo o generalissimo

È il grado militare più elevato nei ranghi militari della Corea del Nord, ufficialmente detenuto solo da Kim Il Sung e Kim Jong Il. Creato nell'aprile 1992 dal Comitato Centrale del Partito del Lavoro, dalla Commissione di Difesa Nazionale, dal governo e dalla Commissione Militare Centrale, il grado di *Taewonsu* fu dato a Kim Il Sung in occasione del suo ottantesimo compleanno e mantenuto dopo la sua morte. Allo stesso modo, nel febbraio 2012, Kim Jong Il fu insignito del grado *post-mortem* in occasione del suo settantesimo compleanno.

Wonsu – Maresciallo

È il grado militare assegnato al Comandante supremo delle Forze armate della Corea del Nord, attualmente Kim Jong Un. Venne creato per volere dell'Assemblea Suprema del Popolo il 4 febbraio 1953 assegnandolo a Kim Il Sung. Nel 1992 il grado venne suddiviso in due, di uguale importanza: *konghwaguk wonsu*, maresciallo della Repubblica Democratica Popolare di Corea, e *inmingun wonsu,* maresciallo dell'Esercito Popolare di Corea. Kim Jong Un attualmente ricopre il grado di *konghwaguk wonsu*.

Chasu – Vicemaresciallo

È il terzo grado militare per importanza in Corea del Nord, assegnato di solito a militari che occupano posizioni politiche.

Taejang – Generale a quattro stelle
È il grado assegnato a Kim Jong Un il 28 settembre 2010 quando fu presentato da Kim Jong Il come erede designato. Inferiore ai gradi di maresciallo.

Sangiang – Generale-colonnello o generale a tre stelle
È il grado assegnato generalmente agli ufficiali di comando nella Zona Demilitarizzata a Panmunjom e dal comandante del Comando di Difesa di Pyongyang.

Jungjiang – Generale di brigata o generale a due stelle
È il grado che può essere equivalente a generale di brigata.

Sojang – Generale di divisione o generale a una stella
È il grado che può essere equivalente a generale di divisione ed è il grado più basso di un ufficiale di alto rango.

Taejwa – Generale-Colonnello o brigadiere
È il grado che può essere equivalente a generale di divisione ed è il grado più basso di un ufficiale di alto rango.

Sangjwa – Colonnello

Chungjwa – Tenente colonnello

Sojwa – Maggiore

Gli organi decisionali della Corea del Nord

1. *Il Comitato Permanente del Politburo del Partito dei Lavoratori di Corea*

Il Comitato Permanente del Politburo del PLC è *de facto* l'organo più importante della Corea del Nord. Formato da cinque-sette membri, ha il compito di discutere e proporre le decisioni del Partito e riportarle al Politburo il quale, a sua volta, riporta al Comitato Centrale che, in teoria, dovrebbe approvare o bocciare le proposte. In realtà ciò che viene deciso dal Comitato Permanente viene sempre approvato.

A capo dell'organo vi è il leader della Corea del Nord: lo sono stati Kim Il Sung e Kim Jong Il fino alla loro morte, e oggi il vertice è occupato da Kim Jong Un, che è stato eletto nell'aprile 2012 e riconfermato nel maggio 2016.

Nell'aprile 2012 il Comitato Permanente del Politburo era formato come riportato nella Tabella 10. Nel giugno 2018 il Settimo Comitato Permanente del Politburo venne rivisto come descritto nella Tabella 11.

2. *Il Politburo del Partito dei Lavoratori di Corea*

Ufficialmente il Politburo è l'organo più importante del Partito dei Lavoratori di Corea. Assieme al Comitato Permanente organizza il lavoro per conto del Comitato Centrale quando questo non è riunito e i suoi membri sono eletti dal Comitato Centrale del partito.

La composizione del Politburo (aggiornata al maggio 2019) è riproposta nella Tabella 12.

Nome	In carica da (fino a)	Ruoli
Kim Jong Un	Aprile 2012	Primo segretario del Partito dei Lavoratori di Corea
		Presidente della Commissione Centrale Militare
		Presidente della Commissione Nazionale di Difesa
Kim Yong Nam	Settembre 2010	Presidente del Presidium della Suprema Assemblea del Popolo
Choe Yong Rim	Settembre 2010 (aprile 2013)	Primo ministro
Jo Myong Rok	Settembre 2010 (novembre 2010)	Vicepresidente della Commissione Nazionale di Difesa
		Direttore dell'Ufficio Politico dell'Esercito Popolare Coreano
Ri Yong Ho	Settembre 2010 (luglio 2012)	Vicepresidente della Commissione Centrale Militare
		Comandante dell'Esercito Popolare Coreano
Choe Ryong Hae	Aprile 2012 (febbraio 2015)	Vicepresidente della Commissione Centrale Militare
		Direttore dell'Ufficio Politico dell'Esercito Popolare Coreano
Hwang Pyong So	Aprile 2015	Vicepresidente della Commissione Centrale Militare
		Direttore dell'Ufficio Politico dell'Esercito Popolare Coreano

Tabella 10. Comitato Permanente del Politburo all'aprile 2012.

a. Il Comitato Centrale del Partito dei Lavoratori di Corea. Il Comitato Centrale è il supremo organo decisionale del Partito dei Lavoratori Coreano e si occupa che la linea politica presa dai congressi di partito venga perseguita. Dopo il Settimo Congresso del PLC, tenuto tra il 6 e il 9 maggio 2016, il Comitato Centrale è composto da 129 membri a cui si aggiungono 106 membri che vengono alternati periodicamente.

Nome	In carica da (fino a)	Ruoli
Kim Jong Un	Maggio 2016	Presidente del Partito dei Lavoratori di Corea
		Presidente della Commissione Centrale Militare
		Presidente della Commissione degli Affari di Stato
		Comandante Supremo delle Forze armate Coreane
		Membro del Comitato Permanente del Politburo
Kim Yong Nam	Maggio 2016	Presidente del Presidium della Suprema Assemblea del Popolo
		Membro del Comitato Permanente del Politburo
Hwang Pyong So	Maggio 2016	
Choe Ryong Hae	Maggio 2016	Membro del Comitato Permanente del Politburo
		Direttore del Dipartimento Centrale Organizzativo e di Orientamento
Pak Pyong Ju	Maggio 2016	Primo ministro
		Vicepresidente della Commissione degli Affari di Stato
		Membro del Comitato Permanente del Politburo
		Membro della Commissione Militare Centrale

Tabella 11. Settimo Comitato Permanente del Politburo al giugno 2018.

Nome	In carica da (fino a)	Ruoli
Kim Jong Un	11-apr-12	Presidente del Partito dei Lavoratori di Corea
		Presidente della Commissione Centrale Militare
		Presidente della Commissione degli Affari di Stato
		Comandante Supremo delle Forze Armate Coreane
		Membro del Comitato Permanente del Politburo
Kim Yong Nam	ago-78	Presidente del Presidium della Suprema Assemblea del Popolo
		Membro del Comitato Permanente del Politburo
Choe Ryong Hae	28-set-10	Membro del Comitato Permanente del Politburo
		Direttore del Dipartimento Centrale Organizzativo e di Orientamento
		Vicepresidente della Commissione Affari di Stato
Pak Pong Ju	31-mar-13	Membro del Comitato Permanente del Politburo
		Membro della Commissione Militare Centrale
Kim Jong Gak	20-apr-18	Direttore dell'Ufficio Politico Generale del Partito dei Lavoratori
		Membro della Commissione degli Affari di Stato
Kim Jae Ryong	11-apr-19	Primo ministro
Pak Kwang Ho	07-ott-17	Vicepresidente della Propaganda
		Direttore del Dipartimento Centrale di Propaganda e Mobilitazione
Kim Phyong Hae	28-set-10	Direttore del Dipartimento Centrale dei Quadri di Partito
		Vicepresidente del Quadri di Partito
		Pres. del Comitato di Controllo delle Credenziali dei dep. dell'Assemblea Suprema del Popolo
Choe Pu Il	31-mar-13	Membro della Commissione Centrale Militare
		Membro della Commissione degli Affari di Stato
		Membro del Comitato Legislativo dell'Assemblea Suprema del Popolo
		Ministro della Sicurezza Popolare
Thae Jong Su	07-ott-17	Vicepresidente dell'Industria Meccanica
		Direttore del Dipartimento Centrale dell'Industria Meccanica

Tabella 12.1. La composizione del Politburo (aggiornata al maggio 2019).

Nome	In carica da (fino a)	Ruoli
O Su Yong	18-feb-15	Vicepresidente dell'Economia del Partito dei Lavoratori di Corea
		Direttore del Dipartimento Centrale per l'Economia del Partito dei Lavoratori di Corea
Ri Su Yong	09-mag-16	Vicepresidente delle Relazioni Internazionali
		Direttore del Dipartimento delle Relazioni Internazionali del PLC
		Membro della Commissione degli Affari di Stato
		Presidente del Comitato per l'Estero dell'Assemblea Suprema del Popolo
An Jong Su	07-ott-17	Vicepresidente dell'Industria leggera
		Direttore del Dipartimento Centrale dell'Industria leggera
Pak Thae Song	09-mag-16	Vicepresidente della Pianificazione
		Direttore del Dipartimento Centrale di Finanza e Pianificazione
Ro Tu Chol	11-apr-12	Vice primo ministro
		Presidente della Commissione di Pianificazione Statale
Kim Yong Chol	09-mag-16	Membro della Commissione degli Affari di Stato
		Direttore del Dipartimento dell'Unità Centrale del Partito dei Lavoratori di Corea
		Membro della Commissione Centrale Militare
Yang Hyong Sop	08-dic-93	Vicepresidente del Presidium dell'Assemblea del Popolo
Pak Yong Sik	09-mag-16	Membro della Commissione Centrale Militare
		Ministro delle Forze Armate di Corea
		Membro della Commissione degli Affari di Stato
Ri Myong Su	09-mag-16	Membro della Commissione Centrale Militare
		Capo di Stato Maggiore dell'Esercito Popolare di Corea
Ri Yong Ho	09-mag-16	Ministro degli Esteri
		Membro della Commissione degli Affari di Stato

Tabella 12.2. La composizione del Politburo (aggiornata al maggio 2019).

Il Comitato Centrale si deve riunire una volta all'anno. È il CC che elegge il Politburo, il Presidium o Comitato Permanente, nonché la Commissione Centrale Militare del PLC. Formalmente, quindi, il Comitato Centrale è l'organo supremo del partito, anche se, in realtà, le commissioni da questo elette sono gli effettivi organi decisionali.

b. La Commissione Centrale Militare del Partito dei Lavoratori di Corea. La Commissione Centrale Militare si occupa di mediare tra il Partito dei Lavoratori di Corea e le Forze armate del Paese. È questo organismo che approva le spese militari e che decide come utilizzare e dividere i proventi delle compagnie nordcoreane gestite dai militari. Durante il periodo di governo di Kim Il Sung e di Kim Jong Il la Commissione Centrale Militare aveva potere decisionale superiore alla Commissione di Difesa Nazionale, ma dopo le riforme di Kim Jong Un, questa, oggi ridenominata Commissione degli Affari di Stato, è stata posta al vertice del potere della Corea del Nord. Non è chiaro quanti e quali siano i suoi membri effettivi. La sua composizione, a maggio 2019, è indicata nella Tabella 13.

c. Il Dipartimento Organizzativo e Orientamento del Partito dei Lavoratori di Corea. Il Dipartimento Organizzativo e Orientamento (DOO) ha il compito di assicurarsi che le direttive del Grande Leader vengano eseguite. È quindi in assoluto l'organismo più importante del Paese; ne è non solo il cuore pulsante, ma anche i polmoni, gli arti, il cervello, tanto che si può essenzialmente affermare che per sapere quale sia l'effettivo grado di potere in Corea del Nord, occorre conoscere l'organigramma del DOO, un organo di controllo e sorveglianza della politica nordcoreana che monitora e disciplina tutte le attività vitali: dal business al commercio estero, dai rapporti interni a quelli internazionali. Risulta, quindi chiaro che chi gestisce il Dipartimento ha accesso a tutte le agenzie dirigenziali del Paese e alle loro funzioni esecutive non solo politiche, ma anche militari.

Il Dipartimento Organizzativo e Orientamento decide e nomina tutti i posti direttivi e manageriali sia dei quadri che dei dirigenti, così come di tutti i generali e degli ufficiali comandanti dei reggimenti nazionali. Gli uffici preposti a queste nomine sono undici, ognuno dei quali si occupa di specifici settori: le Sezioni 1 e 2 designano i quadri centrali, la

Nome	Carica	Ruoli
Kim Jong Un	Presidente	Presidente del Partito dei Lavoratori di Corea Presidente della Commissione Centrale Militare Presidente della Commissione degli Affari di Stato Comandante Supremo delle Forze armate Coreane Membro del Comitato Permanente del Politburo
Kim Jae Ryong	Membro	Primo ministro
Pak Pong Ju	Membro	
Hwang Pyong So	Membro	Membro del Comitato Permanente del Politburo Direttore del Dipartimento Centrale Organizzativo e di Orientamento
Pak Yong Sik	Membro	Ministro delle Forze armate
Kim Yong Chol	Membro	Direttore dell'Ufficio Generale di Ricognizione (Servizi Segreti)
Ri Myong Su	Membro	
So Hong Chang	Membro	Viceministro delle Forze armate
Ri Man Gon	Membro	Direttore del Dipartimento Industria Meccanica
Ri Yong Gil	Membro	Capo di Stato Maggiore
Choe Pu Il	Membro	Ministro della Pubblica Sicurezza
Kim Kyong Ok	Membro	Primo vicesegretario del Dipartimento Organizzativo e di Orientamento
Kim Won Hong	Membro	Ministro della Sicurezza di Stato

Tabella 13. La Commissione Centrale Militare del PLC aggiornata a maggio 2019.

Sezione 3 i quadri provinciali, la Sezione 4 i quadri militari, la Sezione 5 si occupa di scegliere e nominare le guardie a protezione della famiglia Kim, la Sezione 6 investe i dirigenti che andranno a operare nel Ministero della Sicurezza di Stato, mentre chi lavorerà nel Ministero della Sicurezza del Popolo viene scelto dalla Sezione 7. I giudici, gli avvocati, i pubblici ministeri e i dirigenti del sistema giudiziario sono assegnati dalla Sezione 8, la Sezione 9 si occupa dei posti dirigenziali all'interno degli uffici del governo, la Sezione 10 e 11 di tutto il personale che andrà a lavorare nelle sedi diplomatiche all'estero o di coloro che avranno a che fare con enti, organizzazioni o singole persone straniere.

Le singole sezioni si occupano anche delle rispettive azioni amministrative, politiche e ideologiche. Le scuole di partito, di propaganda, di ideologia che vengono tenute periodicamente nei singoli centri di attività della Corea del Nord basano le loro sedute sulle direttive che provengono dal Dipartimento Organizzativo e Orientamento. La sezione di orientamento ideologico centrale si premura di assicurare che le linee direttive vengano eseguite in tutte le strutture di Pyongyang, mentre la sezione di orientamento ideologico provinciale garantisce la retta implementazione delle istruzioni dettate dal partito nelle sue sedi locali.

Il DOO ha anche il potere di controllare, seguire, monitorare, filmare, registrare segretamente ogni quadro del Paese e, se necessario, espellerlo dal Partito o epurarlo.

La sua rilevanza è cresciuta in modo esponenziale, specialmente sotto la direzione di Kim Jong Il il quale ha sempre dato grande rilievo all'organizzazione scalando le cariche di potere: da supervisore a direttore fino a diventarne segretario, il titolo più alto. In quanto massimo dirigente del DOO era a lui che dovevano fare riferimento tutte le agenzie militari, economiche e di spionaggio.

Il trasferimento di poteri è controllato e diretto dal DOO e, cosa importante in una nazione come la Corea del Nord dove la propaganda fa parte integrante con il sistema, i membri controllano, approvano e censurano tutti i poster di propaganda affissi nel Paese. Kim Jong Il ha sfruttato appieno queste prerogative per dirigere la sua transizione da Kim Il Sung e, in seguito, per preparare la consegna del Paese al figlio Kim Jong Un.

A tutt'oggi non è chiaro chi coordini il Dipartimento Organizzativo e Orientamento, ma di esso fanno parte alcuni dei membri più importanti della Corea del Nord come Kim Kyong Ok, membro della Commissione Generale Militare e Hwang Pyong So, vera eminenza grigia della nazione, anche lui membro della Commissione Generale Militare, ma anche della Commissione degli Affari di Stato, del Comitato Permanente del Politburo e dello stesso Politburo.

Kim Jong Un avrà bisogno di tempo per accentrare su di sé tutti gli stessi poteri accumulati da Kim Jong Il dal 1974, quando entrò a far parte dell'ufficio, fino al 2011.

Il problema sorto con l'accentramento di autorità nelle mani di Jang Song Taek nel 2007, quando Kim Jong Il permise al cognato di trasferire sotto il suo controllo il Dipartimento Amministrativo del DOO, non è stato ancora risolto. La drammatica uscita di scena di Jang nel 2013 e seguita da altre purghe, aveva come fine ultimo di equilibrare lo sbilanciamento di poteri seguiti alla mossa del padre. Non è ancora chiara la proporzione di responsabilità nell'esecuzione di Jang Song Taek avuta da Kim Jong Un e dal Dipartimento Organizzativo e Orientamento, ma appare palese che la morte dello zio dell'attuale leader avesse più a vedere con un regolamento di conti tra Jang e la direzione del DOO piuttosto che a una vendetta privata all'interno della famiglia Kim.

Troppi, infatti, gli incidenti, i suicidi, le purghe all'interno del DOO o nelle agenzie ad esso collegate che hanno favorito (magari in modo anche fortuito) la carriera del cognato di Kim Jong Il. Moon Sung Sul, segretario generale del quartier generale del PLC purgato nel 1997, il suicidio di Kim Yong Ryong, vicedirettore del Ministero della Sicurezza di Stato del 1998, l'incidente d'auto di cui fu vittima il vicedirettore del DOO Ri Je Kang nel 2010, l'esecuzione avvenuta nel 2011 con l'accusa di spionaggio di Ryu Kyong, vicedirettore del Ministero della Sicurezza di Stato; queste furono tutte vittime che contribuirono a spazzare il campo da elementi potenzialmente ostili a Jang Song Taek, che, grazie al ritorno dei favori di Kim Jong Il, aveva riacquistato pericolosa influenza controllando, oltre al Dipartimento Amministrativo del DOO, anche il Ministero della Sicurezza di Stato.

3. La Commissione degli Affari di Stato

Con la variazione della costituzione della Repubblica Democratica Popolare di Corea avvenuto nel giugno 2016, la Commissione Nazionale di Difesa (CND) cessava di esistere e al suo posto nasceva la Commissione degli Affari di Stato. L'articolo 109 definisce che il nuovo organismo ha il potere di "deliberare e decidere il lavoro che erige la difesa dello Stato, incluse le principali linee politiche dello Stato; esercita la supervisione degli adempimenti degli ordini del presidente della Commissione degli Affari di Stato della Repubblica Democratica Popolare di Corea, la decisione dei direttivi delle commissioni prendendo le misure affinché queste decisioni vengano rispettate; abroga le decisioni e le direttive degli organi dello Stato che sono contrari agli ordini del presidente della Commissione degli Affari di Stato della Repubblica Democratica Popolare di Corea e delle decisioni e delle direttive delle commissioni".

La precedente Commissione Nazionale di Difesa, sulle cui ceneri è rinata la Commissione degli Affari di Stato, era stata creata nel 1972 con quattro membri: Kim Il Sung, Choe Hyon, O Jin U e O Paek Ryong e i suoi compiti erano stabiliti dall'articolo 109 della costituzione del 1972. La differenza principale e sostanziale tra i medesimi articoli delle due costituzioni (1972 e 2016) è l'eliminazione dei riferimenti alla linea rivoluzionaria del *songun*, 'prima i militari', la politica inaugurata il 25 agosto 1960 da Kim Il Sung quando, assieme a un Kim Jong Il diciottenne, visitò il quartier generale della 105ª Divisione delle Guardie Corazzate Seoul a Pyongyang (secondo l'agiografia nordcoreana anche Kim Il Sung aveva 18 anni quando fondò il Fronte Unito Nazionale Antigiapponese, da cui germinò l'Esercito Popolare Coreano). Fu la prima visita di Kim Jong Il a un reparto militare. La politica *songun* venne ripresa da Kim Jong Il all'inizio del suo governo (1995) per «enfatizzare la perfetta unità e la devozione tra esercito, partito e popolo e il ruolo dell'esercito come avanguardia» e dettò la linea del Grande Leader fino al 2013 quando Kim Jong Un sostituì ad essa la linea *byungjin*, lo 'sviluppo parallelo' sottintendendo l'avanzamento del programma nucleare come sostegno per lo sviluppo economico.

La Commissione Nazionale di Difesa aveva la possibilità di «instituire ranghi militari, promuovere ufficiali militari al di sopra degli ufficiali di grado di generale o ammiraglio», «stabilire o abolire organi centrali del settore nazionale di difesa», «guidare le intere Forze armate e i lavori per la difesa dello Stato». «Stabiliva», infine, «le politiche importanti dello Stato per portare avanti la linea rivoluzionaria 'prima i militari'». Quindi le Forze armate, il Dipartimento di Sicurezza dello Stato, il Ministero della Sicurezza del Popolo e il Ministero delle Forze Armate Popolari erano tutti subordinati alla Commissione Nazionale di Difesa.

Nome	Carica	Ruoli
Kim Jong Un	Presidente	
Hwang Pyong So	Vicepres.	
Ri Yong Mu	Vicepres	
O Kuk Ryol	Vicepres	
Pak Yong Sik	Membro	Ministro delle Forze Armate
Pak To Chun	Membro	Segretario del Dipartimento dell'Industria Militare del PLC
Kim Won Hong	Membro	Ministro della Sicurezza dello Stato
Choe Pu Il	Membro	Ministro della Sicurezza del Popolo
Ri Pyong Chol	Membro	Vicecomandante delle Forze Armate
Jo Chun Ryong	Membro	Direttore del Dipartimento dell'Industria Meccanica del PLC

Tabella 14. La Commissione Nazionale di Difesa all'atto dell scioglimento.

Il cambio costituzionale non è stato solo un passo formale, ma ha determinato una variazione di tendenza politica verso un centro di potere in cui i militari non sono più predominanti. Su tredici membri della Commissione degli Affari di Stato, infatti, solo quattro sono militari (Hwang Pyong So, Ri Yong Gil, Kim Won Hong, Choe Pu Il) quando nella Commissione Nazionale di Difesa, su dieci membri, i militari erano ben sette (Hwang Pyong So, Ri Yong Mu, O Kuk Ryol, Pak Yong Sik, Kim Won Hong, Choe Pu Il, Ri Pyong Chol).

Al maggio 2019 la Commissione degli Affari di Stato era invece composta come indicato nella Tabella 16.

Nome	Carica	Ruoli
Kim Jong Un	Presidente	
Hwang Pyong So	Vicepres.	Direttore dell'Ufficio Politico del PLC
Pak Pong Ju	Vicepres	Primo ministro
Choe Ryong Hae	Vicepres	Vicepresidente delle Organizzazioni Sociali del PLC
Kim Ki Nam	Membro	Vicepresidente dell'Ufficio Propaganda del PLC
Ri Yong Gil	Membro	Ministro delle Forze Armate Popolari
Ri Su Yong	Membro	Vicepresidente per le Relazioni Internazionali del PLC
Ri Man Gon	Membro	Vicepresidente per la Costruzione Meccanica del PLC
Ki Yong Chol	Membro	Vicecomandante del Fronte Unito del Lavoro del PLC
Kim Won Hong	Membro	Ministro della Sicurezza dello Stato
Choe Pu Il	Membro	Ministro della Sicurezza del Popolo
Ri Yong Ho	Membro	Ministro degli Esteri
Ri Ryong Nam	Membro	Ministro del Commercio Estero

Tabella 15. La nuova Commissione degli Affari di Stato.

Nome	Carica
Kim Jong Un	Presidente
Choe Ryong Hae	Primo vicepresidente
Pak Pong Ju	Vicepresidente
Ri Yong Ho	Membro
Kim Jae Ryong	Membro
Ri Su Yong	Membro
Choe Son Hui	Membro
Kim Yong Chol	Membro
Thae Jong Su	Membro
Ri Man Gon	Membro
Jong Kyong Thaek (militare)	Membro
Choe Pu Il (militare)	Membro
Kim Su Gil (militare)	Membro
No Kwang Chol (militare)	Membro

Tabella 16. La Commissione degli Affari di Stato aggiornata al maggio 2019.

Corea del Nord vs Corea del Sud

	Corea del Nord	Corea del Sud
Superficie	120.538 km²	99.720 km²
	Agricoltura: 21,8%	Agricoltura: 18,1%
	Foreste: 46%	Foreste: 63,9%
	Altri: 32,2%	Altri: 18%
Popolazione	25.400.000	51.500.000
	0-14 anni: 20,65%	0-14 anni: 13,03%
	15-24 anni: 15,35%	15-24 anni: 12,19%
	25-54 anni: 44,17%	25-54 anni: 45,13%
	55-64 anni: 10,34%	55-64 anni: 15,09%
	>65 anni: 9,5%	>65 anni: 14,55%
Capitale	Pyongyang (3.040.000 ab.)	Seoul (9.960.000 ab.)
Mortalità infantile	21,4‰	3‰
Aspettativa di vita	71 anni	82,5 anni
Budget per istruzione		5,1% del PIL
Budget per sanità		7,4% del PIL
Debito pubblico		43,3% del PIL
Medici	3,51‰	2,33‰
Bambini fino ai 5 anni sottopeso	15,20%	0,70%
Letti ospedalieri	13,2 ‰	11,5‰
Produzione elettrica	16,57 mld KWh	526 mld KWh
	Da fossili: 45%	Da fossili: 67,1%
	Da idroelettrica: 55%	Da idroelettrica: 1,7%
		Da nucleare: 21,1%
		Da fonti rinnovabili: 7,2%

Tabella 17.1. Dati economici.

	Corea del Nord	Corea del Sud
Import petrolio grezzo	10.640 barili/giorno	3,057 milioni barili/giorno
Popolazione con elettricità	30%	100%
	Aree urbane: 41%	
	Aree rurali: 13%	
Forza lavoro	14.000.000	27.750.000
	Agricoltura: 37%	Agricoltura: 4,8%
	Industria e servizi: 63%	Industria: 24,6%
		Servizi: 70,6%
Disoccupazione	25,6% (stima)	3,70%
Strade	25.554 km (724 km asfaltati)	100.428 km (92.800 asfaltati)
Ferrovie	7.435 (5.400 km elettrificati)	3.979 km (2.727 km elettrificati)
Aeroporti	82	111
	(39 con piste asfaltate 43 con piste non asfaltate)	(71 con piste asfaltate 40 con piste non asfaltate)
Porti	8	8
Marina mercantile	248	1.907
PIL (a parità potere di acquisto)	40 miliardi USD	2,035 trilioni USD
PIL (al cambio attuale)	28 mld USD	1,53 trilioni USD
PIL pro capite (a parità potere di acquisto)	1.700 USD	39.500 USD
PIL per settore	Agricoltura: 22,5 %	Agricoltura: 2,2 %
	Industria: 47,6 %	Industria: 39,3 %
	Servizi: 29,9 %	Servizi: 58,3 %
Popolazione al di sotto del limite di povertà		14,40%
Import	43,75 mld USD	457,5 mld USD
Export	45,82 mld USD	577,4 mld USD
Debito estero	5 mld USD	384,6 mld USD
Telefoni cellulari (%rispetto alla popolazione)	3.606.000 (14%)	63.660.000 (120%)

Tabella 17.2. Dati economici.

	Corea del Nord	Corea del Sud
Indice GlobalFirepower	18 (su 136)	7 (su 136)
Budget difesa	7,5 mld USD (18,8% del PIL)	40 mld USD (2,7% del PIL)
Militari attivi	945.000	625.000
Riserve	5.500.000	5.202.000
	Aeronautica	
Forza aerea totale	944	1.560
Caccia	458	406
Aerei d'attacco	516	466
Aerei da trasporto	119	382
Aerei per addestramento	169	276
Totale elicotteri	202	748
Elicotteri d'attacco	20	112
	Esercito	
Carri armati	5.243	2.654
Veicoli corazzati	9.935	3.480
Artigliera	2.250	1.890
Artiglieria pesante	4.300	3.854
Rampe mobili missili	5.000	214
	Marina	
Mezzi navali	967	166
Portaerei		1
Fregate	10	12
Cacciatorpediniere		12
Corvette	2	14
Sottomarini	86	16
Navi pattuglia	438	69
Cacciamine	25	11

Tabella 18. Forze armate.

Indice

Made in United States
Orlando, FL
04 November 2026

90206783R00173